ヌードの東アジア

風俗の近代史

【編著】井上 章一　斎藤 光

淡交社

ヌードの東アジア　目次

はじめに

斎藤　光

二〇一七年の春ごろであろうか、あるいは、秋になっていただろうか。井上章一さんから、国際日本文化研究センター（以下日文研）の共同研究に関してお話をいただいた。

当時井上さんは、あと少しで日文研教授を退職することになっていた。それを見据えて、最後の共同研究を構想していたのである。

その時のお話を、振り返って脚色要約しておくと、次のようになるのと思う。

世界はグローバル化している。グローバル化といっても実質的には、西欧化・西洋化である。日本を含めての東アジアも、一九世紀以降つまり近代に入り、グローバル化に巻き込まれた。例えば服装一つとっても、西欧の服飾が採用されて現在に至っている。江戸期から継承されていた「着物」は、今や非日常着だ。中国・朝鮮でも「伝統服飾」は、日常着ではない。そのため、井上さんも私も、一人で「着物」を着るにはいちじるしい困難を伴う。「着物」を着る身体技法はもちろん、「着物」で動き暮す身体技法も身についていない。下着もトランクス、褌は締めていない。それほどに西欧化・西洋化は、生活の根、さらに身体まで入り込んでいるのだ。

ただ、西欧化・西洋化・グローバル化といっても、どの領域を焦点化するか、どの地域を対象化するかによって、そのプロセスや経過は異なっていたであろう。そこで、領域として文化・日常茶飯・風俗を取り出し、地域として東アジアを対象として、歴史的変化のプロセスを再構築する試みをしてみようではないか、という構想であった、と思う。

大文字の文化はともかく、日常茶飯や風俗は、とらえること自体現状でもなかなか難しい。特に日常茶飯は、文字による記録には残りにくい。記憶にも残りにくい。記憶は変容してしまうこともしばしばである。そこで、図像による記録を資料としてはどうか。ビジュアルなデータを素材として、日常茶飯や風俗の比較や変化の検討を試みようという提案であった。

少し言い直すと、動画、写真、イラスト・スケッチ、絵画、漫画などなどの「ビジュアル」から、当時の日常茶飯や風俗や、そして、文化を再構築して、それを考えてみよう、ということである。

こうして始まったのが、「近代東アジアの風俗史（基幹共同研究）」だ。その研究成果が、今回井上さんと私が編集した『ヌードの東アジア』である。

では、共同研究について、どのように進んだのか、簡単にまとめておきたい。

二〇一八年三月一〇日に、プレの研究会を開いたが、実質的なスタートである第一回は、六月二四日に開催された。二〇一八年度に五回、二〇一九年度に同じく五回、二〇二〇年度はまとめの年度であり四回開かれ、最終回（第一四回）は、二〇二〇年一二月二六・二七日の開催である。二〇二〇年からのパンデミックの影響を受け、会場の変更やオンライン開催への移行も経験した。

その後、論文の執筆となり、それらの出版を淡交社さんに引き受けていただき、こういう形にまとまったわけだ。

発表や討論にかかわった共同研究者の名簿も記載しておこう。（あいうえお順、敬称・所属略）

石川肇、井上章一、井上雅人、岩井茂樹、長田俊樹、加藤政洋、嘉本伊都子、川井ゆう、官文娜、北浦寛之、木村立哉、崔吉城、斎藤光、申昌浩、土居浩、唐権、仲万美子、永井良和、西村大志、橋爪節也、濱田陽、安井眞奈美、矢原章、李珣淑、劉建輝、劉玲芳。

研究代表は、二〇一八年と二〇一九年は、井上章一さんと私、二〇二〇年は、劉建輝さんと私である。井上さんは、二〇二〇年、教授を退職できず、センター所長に「昇進」変態した。蝶／長になったわけである。それもあり、研究代表は劉建輝さんが務めてくださった。

最後に、ビジュアルなデータを素材や資料とする場合の、方法論上の問題点にも簡単に触れておきたい。

私の場合、この論集では、戦前日本の女給ファッションの変転を、ビジュアル素材を使って素描した。ただ、研究会では、「モダンガール」表象についても取り上げ、特に当時の写真で提示される「モダンガール」について検討した。そこで問題点に遭遇したのである。

現在の私たちは、モダンガールは昭和初期の都市部街頭を歩いていた、と理解している。その証拠は写真だ。

お釜帽子などをかぶり、断髪で濃いアメリカ的化粧を施し、洋装で身を包み、ストッキングか素足でハイヒールを履いて街を歩く若い女性、これが「モダンガール」の典型イメージだ。この典型イメージは、写真として残っており、モダンガールのリアリティはそのビジュアルに支えられている。

この点はこれでいい。

ところで、今の私たちが、この典型イメージと一致する当時の写真を前にしているとしよう。その時、その写真を私たちがモダンガールの写真と認定できるだろうか。もし、当時、その写真がモダンガールと名指されていなかったらどうだろう。これが問題である。

このように、ビジュアル資料の場合、そこに何が映り描かれているかを当時の眼や言葉に十分注意を払って、図像の対象を特定する必要があるのではないか、ということだ。

こうした方法論上の問題も今後検討すべきと思うが、とりあえず、「近代東アジアの風俗史」のアウトラインを世に問い、多くの方々からのご批判やご指摘を頂戴したいと思っている。

どうぞよろしくお願いいたします。

二〇二三年一月

カバーイラスト　寺本 愛
装幀・デザイン　浜田 佐智子

1部

身体

今、日本人と韓国（朝鮮）人、中国人のあいだに、さしたる身体面の違いはない。だが、時代をさかのぼれば、差異は見いだせる。

たとえば、男の髪型だが、かつてはそれぞれの民族がことなるスタイルをたもっていた。丁髷《ちょんまげ》、椎結《サンテュ（ついけい）》、そして弁髪《べんぱつ》である。そうした差をのりこえ、今の国際様式はある。そして、伝統的な型が消滅していく経緯は、個別的である。この多様な現代化の過程に、東アジア各地の文化的な個性は読みとれよう。

男だけが問題になるわけではない。女の纏足や鉄漿がなくなっていく歴史からも、同じような文化論は語りうる。そこから、東アジアにおける日本文化の特徴も、ひろいだせそうな気がする。

マネキン人形の普及ぶりに、海をこえたへだたりは、今日見られまい。だが、マネキン前史の人体模型は、日本において突出した発達史を見いだせる。裸体描写の展開においても、日本はその先行性がきわだつ。これをながらくつつしませた中国などとは、価値観がことなっていたことをかみしめる。

ストッキングの受容期に、海のむこうでシームレス問題があったか否かは、わからない。情報通からの助言を乞いたいところである。

［井上章一］

ヌードの東アジア

井上章一

（いのうえ　しょういち）

一九五五年、京都府生まれ。国際日本文化研究センター所長。京都大学大学院工学研究科建築学専攻修士課程修了。専門は建築史、文化史、風俗史。『霊柩車の誕生』『つくられた桂離宮神話』（サントリー学芸賞）『南蛮幻想』『日本に古代はあったのか』『伊勢神宮』『京都ぎらい』『ふんどしニッポン』など著書多数。

一・モガの研究情況から

かつて、モダンガールとよばれた女たちが、紙上をにぎわせた。一九二〇年代後半から三〇年代初頭にかけての現象である。モガという略称でも、新聞や雑誌などに、くりかえしとりあげられている。対になるモダンボーイ、モボという言葉も派生させた。

モダンガールという呼称のメディア的な浮上は、しかし日本にかぎらない。欧米でも、両大戦間期には、同じような現象がおこっていた。あるいは、中国や朝鮮でも。それは世界をおおう、グローバルな潮流だったのである。もちろん、世界中へくまなくおよんだわけではないが。

二〇〇〇年には、ワシントン大学でこの国際的な動きをとらえる研究会が発足した。二〇〇八年には、『世界のモダンガール』を刊行してもいる。世界各地でモダンだとはやされた女たちの図像をあつめ、たがいにくらべあう仕事である。

ファッションとかかわる多国籍企業の介在が、そこではひろいだされていた。装いによって自我を形づくる女性が、各国でマッスとなり登場する。そのことも、考察の対象となっている。もちろん、民族による偏差へも注意ははらわれた。しかし、この研究が世界的な同時性へ、より強く光をあてていたことは、いなめまい。

日本では、お茶の水女子大学ジェンダー研究センターの成果が、注目にあたいする。『モダンガールと植民地的近代』（二〇一〇年）が、それである。ワシントン大学の研究とちがい、グローバルな全体像はおいかけていない。旧大日本帝国の版図に、視野をかぎっている。

世界資本の進出が、眼中になかったわけではない。しかし、それ以上に帝国日本とのかかわりが、重んじられた。また、そうした視座がもたらす新しい知見は、少なくなかったと考える。

私が今書いているこの文章も、それら既存の報告から背をむけるわけではない。とりわけ、『モダンガールと植民地的近代』には、多くをおっている。データを流用させてもらったところだって、ないわけではない。

しかし、ある一点で、決定的なちがいがある。モダンガールの喧伝された時代には、中国や朝鮮で女性の裸体像が量産された。あるいは、セミ・ヌードの映像も。そして、それらは、大衆の消費的な欲望をあおる媒体として、しばしば活用された。この論考は、その歴史的な位置づけをめざしている。そのけっか、東アジアの同時代性という見方を、しりぞけることになった。

日本と中国、朝鮮の間には、ある溝がよこたわる。グローバルな共通性という説明にはおさまらない断絶が、見てとれる。日本文化史のある特性が、東アジアとの対比をとおして抽出できたと判断した。以下はその結論をみちびきだすにいたる考察となっている。

二．ヌードがあおる消費社会

まず、上海でひろく愛好された、いわゆる月份牌《げっぷんはい》からとりかかる。

図1
中仏（法）製薬　月份牌　1930年代
杭穉英作画（部分模写）

月份牌は、一九世紀のおわりごろに考案された。商品広告のポスターだが、その図案は伝統的な年画にねざしている。新年をいわう木版画で、図柄には若い女性が、よくとりあげられた。一九三〇年前後から、そこにえがかれる女たちの露出度が高くなる。セミ・ヌードと言えそうなものさえ、制作されるようになった（図1）。

図柄に写真はつかわれない。水彩をはじめとする絵画技法で、しあげられている。カレンダーと広告を、ひとまとめにしたようなところもある。えがかれた女たちは、ピンナップになったカレンダーガールだと、みなせなくもない。

そして、一九三〇年前後には、舶来の高級な消費財を売りこむものがふえた。肌もあらわな女たちが、ハイクラスな生活とともにあらわされる。ダブルベッドにセミ・ヌード、バス・ルームにセミ・ヌード……。当時の上海人があこがれただろう暮らし振りを背景に、半裸の女たちが描出されたのである。

男たちの多くは、裸に近い女たちの絵で、ひきつけられただろう。セミ・ヌードは、彼らの目を釘付けにするアイ・キャッチとなっていた。そして、そこにしめされた商品を売りこむ役目も、はたしていたのである。これだけの消費財があがなえれば、こういう女も手にはいる。下品な言い方だが、以上のような情念さえ、かきたてていたかもしれない。

女たちにだって、そそられる部分はあったろう。男の目をひきつけるかがやかしい身体は、ここでしめされた消費生活とともにある。この化粧、装身具、衣裳も、肢体をみがけば自分のものになるのではないか、と。少なくとも、広告主の側にそうあおろうとする思惑があったことは、否定しきれまい。

今日のジェンダー分析は、それらの図柄に男性支配のしくみを読みとるだろうか。月份牌にえがかれた女たちの身体は、男たちの欲望へ供されている。男たちをよろこばせるために商品化された図像だ、と。しかし、往時の上海女性は、そこに開放の展望も読みとっただろう。伝統的な中国の家父長は、女たちを家の中へとじこめようとしてきた。外へでて、セックス・アピールの発露をこころみることなど、ゆるさなかったはずである。その点では、月份牌の女性像にあこがれるところもあったと考える。

月份牌の広告画は、「モダン上海のもっとも典型的な表象の一つ[1]」である。上海の近代史にくわしい劉建輝は、そう言いきる。さらに、一九三〇年前後からの展開を、上海発達史上へ位置づけた。

いわく、一九世紀のなかばごろから、南京路ぞいに外資系もふくむ商店がむらがりだす。二〇世紀初頭からは、人口の急増もあり、つぎつぎと大型百貨店が建設された。そのため、南京路は上海を代表する、中国最大の繁華街になっていく。

いっぽう、福州路へは内外の新聞社や出版社、そして書店があつまった。南京路と足並みをあわせるように、情報の拠点として発展する。のみならず、妓館や茶館をはじめとする遊興施設も、軒をならべだす。この南京路と福州路を焦点に、消費は活性化されていく。大衆の欲望をかきたてる、「モダン都市」としての上海が成立する。その延長上に、月份牌の女たちはえがかれている。以上のような見取図を劉は提出した[2]。

ひとり劉だけが、そう言っているのではない。ラワンチャイクン寿子も、同じような観点から事態を説明する。「商業ポスターのモダンガールは、上海や香港の資本主義の表象であり、都市大衆の夢の結晶であった」。のみならず、その出現は「すでに一九世紀に用意されていた[3]」、と。

タニ・E・バーロウは、月份牌以外の広告にも、ひろく目をむけた。そして、一九二〇年代以後の上海では、女性の媚態図が一般化したことを明示する。「セクシー・モダンガールのイコン」が、さまざまな媒体で普及したと言う。そして、前二者と同じように、上海の資本主義的な発展を、そこから読みとっている[4]。

二〇〇四年には、中国で『美鏡頭　百年中国女性形象』という本が出版された。そのなかにも、一九三〇年ごろから月份牌の図柄がかわりだしたことへの言及はある。すなわち、それまでの女学生風は下火になった。かわって、「ふくよかでセクシーな『モダン奥様』が……広告のヒロインになった」、と。

さらに、その理由も同じような社会背景の変化で、説明されている。それは「消費社会の要請による[5]」のだ、と。

上海が資本主義的な発展をとげる。その爛熟をむかえた両大戦間期から、広告の女性像が変貌する。よりセクシュアルにえがかれだす。その象徴的な事例に、月份牌のセミ・ヌードをとりあげる。そういう歴史的な位置づけが、今では国際的にみとめられている。経済の下部構造が、上部の表象を左右するという。なんとも古風な見取図が、二一世紀のオーソドックスな評価になっているのである。

私はしかし、なかば定説化されたこの解釈に疑問をいだいてきた。ほんとうに、資本主義の成長は広告図像の女たちを脱がせていくのだろうか。彼女たちが肌をさらすようになる。その度合いと消費社会の展

図2
「天狗煙草」ポスター　1900年ごろ
作者不詳（部分模写）

開に、本質的なつながりがあると、はたして言えるのか。なるほど、中国で上海の歴史だけをおいかけていくと、事態はそう見える。しかし、ひとたび日本の広告史をふりかえると、べつの見取図もうかんでくる。

一九世紀末のことである。岩屋商会は「大天狗」と銘打ったタバコを、売りだした。一九〇〇年には、「天狗煙草」のポスターもつくっている。半裸の若い女性が鏡へむかって、髪をととのえる。そんな構図をおしだしたポスターである（図2）。

女の裸身には、陰影がほどこされていた。西洋画の技法も、とりいれられている。だが、鏡にうつった顔面は、伝統的な浮世絵の様式もとどめていた。和洋をとりまぜた絵柄だとみなしてよい。その点では、年画に西洋画を加味した月份牌の図とも、つうじあう。

上半身には、なにもまとっていない。下半身は、背面だけだが、尻の割れ目も見せている。女の裸身で男をひきつけようとするたくらみが、はっきり見てとれる。

タバコを売りこむ月份牌は、中国でもたくさんでまわった。一九三〇年代には、セミ・ヌードを画題としたものも流布されている。「天狗煙草」の女性像は、肌の露出度をそれらとくらべても、遜色がない。日本では、そんなポスターが一九世紀末にできていた。月份牌のセミ・ヌードに三十年ほどさきがけて。

一九世紀末の東京や京阪地方でも、資本主義は成長していたろう。大衆の消費をかりたてる仕掛や細工

図3
大日本麦酒　ポスター　1910年ごろ
作者不詳（部分模写）

も、多様にひねりだされていたと思う。しかし、両大戦間期の上海に匹敵する爛熟は、とうていありえない。にもかかわらず、セミ・ヌードのポスターは、なりたった。

「天狗煙草」だけにかぎったことではない。二〇世紀初頭には、大日本麦酒会社がサッポロビールを売りだした。一九一〇年ごろには、そのポスターも制作する。全裸の女性が、うすいベールをはおりつつ、正面をむく構図になっている。陰部はぼかされているが、乳首ははっきりえがかれたポスターである（図3）。

大日本麦酒にとっては、最初のポスターであったという。その第一号を、この会社はヌードでうちだした。中国の月份牌がセミ・ヌードへ傾斜しはじめる、その二十年ほど前の段階で。

森永製菓も、一九〇八年には、ヌードのポスターをつくっている。ほぼ全裸の女性を、側面からえがいた図柄で、それはしあげられていた。彼女が裸で湖畔に腰かけ、二人の天使に見まもられつつ、「西洋菓子」を提示する。そんな構図に、エンゼルマークの初期をしのぶ読み手もいるだろう。いずれにせよ、それもまた、ヌードだったのである（図4）。

上海は香港とともに、東アジアの近代化、そして西洋化を先導した。資本主義をふくらませていく、その推進都市である。長州の高杉晋作が幕末に上海をおとずれ、殷賑ぶりに感嘆したことは周知であろう。

その上海におくれをとりつつ、日本の都市は近代化、西洋化へのりだした。経済的な発展という点で、上海はあおぎ見るべき先達だったのである。しかし、商品広告にヌードをつかうという点で、東京などは上海にさきがけた。まだ、それほど消費文化が活性化しきっていない段階で、ヌードの活用にふみきっている。

図4
森永の西洋菓子　ポスター　1908年
和田三造作画（部分模写）

だからこそ、あえて問う。ほんとうに、資本主義の成長だけが、上海の広告に女性の裸体像をもたらしたのか。上海ほど発展していなかった東京で、ヌードはより早く開花した。だとすれば、消費的欲望の増大だけで事態を語るべきではないだろう。ほかの要因も、検討しなければならないと考える。

三．上海と東京の美術事情

月份牌の制作には、多くの美術家がかかわった。初期の年画めいた作品をえがいた人物としては、周慕《ヂョウムー》橋《チャオ》が知られている。鄭曼陀《ヂャンマントゥオ》は、画中の女性像を女学生など、新時代のにない手ともくされた人びとに一新した。

そして、それらは一九三〇年代前後から、セクシュアルな女たちにかえられる。セミ・ヌードもふくむモダンガールたちに、ヒロインの座をゆずっていく。この変化をあとおししたのは、なんといっても杭穉《ハンジ》英《イン》であった。あと、彼がひらいた工房、穉英スタジオにつどったえがき手たちであろう。

杭穉英は、商務印書館図画部で研鑽をつんでいる。ひらたく言えば、商業美術学校の卒業生である。そこでつちかった技を、月份牌の制作にもいかしたことになる。さらに、自分の工房へは、商務印書館図画部の後輩たちもいれていた。月份牌のモダンガール像は、そういう商業美術のてだれにささえられていたのである(6)。

のみならず、いわゆるアカデミックな美術家も、そこには参入することがあった。劉海粟《リュウハイリー》を、その代表的な洋画家として、ここに紹介しておこう。

劉は西洋美術がさずけられる学校を、一九一二年に上海で設立した。図画美術院、のちの上海美術専科学校である。当時、劉はまだ十七歳であったという。彼を支持する大人、言葉をかえれば支援者たちも、けっこういたのだろう。若造であっても、洋画をこころざす第一人者だったことは、いなめまい。

一、二学年の実習では、人体模型を使用した。三学年では、じっさいの人間を、裸体のモデルとする予定になっていたらしい。しかし、当初やとった労働者の男性は、全裸になることを拒絶した。また、契約にはこぎつけても、とちゅうでにげられたりしたという。

男性の裸体モデルを、恒常的に写生する。その環境が上海美専でととのったのは、ようやく一九一七年になってからであった。ただ、その成果を展覧会で発表したさいには、世の非難もよせられたという。中華民国における最初の裸体画事件は、これである。

上海美専が、はじめて同胞女性を裸体のモデルとしてやとったのは、一九二〇年であった。だが、彼女はその仕事をいやがる家族に、ひきもどされている。女性モデルの写生が、日常的にかないだしたのは、一九二二年からであった。

ただ、これもすんなり世にうけいれられたわけではない。詳述はさけるが、上海美専の裸体画は、各方面ともんちゃくをおこしつづけた。困難な状況は、一九二六年まで継続されている。その後は、事態が好転した。しかし、当局の公認を勝ちとったというわけでもない。なしくずし的に、裸体の写生をおしとおしたのである。(7)

図5　月份牌　1940年代
劉海栗作画（部分模写）

劉は以上のようなたたかいをへたあとで、月份牌に手をそめた。セミ・ヌードの広告美術をえがいている（図5）。

いっぱんに、月份牌のセクシュアルな女性像は、消費経済の肥大化で説明されてきた。しかし、それだけが背景をなしていたわけでもないだろう。

一九二〇年代まで、中国は裸体美術を、なかなかうけいれようとしなかった。西洋化の尖端をいく上海でさえ、忌避してきたのである。

だが、ようやく一九三〇年ごろから、その違和感はうすめられだした。月份牌にセミ・ヌードが横行しはじめたのは、そのせいでもあったろう。劉海粟が月份牌へ着手したのも、そんな事情をしめす象徴的な事例として、とらえたい。

もちろん、上海における消費経済の動向も、ことを大きくゆさぶった。この勢いに意味がなかったと言うつもりは、さらさらない。しかし、裸体の写生をいやがる民族感情が、おそくまでたもたれたことも重要である。事態の推移は、両者のかねあいをつうじても、検討されるべきだろう。

さて、上海美専では、裸体のモデルがなかなか見つくろえなかった。女性はもちろん、男性モデルの調達にも、けっこう苦労をさせられている。裸をいとわないと思われた労務者も、はじめのうちはとまどうことが多かった。

このいきさつは、一八七〇、八〇年代の日本における画塾の様子を、ほうふつとさせる。あのころは、裸体モデルのなり手が、なかなか見つからなかった。そんな回想を、多くの画家たちが書きとめている。日本でも、画家たちの前で裸になることは、男女を問わずいやがられたというのである。

一八九六年には、東京美術学校、のちの東京芸術大学が西洋画科をもうけている。そして、洋画の画力はヌードのデッサンでつちかわれると、ながらくされてきた。だから、西洋画科も、モデルさがしには、はじめから力をいれている。

しかし、これも一朝一夕にはすすまない。しようがないので、人力車夫にモデルをたのんだこともある。口入屋からも、裸のモデルを派遣することは、ことわられた。そんな苦労話が、美術関係者には共有されている。

また、西洋画科はながらく世間から、白い目でながめられつづけた。おおぜいで人を、とりわけ女性を

裸にして、うつしとる。そのレッスンは、人の道にもとると思われたのである。(8)

ただ、二〇世紀のはじめごろには、モデルの供給もたやすくなった。西洋美術になじみのない方面から、あいかわらず非難をこうむることはある。陳列にさいしても、当局の干渉を、よくまねいた。しかし、ヌード・デッサンの実習じたいは、安定しておこなわれるようになっている。

ヌードをめぐるトラブルが、日本になかったわけではない。しかし、中国のそれよりは、よほど早い時期に、これを日本社会はうけいれている。そして、二、三十年ほど前に、その困難からはぬけだした。似たような状況をへているが、中国側の脱却は、けっこうおくれたのである。

くりかえすが、二〇世紀初頭から日本の商業美術は、ヌードをとりいれだした。岩屋商会、大日本麦酒、森永製菓などが、そのさきがけをなしている。これも、裸体美術という考え方が、少しは浸透しだしたことをしめしているだろう。

いっぱんに、日本近代美術史の叙述は、裸体画にたいする社会の無理解を強調しやすい。大衆も官権も、その芸術性がのみこめなかった。春画なみにあつかい、うとんじる傾向があったと、二〇世紀初頭までをよくふりかえる。

だが、少なくとも、その受容は中国にさきがけている。西洋的な情報摂取の先進地帯であった上海より、スムーズにうけいれた。日本社会がそれだけ芸術的感性にめぐまれていたせいだと、そう言いきるつもりはない。何か、ほかの要因もひそんでいるのだと、考える。

四．朝鮮総督府の裸体画観

大韓帝国は、一九一〇年から旧大日本帝国の版図へ編入された。いわゆる日韓併合で、日本の統治をうける朝鮮となっている。その前後から、日本へ留学する人びとは、ふえていた。高等教育を、たとえば東京でうける学生の姿が、めだつようになっている。

一九一一年には、東京美術学校の西洋画科が、ふたり目の留学生をうけいれた。金観鎬《キムグワンホ》である。優秀な画学生で、まわりからも将来を嘱望されていたという。一九一六年には、卒業制作の「夕暮れ」が、日本でも高く評価された。第一〇回文部省美術展覧会（文展）に出品され、その特選を勝ちとったのである（図6）。

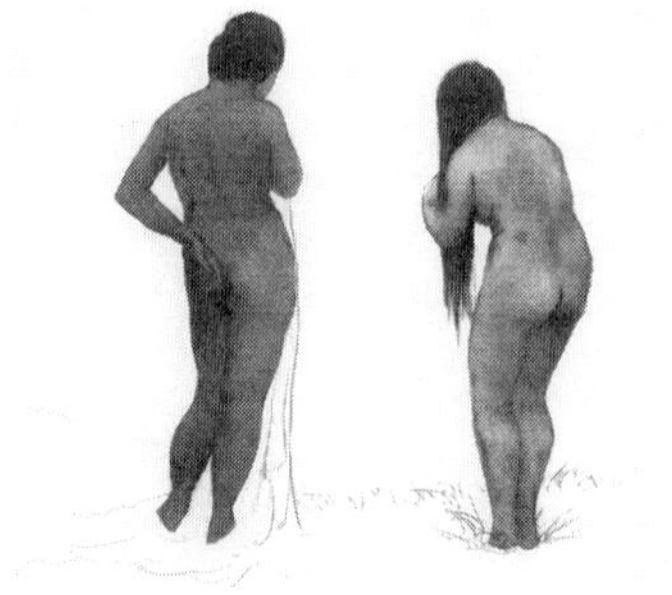

図6　「夕暮れ」 1916年
金観鎬作画（部分模写）

この栄誉は、朝鮮にもつたえられている。現地の新聞でも、大きくとりあげられた。だが、かんじんの絵は紹介されていない。ただ、特選受賞のニュースだけが、報じられた。

理由は、はっきりしている。「夕暮れ」は、全裸の女性をふたり、後姿だが、えがいていた。その公開を、メディアはばかったのである。

一九二一年には、朝鮮でも独自の美術展がはじまっている。鮮展と略称された朝鮮美術展覧会が、それである。その第二回展（一九二三年）に、金観鎬は、やはり裸体画の「湖」を出品した。そのことじたいは、みとめられている。しかし、撮影と報道は禁じられた。

一九二五年の第四回展でも、同じようなことがおこっている。李済昶《イジェチャン》の「女性」は、裸体画であるという理由で、写真などをつうじた公開がはばまれた。

一九二〇年代は、朝鮮洋画史上における黎明期である。そして、初期のヌードは、展覧をみとめられた場合でも、新聞などへの発表がゆるされない。一般の目にとまる事態は、さけられたのである。鮮展にかぎれば、禁止をしたのは朝鮮総督府の警務局であった。(9)

内地の日本では、一九一七年に裸体美術の紙上報道をめぐる裁判が、おこっている。彫刻家・朝倉文夫の女子裸像（「時の流れ」）が写真で報じられ、うったえられた。風俗壊乱罪にあたる、と。しかし、大審院は、今の最高裁に相当する法廷だが、これをしりぞけている。芸術作品の場合は壊乱にあたらない、と。

もちろん、これ以後も、何が芸術にあたるのかをめぐるいさかいは、よくおこった。これで、すべてがみとめられるようになったわけではない。しかし、官展での陳列がゆるされた作品は、メディアでの公表をとがめられなくなった。たとえ、ヌードであっても、禁じられてはいない。さきに紹介した大審院の判決が、その流れを決定したのである。(10)

いや、じつはそれ以前から、裸体美術の紙上公開は、すすめられていた。文展などの裸体画や彫刻は、絵葉書にうつされ、ひろく流布してもいる。一九一七年の判決は、その潮流を公認するそれとしても、位置づけられる。

くりかえすが、大韓帝国は一九一〇年から日本領となった。そして、日本の司法は一九一七年に、裸体美術の写真掲載をみとめている。にもかかわらず、朝鮮総督府の警務局は、ヌードの紙上公開を、ゆるさなかった。日本の版図にふくまれる場所だが、日本の判例を、事実上ふみにじっている。

帝国日本は、日本のやり方を植民地へおしつけた。かつての朝鮮支配は、しばしばそんなふうに語られる。しかし、ヌードのあつかいは、こういう説明になじまない。あきらかに、その枠をこえている。

金観鎬は内地へ留学し、内地で栄光にかがやいた。帝国の朝鮮統治、とりわけ教育実践は、うまくいっている。海峡をこえて、新しい人材を生みだした。そんな宣伝をするには、うってつけの画家なのである。じっさい、総督府も、金観鎬の特選じたいは、大きく報道することをみとめている。

なのに、作品の紹介はゆるさない。表現されたのは裸の女だということで、公開をやめさせている。これは、いったいどういうことなのか。

少し時代は下るが、総督府は一九二六年にその行政庁舎を完成させた。宏壮な新古典様式の、やや変則的なところもあるが、建築を京城にもうけている。近代日本は西洋化に成功した。これだけの西洋建築を、外地でいとなむことができる国になっている。その姿を、見せつけようとしたのである。この建築が目にはいらぬか、というように。

そんな総督府が、金観鎬のヌードは、人びとの目にとまらぬよう、つとめている。日本へ留学すれば、西洋の尖端的な表現が身につく。日本は、それだけ西洋化がすすんだ国なのだ。そう自慢できそうな金観鎬と、その作品を活用していない。むしろ、隠蔽につとめている。なぜだろう。

とりあえず、ふたつの可能性を想いつく。

総督府は、朝鮮の人びとが、なんであれ近代的な価値観にめざめることを、いやがった。西洋化していく度合いでは、おくれた状態においておくことを、のぞましいと考える。東アジアでは、日本だけが西洋化をなしとげたということにしておきたい。そんな統治の構えが、裸体美術という観念の普及をさまたげた可能性は、考えうる。

しかし、もしそうであったなら、総督府は朝鮮人たちの日本留学をいやがったろう。内地で尖端的な学智を見につけた留学生が故郷へもどり、朝鮮の近代化をリードする。そんな趨勢には、歯止めをかけようとしたはずである。

もちろん、総督府はそういうふるまいにおよばない。エリートの日本留学については、むしろそれをすすめている。金観鎬が日本の洋画界で成果をあげたことも、はなばなしくつたえていた。日本は朝鮮の近代化に貢献している。朝鮮でくらす人びとにも、そう印象づけたがっていたのである。

ただ、それがヌードであることは、秘めたいと思っていた。少なくとも、裸像がそのまま朝鮮へつたわることは、さけるよう細工をする。総督府がきらったのは、朝鮮の西洋化それじたいではない。だが、ヌードの蔓延は、くいとめたいとねがっていたのである。

つぎに、もうひとつの可能性を提示する。

総督府につどう日本人の官僚たちは、裸体美術への抵抗感を弱めていた。一九一七年の大審院判決に、朝鮮側もしたがっていいと考えだしている。裸体美術への対処は、内地なみにすすめてかまわない、と。

だが、朝鮮で生まれそだった官僚たちは、そういう判断になじめない。ヌードの公然化は、なるべくおしとどめたいと考えた。鮮展にだされた作品であっても、それだけは紙上での写真公開をみとめたくない、と。

総督府は、裸体美術の絵柄が紙上にあらわれることを、いましめた。そして、大審院判決を知っている日本側の官僚が、そこにこだわったとは思いにくい。だが、朝鮮側のスタッフなら、その点に執着した可能性はある。

総督府の決断も、彼ら現地人の思惑によりそっていたのではないか。日本的な近代化をおしつけるのではない。現地のためらいやとまどい、保守的でありたいという想いに、歩みよっていた。もうひとつの可能性として、以上のような統治上の配慮も考えたくなってくる。

一九三〇年代になれば、朝鮮でも西洋画のことを多くの人びとが認知する。ヌードが、その必然的なテーマとなることを理解する者も、ふえだした。一九三四年には金仁承《キムインスン》の「裸婦」が、鮮展の昌徳宮賞を獲得してもいる（図7）。

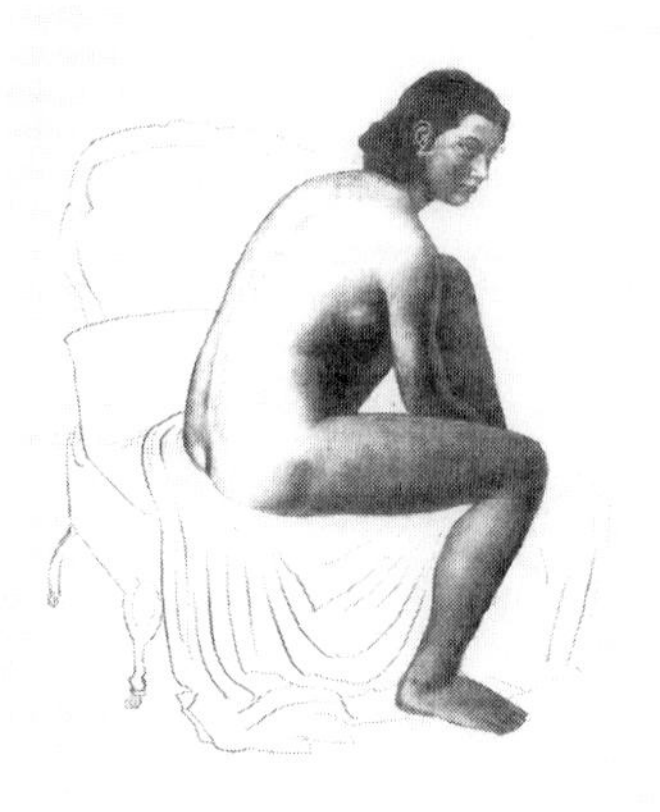

図7 「裸婦」 1934年
金仁承作画（部分模写）

ちなみに、この金仁承も洋画の技術は、東京美術学校で身につけた。日本留学組のひとりである。のみならず、「裸婦」のモデルも、日本で見つけていた[11]。

往時の朝鮮に、画家の前で衣服を脱ぐ女性が、いなかったわけではない。ただ、その多くは画家の妻だった。あるいは、妓生《キーセン》たちが裸になっている。日本留学中にであったモデルをえがいた者も、けっこういた。しかし、職業的なヌードモデルは、まだいなかったのである。

朝鮮にモデルが登場したのは、大韓民国と朝鮮民主主義人民共和国が半島でわかれた、そのあとであった。一九五〇年代からだと言われている。[12] いっぽう、日本では一九世紀末に職業モデルができていた。両者のあいだには、半世紀以上のずれがある。彼地では、それだけヌードへの抵抗が強かったのだと考える。

今、あちらでモデルがあらわれたのは一九五〇年以後だと、そう書いた。周知のとおり、半島は、一九四五年に帝国日本の支配からぬけだしている。一九四八年には、北と南の両側でそれぞれの政府を成立させた。もし、日本の統治がヌードの育成をはばんでいたのだとしたら、どうだろう。その場合は、一九四五年以後に、もうモデルらが出現してもかまわなかったはずである。じっさい、日本では敗戦後、すぐにストリップもふくむ裸体の商品化が横行した。しかし、韓国では、なかなかそういう現象が、おこらない。

かつての総督府は、ヌードの前進をおしとどめようとした。さきほどは、現地の人びとがそれをいやがったせいだろうと、のべている。この推論は、彼地が日帝解放後もヌードに後むきだったことから、ひねりだした。総督府などの文書を、精査してみちびきだしたそれではない。ねんのため、ことわっておく。

五．ヌードにいどむ先駆者たち

日本でも、初期の洋画家たちは裸のモデルをさがすのに、たいへん苦労をした。一九世紀に創設された東京美術学校の西洋画科も、この問題ではなやまされている。それ以前の私的な画塾でも、もちろんモデルはなかなか見つけられなかった。[13]

ここまでは、そういう前提にたちながら、話をすすめている。たいていの美術史がくりかえしてきた叙述の型にしたがい、往時を概観した。しかし、その一般的な美術史理解に、うたがいをはさむ余地がないわけではない。

東京美術学校より早く西洋美術を指導した官立の学校に、工部美術学校がある。その彫刻科が、イタリアから一八七六年にヴィンツェンツォ・ラグーザをまねいた。以後、ラグーザは一八八二年に同校が廃止されるまで、美術教育にあたっている。

図8　京都風俗　1880年
ヴィンツェンツォ・ラグーザ作画（部分模写）

一八八〇年のことであったという。ラグーザは、夏に関西を見てまわる。京都にも、たちよった。おとずれた宿の玄関先で見かけた光景をスケッチし、一枚の絵にしあげている。「京都風俗」と題された作品が、それである（図8）。

宿の入口、その上がり框《がまち》で、若いふたりの女中が石臼《いしうす》をつかい、粉をひいていた。絵はその様子を、とらえている。暑い夏のせいもあろう。ふたりは、上半身を裸にしたまま、作業にいそしんでいる。乳房もあらわな様子を、「京都風俗」はとらえていた。

ふたりはラグーザを見て、脱いでいた衣服をはおろうとしたらしい。だが、ラグーザは彼女たちのそんな動きを、おしとどめた。「ちょっと……そのままにしていて下さい[14]」。そうたのみこみ、スケッチをしたという。

宿の玄関は、不意の来客もありうる場所である。そんなところで娘たちは、上半身を裸にしたままはたらいていた。今とは羞恥心のありかたがちがう時代だったのだなと、誰しも思われよう。そこに、『逝きし世の面影』を読むことも、じゅうぶん可能である。[15]

だが、その点を強調したいわけではない。ここで特筆すべきは、ふたりの若い女性が美術家のもとめにしたがった点である。服は着なくていい。そのまま、半裸の姿で、しばらくすごしていてくれ。今から自分は、あなたたちの様子を、絵筆でとらえるから。以上のような要求を、彼女らがあらがいもせずうけいれた点に、注目したい。

通説的な美術史は言う。初期の洋画家たちは、なかなか裸体のモデルが見つくろえず、こまらされた、と。ラグーザのつとめた工部美術学校でも、状況はかわらなかったとされている。

なのに、ラグーザは、いともたやすく市中でセミ・ヌードのモデルとでくわした。服は脱いだままでいいという注文に、そのまましたがう娘たちとであっている。

美術学校や画塾でモデル台にたつ。全裸で、おおぜいの画学生たちとむきあう。そのふんぎりは、当時の女性にもなかなかつかなかった。多くの女たちは、ためらったと思う。ふみきれる者がふえるのは、裸体美術の観念が普及してからにちがいない。芸術のためなら脱げるという考えがひろがる前は、ごく少数にとどまったろう。

しかし、街でのかんたんなスケッチぐらいなら、とまどわない女性も、そこそこいた。ラグーザのことは、万にひとつの僥倖をいとめた美術家だと、考えないほうがいい。当時の日本なら、こういうシャッター・チャンスも、しばしばめぐってきたのである。

そのことは、フランスからやってきたジョルジュ・ビゴーという画家も、書きとめている。ビゴーは、一八八二年に来日した。その後も、十七年間を日本ですごしている。一八九五年には、『ショッキング・オ・ジャポン』で、こんな日本観をあらわした。

「日本に裸婦がいないですって！　それどころか、画家の眼にも、素人の眼にも、これほど好奇心をそそるモデルを提供してくれる国はない、と私は主張したい。ここでは、裸体は全く自然に、ありのままに、公然と光の下にあって……[16]」。

モデル台に裸でたってくれる女性はともかく、「裸婦」じたいなら、おおぜいいる。「画家」は、白昼どうどうとモデルをおがむことができるという。ラグーザのスケッチも、奇蹟のような偶然がもたらしたそれではない。美術家の前にも、しばしばこういう光景はもたらされたのだと考える。

若い女性が、半裸になることをさほどいやがりもせず、往来を歩く。そういう光景は、一九世紀の日本で、とりわけ夏期に、まま見かけた。そして、その度合いは同時代の朝鮮や清国より、日本のほうが高かったろう。くらべれば、日本はそれだけ南洋諸島に衣生活が近かったのだと考える。

くりかえすが、彼女たちなら平気でモデル台にたてたと、そう言いたいわけではない。多数の男たちに見つめられ、裸をえがかれるのは、つらかったと思う。往来でなら見て見ぬふりをする男たちも、写生の時は凝視をするのだから。そして、あからさまにじろじろながめられるのは、不快だったにちがいない。

だが、衆人環視の裸体写生にたえられる女たちも、一定ていどいた。ごく少数ではあったろうけれど、さがせば見いだせたのである。そして、そういう女性との遭遇頻度も、日本のほうが半島や大陸より高かった。だからこそ、日本の洋画家は、早くも一九世紀末に裸のモデルをえがけたのだろう。韓国の画家は、二〇世紀後半までできなかったのに。

日本社会には西洋美術をうけいれる文化的な土壌が、古くからできていた。だから、裸体のモデルが中国や朝鮮・韓国にさきがけ出現したという解釈も、ありえよう。前にもふれたが、ここではそういう見方へよりそわない。

あと、日本では家父長の家内統制力が、中国などより弱かった可能性も、さぐりうる。家内の女たちが自由にふるまうことを、ゆるさない。見知らぬ男たちの前で裸身をさらすことなど、もってのほかだと考える。そのかたくなさが、たりなかったのかもしれない。このことは、べつの機会に検討するつもりである。

一九世紀後半の日本には、西洋美術がつたわった。一八七〇年代には、その基礎となる裸体写生の実習も、はじまっている。ただ、一般的には、なかなかひろがらない。一部の洋画家が、こころざすにとどまっている。

しかし、そのころの日本には、半裸で往来を歩ける女たちも、少なからずくらしていた。半島や大陸とくらべれば、南洋に近い生活様式がいきづいている。そんな素地があって、一九世紀末におけるヌードモデルの定着は、成就されたと考える。

かならずしも、日本社会が西洋的な価値を早くから受容したせいではない。日本に残存していた南洋的な暮らしぶりが、そちらへの傾斜をあとおしした。東洋としては例外的な南洋風も、ヌードに関しては西洋化をおしすすめたのだろう。

図9　塩谷高貞妻浴後図　1842年
菊池容斎作画（部分模写）

ここまでは、西洋画における裸体描写を論じてきた。しかし、人体の写生を重んじ裸体表現へいどんだのは、洋画だけにかぎらない。一九世紀のなかごろには、伝統的な日本画の絵師も、それをこころみだしていた。たとえば、菊池容斎が「塩《えん》谷《や》高貞《たかさだ》妻浴後図」を、一八四二年にえがいている。室町時代の『太平記』がしるした逸話を、絵にあらわそうとした。一種の歴史画である。

足利尊氏の武将であった高《こうの》師直《もろなお》は、塩谷高貞の妻に恋心をつのらせた。師直の恋慕をあおってしまった侍従という女は、彼の激情をさまさせようと骨をおる。そのため、湯上がりの、化粧がとれた人妻を、師直にのぞかせた。かざらぬ素顔を見せれば、恋の病もさめるだろうと、もくろんだのである。

だが、師直は塩谷高貞の妻をかいま見て、ますますほれこむようになる。そう『太平記』には、書いてある。この場面を絵画化したのが、「塩谷高貞妻浴後図」にほかならない（図９）。

図中の妻女は、全裸だが、風呂からあがり着物をはおろうとしている。その裸身を、うしろから師直がながめる構図になっている。しかし、室町期の貴婦人は浴衣を身につけたまま、蒸風呂で汗をながすのが常だった。全裸の入浴は、ありえない。

また、『太平記』の侍従も、師直に彼女の裸身を見せようとはしていなかった。ただ、化粧もしていない

図10　塩谷判官の妻　制作年不詳
渡辺省亭作画（部分模写）

図11　『蝴蝶』への挿図　1889年
渡辺省亭作画（部分模写）

顔をのぞかせ、幻滅させようとしただけである。原典の『太平記』に塩谷高貞夫人のヌードシーンはない。これは、一九世紀の菊池容斎がこしらえた構図である。歴史画の体裁をよそおって、裸体の若い女を描出したのだと言うしかない。

そして、絵師はそんな絵を制作するために、裸体のモデルをつかっていた[17]。東京美術学校が西洋画科をもうける、その半世紀以上も前に、裸の女性をうつしている。あるいは、韓国で職業モデルが出現する時期に、百年以上さきがけてと言うべきか。

菊池容斎の裸女、塩谷高貞の妻は、顔が浮世絵風にあらわされている。だが、裸女の肢体は、西洋画のそれめいたポーズをとっていた。この作風は、弟子の渡辺省亭《せいてい》にもひきつがれる。師と同じ画題をあつかった「塩谷判官の妻」を見れば、その継承ぶりは明白である（図10）。あるいは、山田美妙の『蝴蝶』にそえた挿絵からも（図11）。

岩屋商会がうちだした「天狗煙草」のポスターを、想いおこしてほしい。この図でも、洋画風の裸身をさらす女性は、顔だけが浮世絵のように表現されている。どうやら、本格的な洋画がひろがりだす前に、日本画系統の裸体美術もできていたらしい。

あとひとつ、小林永濯《えいたく》の「浴衣美人図」（一八八五年）を紹介しておこう。裸の女性が、浴衣をはおっている。肢体の描写といい、浴衣の皺といい、モデルをつかったとしか思えない表現である（図12）。

一種の軸物で、つまり日本画だが、表装の部分には絵文字もしるされている。上部のふたつは、それぞれ「鎌」と「輪」。下はひらがなの「ぬ」になっている。これを順番に読んでいけば、「かま」、「わ」、「ぬ」、つまり「かまわぬ」となる。浴衣をはだけた女性は、自分の裸なら見ても「かまわぬ」と言っているのだろうか。

この冗談口を、歴史の史料だと言いきるつもりはない。だが、一九世紀の絵師たちは、しばしば裸の女

図12　浴衣美人図　1885年
小林永濯作画（部分模写）

性をえがいている。日本画の伝統とともにあった者たちは、ヌードのスケッチをてがけていた。それこそ、かまわないわと言うような女たちとも、であっていたらしい。

洋画畑の美術家たちは、黎明期のモデルさがしには苦労をしたと、よく書いている。もちろん、それを虚偽だと言いたてるつもりはない。じっさいに、モデルを見つけるのは、むずかしかったのだろう。

しかし、草創期の苦難を神話化している部分だって、なかったとは言いきれまい。じっさい、ラグーザは街でセミ・ヌードのスケッチをすることができていた。日本画系統の絵師にも、モデルをえがいた者はいる。少なくとも、中国や韓国とくらべれば、モデルはたやすく見つくろえたはずである。

【補遺】

掲載図版は、すべて井上の模写、鉛筆画である。パソコンをもたない井上は、転載許可の申請がおぼつかない。けっきょく、みな手書きで図録類からうつしとった。

裸体表現の裸身のみを、えがいている。論旨を考えれば、このていどのイラストでことたりると判断した。

若いころには、デッサンの勉強もしたことがある。これは、四十数年ぶりの作業である。画力のおとろえを、かみしめる。人文学の途へ転身し、もうひとつの可能性がついえたことを、あらためて痛感した。

〈註〉

(1)劉建輝「壁に掛けられた摩登《モダン》——欲望都市を現出するもう一つの表象」『アジア遊学』二〇〇四年四月号　四一ページ。

(2)同右、四〇—四九ページ。

(3)ラワンチャイクン寿子「モダンガールの上海・香港――ポスターに見る中国の自己像」（吉田憲司他編『アジアとヨーロッパの肖像』朝日新聞社 二〇〇八年）一八五ページ。

(4)タニ・E・バーロウ（伊藤るり、結城淑子訳）「買うということ――一九二〇年代及び三〇年代上海における広告とセクシー・モダンガールのイコン」（伊藤るり他編『モダンガールと植民地的近代――東アジアにおける帝国・資本・ジェンダー』岩波書店 二〇一〇年）六七ページ。

(5)李子云他編『美镜头――百年中国女性形象』二〇〇四年（友常勉他訳『チャイナ・ガールの一世紀――女性たちの写真が語るもうひとつの中国史』三元社 二〇〇九年）一六ページ。

(6)劉建輝「摩登《モダン》上海にうかぶ女体の群れ」（井上章一編『性欲の文化史』講談社 二〇〇八年）一〇五―一〇六ページ。

(7)鶴田武良「民国期中国における裸体画論争」（東京国立文化財研究所編『東アジア美術における〈人のかたち〉』平凡社 一九九四年）二九五―三〇〇ページ。

(8)勅使河原純『裸体画の黎明』日本経済新聞社 一九八六年 六―二〇ページ。

(9)金英那「韓国近代洋画における『裸体』」（前掲『東アジア美術における〈人のかたち〉』）三〇六ページ。

(10)中村義一『日本近代美術論争史』求龍堂 一九八一年 八九ページ。

(11)前掲「韓国近代洋画における『裸体』」三一〇―三一一ページ。

(12)同右 三〇六ページ。

(13)前掲『裸体画の黎明』二一―二八ページ。

(14)木村毅編『ラグーザお玉自叙伝』恒文社 一九八〇年 五四ページ。

(15)渡辺京二『逝きし世の面影』葦書房 一九九八年 二四三―二七九ページ。

(16)清水勲訳「ショッキング・オ・ジャポン」（『明治の面影・フランス人画家ビゴーの世界』山川出版社 二〇〇二年）一八七ページ。

(17)「渡辺省亭氏の談（菊地容斎の画風）」『太陽』一八九八年七月五日号 二一七ページ。

ストッキングの戦後——「もの」をめぐる心性史の試み

西村 大志

（にしむら　ひろし）

一九七三年、兵庫県生まれ。広島大学大学院人間社会科学研究科准教授。京都大学大学院文学研究科博士後期課程満期退学。博士（文学）。専門は文化社会学、歴史社会学。著書に『映画は社会学する』（共編著）、『小学校で椅子に座ること』、『夜食の文化誌』（編著）『昭和史講義【戦後文化篇】（下）』（共著）など。

「もの」をめぐる感性の変容

何を美しいとし、何を美しくないとするか。それは、人間の生来の感性ではなく、後天的な学習の産物であるところが大きい。その基準は、社会や歴史の変動のなかにあることを、ストッキングの戦後二〇年間を通して考えたい。歴史学者家永三郎は次のように述べる。

「私は、もし全裸で生活している社会があるとしたならば、衣服を着用することがかえって「淫猥」と感じられるのではないか、と想像している」（家永　一九七六　八九―九〇）。

美や猥褻の価値づけは、相対的なものであり、かつ急激に変化する。日本におけるストッキングに関する意識は、第二次世界大戦後のごく短い間に大きく変動した。絹は、ナイロンにとって代わられた。高価で再利用していたナイロンも、安価な使い捨てとなる。美とされたものは醜となり、醜かったものは美となる。ナイロンのストッキングどころか破れたくつ下すら得難かった焼け跡の生活は、一〇年間で需給の正常化へと向かい、二〇年間で過剰供給による企業破綻にまで向かう。

戦後のストッキングから、パンティストッキングまでの歴史は、天野正子・桜井厚『「モノと女」の戦後史』（二〇〇三）の「パンスト　身体感覚を変える」という章に描かれている。天野は女性の権利獲得と女性自身の身体の解放の方向で描いている。本稿では時代をもっと短く区切り一九四五年から一九六五年に限定する。パンティストッキング流行以前の時代である。そして、シーム（縫い目）ありのフルファッシヨン・ストッキングからシームレス・ストッキングへの変容に焦点を当てる。さらに、ものと感性の心性史を、経済史を補助線として描いてみたい。

まず、ストッキングを考える際に次のことには注意しておきたい。

近年では、ストッキングとくつ下を私たちは別物に感じるが、「婦人用長靴下」という表現が多く用いられていたころは両者はいまよりも混淆していた。

「靴下――というと、女の人は長い靴下を考え、男の人は短かい靴下を考える。

つまり、日本語の『靴下』は両方を意味しているからだ。

ストッキングStokingsとソックスSocksと」（『装苑』一九五六　八三）

よって、ストッキングという言葉で資料を調べることは適切ではない。初期はストッキングも「婦人用靴下」、「婦人用長靴下」と表現されることが多いからである。あるいは「婦人用ナイロン靴下」といった具合で、ストッキングとばかり表現されるわけではない。

その中でもストッキング（婦人用長靴下）には、フルファッション（シームあり）、トリコット（シームあり）、シームレスの大きく分けて三種類があった。（図1）

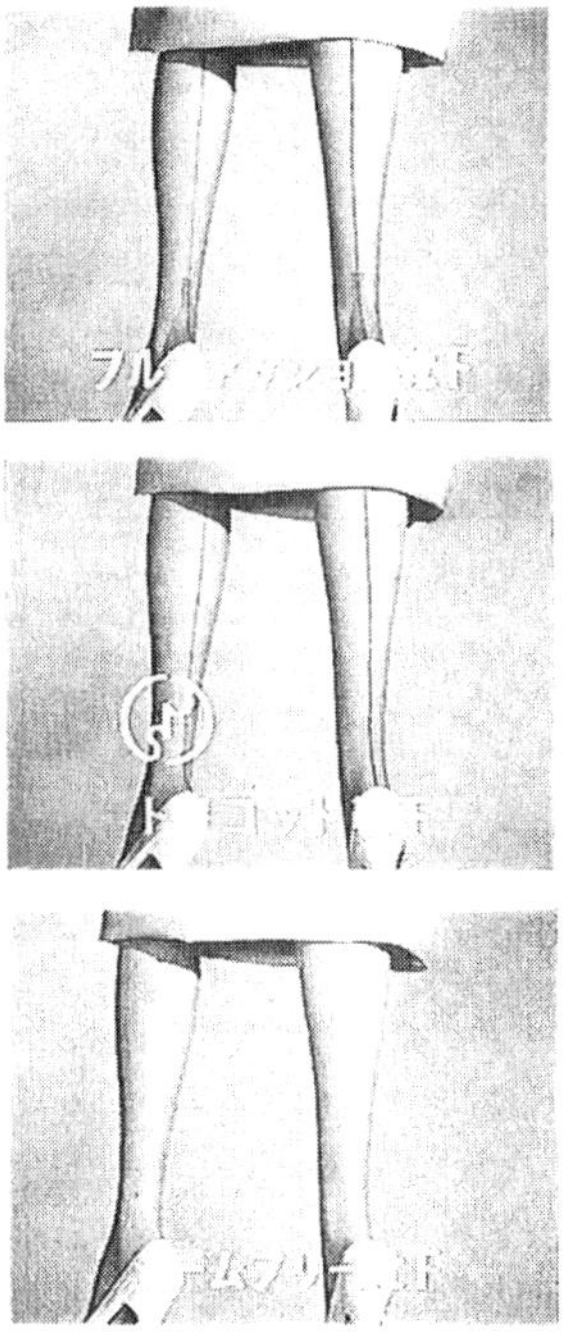

グンゼ㈱提供

図1　上からフルファツション、トリコット、シームレス
沢山正治編『靴下入門』レッグファッション　1996年　90ページ

第1表　各種靴下の特長

品種	フルファッション靴下	トリコット靴下	K式靴下
1. 編み方	平な形で脚に合わせて編巾を変えながら編む	平な素地を脚の形に裁ってから縫う	円型編機で丸編にする。かかと、爪先のみ成形する
2. ゲージ	編目がもっとも細かい	編目が大きい	編目が比較的細かい（目の粗いものもある）
3. ほつれ性	伝線し易い	伝線し難い	伝線し易い
4. 厚さ	極めて薄い	厚い	薄い
5. バックシーム	バックシーム（背部の縫目）が美しい	バック・シームは美しくない	バック・シームがない。もしバック・シームを入れる場合は、美しくない
6. ファッション・マーク	ファッション・マーク（成形マーク）が美しい	ファッション・マークなし	模造ファッション・マークのため美しくない
7. 補強部	かかと、足底の補強部が美しい。縫目がない	補強布を縫付けた際の縫目がみえる	補強部に縫目はないが、補強部の形状の美しさが劣る
8. 編目の均斉	靴下上部から爪先まで編目がととのっている	靴下全体にわたり編目の大きさ同一であるが粗い	足から腿にゆくほど編目が粗くなる
9. 組織	よこメリヤスの平編組織	たてメリヤスのハーフ組織（49頁4-E図）	よこメリヤスの平編組織
10. その他	爪先にダイアモンドポイントがある。各部に透し目が入る	なし	なし

図2　各種靴下の特長、フルファッション靴下、トリコット靴下、K式靴下（＝シームレス）
「フルファッションとトリコット」『あなたのせんい』1957年4月1日 47ページ

「ナイロン婦人靴下をつくる」『婦人生活』（一九五九　二─四）および、小菅桂子『良い商品・悪い商品』（一九六三）などにしたがい文章形式でその違いを短くまとめてみよう。

1　フルファッション

はじめから脚の型に合わせて編目を自動的に増減して編みあげる。その生地を縫い合わせたもので、足にぴったりはくことができる。うしろに縫い目（シーム）がある。縫い目をまっすぐにはくには絶えず気を配る必要がある。デンセン（編んだ糸が切れて線状にほころびること）しやすいが、うすくもしやすい。作業工程はやや複雑で、製造機械は高い。

２　トリコット

下着に使用されているような経《たて》編みの生地を裁断して縫いあげたもの。タテにほとんど伸縮性がないので、あまりぴったりしない。デンセンしにくいが、分厚くなりやすい。畳の空間、通勤電車などでも強く、日本で独自に普及。うしろに縫い目あり。

３　シームレス

上から下まで同じ目数で、筒状に編み、足先をかがり合わせたもの。熱処理で足の形にする。ふくらはぎのような太い部分は編目が荒く、細い部分は目がつまる。うしろに縫い目がないため、曲がりを気にする必要がなく、手早くはける。素足の感じが出やすい。作業工程は比較的シンプルなため製造機械は安い。

もちろん、製品は改良されるが製造法は根本的には変化しない。シームとはフルファッションのストッキングの製造工程上、必然的に発生する縫い合わせである。ストッキングをはくと、脚のうしろに（生地を縫いあわせるための）タテ線が入る。それは製造工程上やむを得ず入ったタテ線である。元来は、そのタテ線自体にはデザインであるとか、魅力であるとかいったなんらかの意味付与はなかった。しかし、そこにさまざまな意味付与が行われていく。長い目で見ればヨーロッパではくつ下は男性のおしゃれから、女性のおしゃれへと変化した。ズボンやスカートが長ければ、外から見えないくつ下はファッション化されにくい。都鄙、社会階層を問わず、戦後本格化した洋装化の進展もそこに絡んで価値観の変化を引き起こす。

『日本くつ下事情』（梓川守夫　一九九一）という歌集がある。くつ下やストッキングの世界史、日本史やそれにかかわる日々を短歌形式でつづった、くつ下販売に従事していた歌人の作品集である。戦中くつ下は贅沢品として「綿・純毛くつ下製造禁止さる　スフ・人絹糸混用されて」（梓川　六八）のように迫害され、商品の質は落ちていた。「「軍需品」指定工場にならんとす　くつ下工場日参運動」（同　六九）生きのびるために軍需産業に転換しようとしたこともある。そのようなくつ下産業も戦後は再生しはじめる。

1　あこがれと顕示

1-1　あこがれのナイロンくつ下

一九四九年から五一年に連載された林芙美子の『浮雲』に次のような記述がある。

「さっきね、綺麗なお姉ちゃんが来たわよ。私、追いかえしてやったの……（中略）とても凄いのよ。ハイカラな縞の外套を着て、ナイロンの靴下をはいてたわ。黒いぴかぴかのハンドバッグをさげてたわね。それから、ここで煙草を吸って行ったわ」（林芙美子『浮雲』二〇〇三　三六五）

戦後すぐの時期、ナイロンはあこがれの対象であった。人々の目にはナイロンが美しく高級に見えた。戦前にも絹のストッキングはあったが大変高価なものだった。一般の庶民がはく機会はほとんどなく、田舎に行けばはく必然性もなかった。

「ストッキングというものは別に珍しいものではなくて私の生まれるずっと前からあったはずである。

しかし、私の印象から言うと、戦後のおそろしい窮乏生活が終わりを告げるころ、突如出現した、という感じだった。

モンペのせいもあるだろう。特別な階層を除けば大多数の庶民階級の女たちは昭和二十四、五年まで戦争中同様、モンペをはいていたのである」（吉田知子　二二三）。

戦後すぐ、日本にナイロンはほぼなかった。素材としてのナイロンは国内製造されていなかった。手に入るナイロンは進駐軍の横流れ品が主であった。

「最初にアメリカ人に知りあいを持った一部の「特権」階級だけが、ナイロン靴下をこれ見よがしにはいてまわったことも、その後の爆発的流行をもたらす原因となった。ナイロン靴下を何とかして手に入れなければ、時代に取残されるという感じを、ほとんどの若い女性たちに抱かせてしまったのだ」（『暮しの手帖』一九五六　一四九）。

写真家の林忠彦はつぎのように述べている。

「ナイロンの靴下の出現は革命的だった。青い目がナイロン靴下一足くれるというと、すぐシッポを振ってついていくといわれたほど女にとって魅力があったもので、戦後の宝物の代表的なイメージがあった。出現当時は実に貴重品で、米いくらとナイロンとか、すべての物の基準がナイロンになった」（林忠彦　一九八七　一七二）

吉田も、林も「出現」という言葉を用いているのが印象的である。戦前、高級品だった絹くつ下（長くつ下＝ストッキング）と、安めの素材で作られた長くつ下（女学生用の黒い長くつ下をイメージしていただければよい）という分割があった。絹くつ下は、金持ちでないとはけない。また、女学生も家庭の主婦になってしまうと和装に戻り、くつ下よりは足袋が中心の生活となる。くつ下をはく機会は減る。

　高級くつ下の素材となった絹は、日本からアメリカに輸出されていた。これは、パラシュートなど軍事物資としても利用されていたため、日本は輸出規制をかけた。パラシュートに使える絹がなければアメリカの軍事力は低下すると考えたのである。しかし、アメリカは各種化学繊維を開発し、絹はナイロンへと置き換わっていった。戦後の日本でくつ下としてあらわれたナイロンの光沢感は、「戦後の宝物」と林が表現するほどの魅力を感じさせた。

　新聞では「ナイロン古靴下　米国から来ます」（『読売新聞』一九五〇・三・二）「海越えて戦争未亡人へ友愛届いた靴下七万本」（『読売新聞』一九五〇・三・二八）といった記事が目に入る。中古でもナイロンくつ下には輸入するだけの十分な価値があった。高かったためナイロンくつ下は修理して繰り返し使うものであった。ストッキングが引っかかるなどして、いわゆるデンセンが起きた時に直してもらう修理屋も商売として成り立った。「生計相談　小資本向き靴下修理」（『読売新聞』一九五〇・一二・二）、「根気次第で一万円の増収になる婦人靴下の修理」（『主婦と生活』一九五五　三五四）などの記事がある。主婦には設備のいらない、比較的高収入の内職であった。そして、修理屋のみならず、くつ下専門のドロボウ（「クツ下ドロ捕まる」『朝日新聞』一九五二・四・九）も商売（？）として成り立った。

　一九四九年四月、新制高校を一期生として卒業した作家の上坂冬子は、トヨタ自動車工業の新入社員当時をつぎのように振り返る。

「ナイロンの靴下はまだこの世にあらわれておらず、新人女子社員には時として総務部から絹の靴下が配給になった。もちろん数がかぎられているから抽選である。靴下はすぐ破れたから、これも絹とは名ばかりで当時出回った再生品であったろう。不思議にも抽選に当たった人から順に恋の勝利者となっていった」（上坂冬子　一九八九　六九）

　ナイロンのストッキングには、自己満足だけでなく、他者を惹きつける価値もあった。

「ちかごろ街にハンランしだしたアチラ製の横流れ品「六、七百円だしても国産の四百五十円―六百五十円より大分いい…」とかいう世評に日本側も発奮、あちらからクズのナイロンを仕入れて足底にいれて補強したり伝染病にかからぬトリコット編み（四百円前後）の宣伝をやったりで、このところ大いにハリ合っ

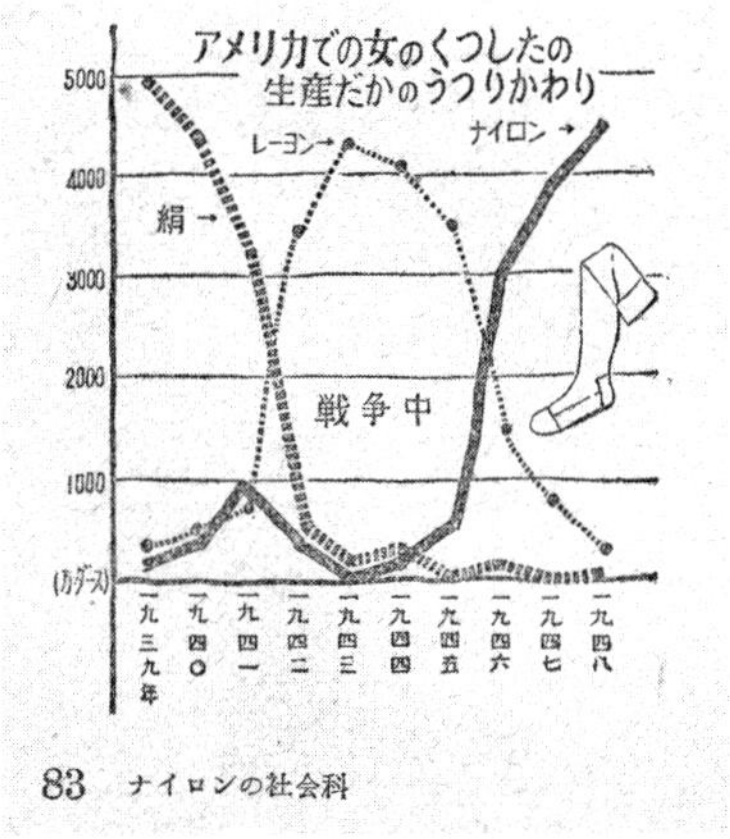

図3　アメリカのくつ下の素材の移り変わり
（金丸・土屋　1954年　83ページ）

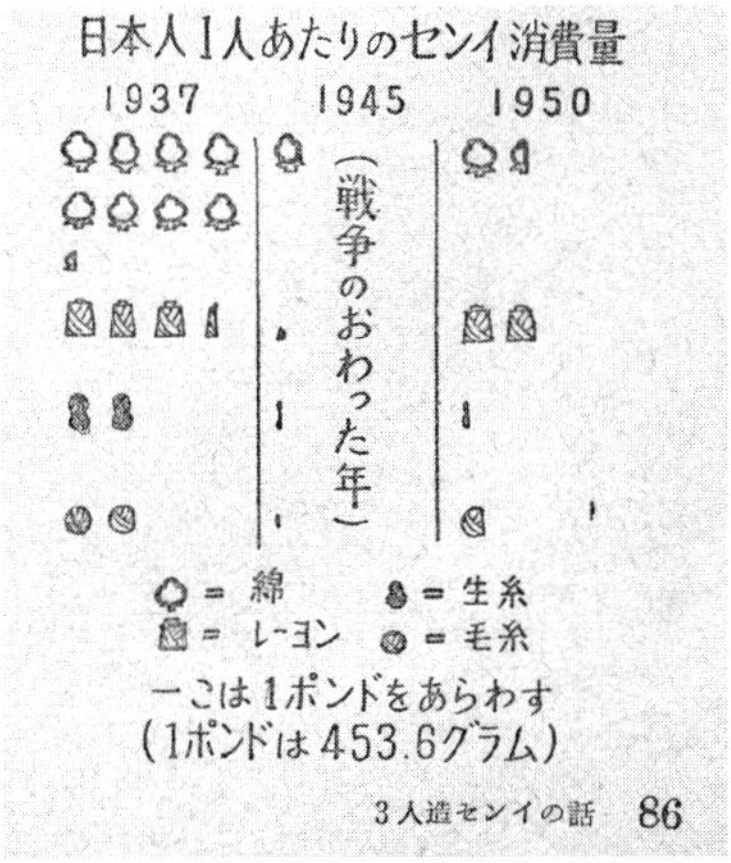

図4　日本における繊維生産の減少と再生
（金丸・土屋　1954年　86ページ）

ている」（『朝日新聞』一九五一・一〇・二〇）。

靴下の素材は、ナイロン等の化学繊維に置き換わりがすすみ、当初は輸入されていたナイロンも国産化される。一九五一年には東洋レーヨンがデュポンと技術提携し、繊維の生産を開始し、一九五二、五三年には国産ナイロン靴下が流通しはじめる（図3・図4）。

「終戦から八年「衣」の問題は戦争中の「純めん」探しの話もすつかり忘れて、今では選り放題、買い放題の有難い世の中になった、それ処か売れない、買い手がないで倒れる問屋や製造会社が出来る騒ぎだ」（『文化生活』一九五三　七）、「化学センイ罷り通る――絹は綿類はもう古い」（『週刊読売』一九五四）といった記事も見られる。混ざりものなく綿でできているだけでもうれしかった時期もすぐに過ぎた。化学繊維が流行しはじめたのである。一方で、繊維業界は、過剰生産に陥りやすく、景気変動は激しい。

ただ、ナイロンストッキングはすぐには安くはならなかった。

日本婦人有権者同盟会長の紀平悌子は対談で次のように語る。「戦後日本の衣食住の流行は、三つの時期に分けられると思います。昭和二〇年から二五年までを〝食〟の時期、すなわち食への欲望が中心であった時代、二六年から三〇年までを〝衣〟の時期、つづいて昭和三〇年代から家庭用耐久財とレジャーへの欲望の時期」（恩地ほか　一九七六　二三六―二三七）。

ナイロンストッキングにはこの文脈で語られる衣の範疇におさまり切れない、時間のずれがあった。アクセサリー的要素もあったためだろうか。

「絹の全盛に変わってナイロン靴下が登場します。これが、昭和二十六年（一九五一）で、ナイロン・フルファッションの全盛時代は三十五年（一九六〇）ぐらいまで。そのころ、こんどはシームレスが出てきてし

だいに勢力をまし、今はまったく時代の寵児です」（『装苑』一九六五　二〇四）
　これは、大づかみにした変遷なのだが、さらに細かくみていこう。

1-2　シーム（縫い目）に美を見出す

　前述の歌集『日本くつ下事情』をさらに引こう。

「もんぺ脱ぎスカート穿きしおみならの足つややかにつつみたるもの」（梓川　一一三）

　その中でも当初の主流は、フルファッションとよばれる形式のくつ下であった。開いた形で編みあげ、あとで縫い合わせるため、縫い目がくつ下のうしろにはいるものだった。

「貴婦人の足をつつみしフルファッション鼻筋のごとシーム直なり」（梓川　同）。

　ストッキングのシーム（縫い目）は、まっすぐであることが美とされた。

「美しいはき方とは、縫目がまっすぐで靴下がピンと張っていることとです」（『装苑』一九五六　八八）と書かれているようにストッキングを美しくはくとは、うしろの縫い目が地面に対し垂直であることだった。この縫い目（シーム）は、もともとデザインであったわけではなかったが、ストッキングになくてはならない記号となっていった。さらに、シーム自体に美しさを見出す感性を生み出していく。

　広く利用されたものではないが、「液体クツ下」というものがあった。ストッキング＝フルファッションを表すよい事例である。脚に液体を塗って、ストッキングをはいているように見せかけるものである。

「足を洗ったうえ毛深い人は脱毛して、一回分をボタン刷毛で手早く塗り、乾かぬうちに指で足一ぱいにのばす。浮いた粉を落して後ろの縫目をまゆずみで描けば、見事なフル・ファッションの天然靴下が出来上る次第」（『週刊朝日』一九四九　一九）。

うしろの線はフルファッションのストッキングをはいているという記号であった。戦後しばらくはストッキングがあまりにも高価であったため、このような商品が成り立ちえたのである。デザイナーの川端あきはファッションを中心とした自分史の中でつぎのように振り返っている。

「ナイロン製のものがボツボツ出回りましたが大変高価なもので、スーツ一着分の仕立代に相当するものでした。長さは膝上までで、ガードルでピシッと吊り、バックに必ず縫い目線がついていて、その線が少しでも曲がっていれば、どんなに素敵な洋服を着ていても洋装としては失格でした」（川端あき　一九八六　三一）。

新聞記事「くつ下のエチケット」（『朝日新聞』一九五七・三・二九）には、

「脚線美をほこらないまでも、「なんだ、くつ下をずるずるたるまして」とか、「同じはくなら、後の線をまっすぐにはいたらよさそうなものだ」などと、悪口をいわれないようにしたいものです。ことに女性より、男性の眼が、後から容赦なくそそがれていることをもう一度意識して、くつ下をはく心がまえ、エチケットといったものを考えてみましょう」。

本来は、とくに含意を持たないはずのストッキングのうしろの縫い目に対し、さまざまな意味付与がなされていく。すこしのちのシームレス流行初期においてフルファッションのシームの価値を語った意見をみておこう。

舞踏家の伊藤道郎は、「女性の後ろ姿は、まっすぐに〝線〟が通っているのが魅力でもあり、またみだしなみというものがわかる」とシームの魅力と身だしなみについて語る。

また、脚本家の市川三郎は、「シームは男性の視線のよりどころであった。シームの線に沿って視線をじょじょと上に、その終着駅を想像するところに魅惑があった。また、たとえシームが曲がっていても、その女性の性格、そのときの状況などを推理するデータとしての価値があった」と述べている（『サンデー毎日』一九六一　三五）。

本来製法上の理由からついたとくに意味のないシームに、礼儀作法、身だしなみ、魅力などさまざまな意味が後から加えられていった。

文芸作品では、三島由紀夫『美徳のよろめき』（一九五七年連載）の記述がよく知られている。この不倫をテーマとした小説のなかに、男性が不倫相手の女性に対しシームレスストッキングの着用を嫌がるくだりがでてくる。

「今まで自分の好みをあまりあらわに言わなかった土屋が、この日はじめてそれを言って節子を喜ばせた。彼はこの頃時花《はやり》の、全く筋目のないストッキングがきらいだった。ストッキングのうしろの焦《こげ》茶の竪の線は重要だった。それがなければストッキングの値打も、美しい脚の値打も半減すると言ったのである。——節子は家にある筋目なしのストッキングを、みんな捨ててしまおうと思い立った」（新潮社　二〇一一　七八）。

筋目があるのがフルファッションであり、筋目のないのがシームレスである。実際に広い階層でシームレスストッキングが流行するのは、作品より後の一九六〇年代に入ってからである。三島由紀夫の描いた価値観は、急激に時代からはずれたものとなっていく。「筋目」は美ではなくなっていくのである。

1-3 ストッキングの大衆化

戦後約一〇年間のナイロンストッキングへの憧れと普及について、『暮しの手帖』は一九五六年一二月五日の「ナイロン靴下の真相」という記事でつぎのように書く。

「それが本当に美しいからとか、それがなくては生活してゆけないといった要求からきたものではなく、ただ無我夢中でナイロン靴下という傾斜をかけおりてきたのが、今日までの有様なのである。そしていまでは、主婦も、職場の女性も、北海道でも、九州でも、文字通り全国の若い女性たちが、何のうたがうこともなく、ナイロン靴下をはく習慣がついてしまったのだ」（同 一四九）。

洋装にはナイロンくつ下をはかねばならないという決まりはない。綿のくつ下だってよい。風俗史の貴重な資料であるマンガのサザエさんなどでよくみられるように、下駄に足袋、スカートという取り合わせもあったのである。

一九五三年頃には、「靴もそんなにないし、ナイロンは売られていますが高いですね。平均的な暮し向きの人間にはとてもナイロンの靴下を普段ばきできる状況ではありません」（恩地ほか 二〇〇）。のように値段による壁もあった。それが、一九五六年には「いまは、どんな山奥のローカル線でも、かならずナイロンをはいた女に出会うし、どんな場末の洋品店にも、軒下にこれがぶら下がっているようになった」（『暮しの手帖』 前掲 一三〇）。と述べられる。また、

「ストッキング史の『戦後』は、一九五〇年代なかばごろを境にはじまるとみてよい」（天野・桜井　二〇〇三　四二）。

とするものもある。

一九五〇年代なかばまで、ストッキングは大衆のものではなかった。このため、天野はストッキングの戦後を一九五〇年代なかばと主張しているのである。日本で一九五一年の東洋レーヨンによるナイロン製産開始、そして五二、五三年に国産ナイロンストッキングの普及が始まる。ストッキングの原糸が日本国内で生産され、原糸の生産と原糸からストッキングを作り出す過程までが軌道にのることで大衆化される。これは供給の側の状況であるが、需要の側の状況はどうであっただろうか。婦人ストッキングの需要が増大してきた理由を経済誌はのちにつぎのように分析している。

イ　可処分所得の増加
ロ　和装から洋装への一般的傾向
ハ　都市、農村を問わず、婦人の外出の機会が頻繁になったこと
ニ　職業婦人の増加

（『財界観測』一九六二　三六）

これ以外にも理由は多数あるだろうが、これらの要因が同時に絡み合いつつストッキングは普及する。理由のハやニに関わる『暮しの手帖』の記述は印象的である。

「都会の町角に立ってみて、まずおどろくのは、たいへんな、女の人の数だ。これは、戦前では、とても考えられなかったことだろう。働く女のひと、いわゆるサラリーガールがふえた上に、いままで、めった

に外に出たことのない、家庭の主婦が、気軽に、どんどん町を歩きはじめた」（『暮しの手帖』一九五六一三一）。

女性の外出の頻度があがる。この生活の習慣の変化は服飾史などでは見落とされがちである。『暮しの手帖』には二二七六人の調査が載っている。一五歳から五二歳までの回答者で、一五歳から二九歳までが回答者全体の七割九分を占めている。北海道から九州までの回答者がいるなかで、ストッキングを、「全体の六割ちかくが、「毎日はいている」ことがわかった。これを戦前の絹靴下の普及率からくらべれば、大変なちがいだろう。戦後、女性の服装が、和服から洋服に非常な早さで切りかえられてきていることは、わたしたちが、日常この目で承知している。が、なにも洋服を着たからといって、ナイロン靴下をはかなければならぬ規則があるわけでもないのに、六割近くの女のひとが、毎日はいているということは、もうナイロン靴下が現代の洋装の中へ、深く食い入ってしまっている実態を物語っている」（同　一三二）。

これほど普及しつつあるナイロンストッキングでも、自宅でも毎日はく人は、家庭の女性で五・三パーセント、働いている人で四・九パーセントの低さにとどまる。それはもっぱら外出用であり、日本の住居形式、とくにタタミには向かなかった（同　一三二）。ストッキングは引っ張りには強くとも、引っ掛けには弱い。タタミや爪などにとくに弱いのである。

家庭の女性、銀行員、百貨店員、工場の女工などを比較すると、家庭の女性のほうが値段の高いものをはいている。「ナイロン靴下がおなじ外出用としても、家庭の女性ではたまに外出するときのおしゃれ用品であるのにくらべ、「毎日外出」する職場女性にとっては、もう一種の生活必需品の色を帯びているといったちがいもあるせいだろう」（同　一三三）。

一九五六年末の時点で、ストッキングはおしゃれをこえて生活必需品となりつつあることが指摘されている。これはストッキングの選択において、値段の持つ意味が浮上していくことを示唆する。さらに、「ナイロン」でさえありさえすればよいという傾向も指摘されている。というのも「銘柄をきめてはいてはいない」人が、全体の七割を超えているからである。記者は歯みがきですら、わたしたちは大てい好みの銘柄を持っていると述べる（同　一三四）。このような傾向はのちにストッキングが、暴落したときなどに影響した。ナイロンストッキングならどこの商品でも構わないという傾向は、とにかく安いものをという行動につながる。シームレスへの転換期の消費者の行動の一要因もここに準備されていたといえよう。

2　シームをめぐる価値の転換

2-1　脚線美とフルファッション

ここで、「脚線美」について考えてみたい。日本国語大辞典をみると、「脚線美」という言葉は一九二九年、松竹が脚線美女優を募集したことからひろまったとされている。脚線美は、当初は映画の中、もしくは洋装できる階層の人にしか機能しない言葉であった。それが、戦後大衆化されていく。大衆化されるのはストッキングだけではない。美の基準もである。「座る生活を改めて　ダイコン足も美しく」（『読売新聞』一九五四・六・四）や、「殿方をウットリさせるには？　素晴らしい脚線美をつくる科学」（『夫婦生活』

一九五四)、「足の手入れもおしゃれの一ついま見頃の脚線美」(『政経時潮』一九五七)のように新聞、雑誌が硬軟とりまぜて描き、脚線美は自らのこととして注目されていく。もう単なる憧れではない。ナイロンストッキングは、自らの脚線を美しくするための商品になったのである。また、一般女性の脚の商品化も起き始める。一九五二年一〇月二八日に東京製靴連盟が三越劇場で脚線美コンクールを開催した。そのとき、優勝者の脚には五〇〇万円の傷害保険が掛けられたという(半田拓司ほか　一九九五　五五)。また写真家・林忠彦の写真集には、一九五五年に行われた銀座祭大売出し行事における東邦レーヨン(一九九九年に帝人の傘下へ)による脚線美コンクールの様子が掲載されている(林　九四—九五)。一般女性もこのような行事に参加するようになる。

新聞には中学三年生の「フクラハギを細くするには」という美容相談(『読売新聞』一九五五・一・九)が見られる。これに対しては、つぎのような回答がなされている。

「中学三年位でしたらクツなどもヒールの低いものをはいていられるでしょうが、これから学校を出てハイヒールをはくようになって、ツマサキに力を入れて歩くようになれば、太いのは太いなりに形がつきますから、今から余りいろいろのことをしない方がよいように思います。ただなるべくツマサキに力の入る体操をやるようにして下さい。また普段歩く時も、ツマサキに力の入るように、始終心がけることが肝心です。御飯や脂肪質のものを沢山食べることも太くなる原因です」。

戦後の食糧難から脚の太さを気にする時代にまで転換したことがわかる。また、顔中心の美容から脚へも重きをおくようになったことも注目される。以下のような記事もある。

「ダイコンみたいな脚でも、ナイロンクツ下をはけばなんとかゴマかせると思うのか、女性たちにとって

は、昼メシは抜いてもまずナイロンというところ」（『週刊朝日』一九五五　五五）

つぎのような相談も新聞に寄せられている。脚線美をもたらすというナイロンストッキングをはいてみたい。でも選び方がわからない。高価なために、とりあえず買ってみるというわけにもいかない。中学を卒業してから働いている一八歳の投稿である。

「今年はナイロンをはいてみたいと思うのですが、色、買い方、金額などお教え願います。脚はからだの割合に太いほうです」。

回答は以下のようなものである。

「ナイロン製はたしかに脚を美しく見せますから、はいてみたいお気持ちはわかります。（中略）色はあまり赤ッぽくなく、自分の脚の色よりやや濃いめのものがはいた感じが自然で無難です。うしろに縦のぬい目の通っていないのは脚を太く見せるので、必ず縦線のあるものを選ぶこと」（『読売新聞』一九五五・一・一八）。

ポイントは「うしろに縦のぬい目の通っていないのは脚を太く見せる」であろう。フルファッションストッキングのうしろにある線が脚を細くみせるというのは、当時かなり浸透した考え方であった。

「このごろはシームレス（後の縫い目のないもの）があります。シームは歩いているうちにまがりやすいものですが、シームレスですとその心配がありませんので、外国ではそうとう使用されているそうです。しかしシームレスは靴下をはいていないように見えますし、またシームのある方が、足を細く見せますので、日本ではあまり用いられていません」（『女性教養』一九五七　三八）。

シームのない便利さよりも、シームが脚を細く見せる効果が上回る。しかし、脚を細く見せる効果に科学的根拠はない。また、ストッキングをはいていることを他人に示すことに意味があり、はいていないように見えるのでは、高いお金をだす価値がなくなる。シームレスは「足に自信のある人とかクツ下のはき替えを手早くしなければならない職業の人、例えば、モデルなどには後の線を気にしなくてすむので喜ばれている」（『読売新聞』一九五六・五・二二）という。六年のち、シームレスが普及しだしてからは、つぎのような問答がある。洋裁学校講師・三村久恵と、アミラン・トリコット靴下研究会会長・馬場長市によるものである。

三村　脚が太ければ、うしろに線が入った靴下をはいたほうがいいでしょうか。

馬場　真中の線で脚を二分しますから、脚を細く見せるわけですね。ところが最近は、線があるとそこに目がいくから、太い脚がさらに太く見えるという逆説も現われているんですよ

（『婦人倶楽部』一九六二・三・一　二七四）

シームが脚を細くみせるかどうかはわからないというのである。一方、脚線美の大衆化は止まらない。「最近の若い男性に「もっともひきつけられる女性は？」などと質問すると「足のかっこがいいひと」といった答えが意外に多い。和服を着ていた時代とちがって、洋服姿では、足が果たす役割りは重要である。（中略）知人の十七歳になる娘さんは、父親似で、足が太いのもそのせいであると、とかくおとうさんに対して不きげんなのである。結婚の相手は、子どもがそんな悲しい思いをしないように、足のきれいな男性でなければと考えている」（『読売新聞』一九六四・九・二七）。

脚線美は一時的流行ではなく、全体の趨勢となって定着していく。

2-2　シーム（縫い目）の価値への疑問

シームレスストッキングの普及を促進した厚木ナイロンの創業者・堀禄助について、経済小説で知られる作家の城山三郎は『企業者根性』でつぎのように書いている。

「海外におけるシームレスの流行に気づいたのは、もちろん堀だけではない。だが、いくつかの大メーカーをはじめ、どの業者も、日本ではじめることについては慎重であった。

生産してみると、果たしてたちまち返品の山となり、在庫で動きがとれなくなった。

「靴下はスジがあるから靴下なんだ。スジをつけて持って来なさい」

と、問屋筋からは突っ返される。

それは、たしかに一つの真実であった。相当な金を出して買う以上、ストッキングをはいていると見られなくては困る。黒いスジが曲がったりするのも困るが、それ以上に、はいているのかいないのかわからぬようでは、金の出しがいがない」（城山三郎　一九六四　六一―六二）。

ストッキング＝フルファッション＝筋があるというのが当初の図式であった。また、うしろの筋が、ストッキングをはいていることを明示してくれることは、値段が高く、所得が低い時代には重要であった。はいていないように見えるとか、素足の美などというのは、のちにストッキングが大衆化してのちの美の基準である。

郡是《ぐんぜ》製絲（現・グンゼ）常務の森準次郎は、「私どもはシームレスを昭和二十七年頃から作っています。業界で一番古くからてがけていたのですが、当時は全然売れずに、全部輸出でした（中略）以前は丸編みにわざわざシームをつけたのですが、流行って不思議なものですね」（『実業往来』一九六三　七八─七九）と語っている。

シームは、フルファッションには必然的についているのに対し、丸編みのシームレスストッキングには、シームはない。シームがないことがひどくマイナスであった時代があった。日本においてシームレスはなかなか売れなかった。

『読売新聞』には一九六一年一〇月につぎのような記述がある。

「このところご婦人の間で一本の線が問題になっている。（中略）女の子のストッキングのシームライン（縫いめの線）。あれがないほうがイカすのか、あるほうがいいのかというわけ」（『読売新聞』一九六一・一〇・二二）。

雑誌でも「〝線〟を消したい女の心理」（『サンデー毎日』一九六二）、「シームレスは迷っている」（『週刊読売』一九六二）など、フルファッション、シームレスのせめぎあいが見られる記事は多い。

このような記事のなかでは、フルファッションに関するそれまでの「常識」に疑義を呈する者もでてくる。それまではシームは脚を細く見せるという「常識」があった。

服飾評論家の南部あきは、「細い足を〝線〟で二つに区切れば、たしかにより細くみえる。が〝線〟があれば、それだけ人目をひくことになる。だから足の太い人は、かえって逆効果になる」（前掲『サンデー毎日』一九六一　三二）。かつての新聞記事に見られたような足が太い人にはスジのはいったストッキングをと答えていたような論理とは逆である。

デザイナーの中村乃武夫《のぶお》も、

「そりゃあ、迷信みたいなものですよ。シーム（ぬい目）があるとどうしても、そこにアクセントがつくことになる。アクセントがつくということは首の長い人がそれを隠そうとして高い襟を立てるとかえってそこが強調されておかしいようなもので、脚の太いかたの場合は、逆にシームによってそこにアクセントができて目立つわけです」（『週刊明星』一九六一　八九）。

シームが脚を細く見せるという常識に疑義が呈され始めた。一方で、フルファッション業界は、商売上当然シームのあるフルファッションを擁護する。日本フルファッション工業会専務理事の磯貝真人は、「一日に何度も足を九十度曲げる畳生活じゃ、どうしたって、いい格好の足はできない。将来、生活が洋風化し、日本女性の〝おみ足〟がスラッとするときがくれば、シームレスも結構でしょう。しかし、いまの段階では、どうもネ（中略）フルファッションは、節度のある感じですね。きりっと引き締まって見えます」（前掲『週刊読売』一九六二　七〇）と述べている。また、「なくてはならない線：SEAM」というキャンペーンをはったりした。

「〝秋の盛装〟はフルファッションから」（『マイホーム』一九六二　一二三）では、「フルファッションの製造過程は、じっさい手間のかかった、ある意味では不経済なやりかたなのです。しかしほんとうによいものは、またそれだけの有効なムダを必要とします」と述べたり、「フルファッション靴下のすべて」（『婦人生活』一九六二　三九四）では、「〝線〟（フルファッション）でドレスアップ」と宣伝したりしている。

日本ではシームレスの普及は遅延する。

「アメリカや欧州でシームレスが一大流行をしてから、三年以上たつが、わが国では最近になってようやく流行しだしているにすぎない（中略）何よりも大きい理由は、脚線美に自信のないわが国の御婦人がたのコンプレックスが、シームレスの流行をおくらせていたのだろうというのが、おおかたのみるところのようである」としている。しかし、「脚線美に自信がないというコンプレックスも、若い戦後のレディーには通用しないといわれるようだから、いずれ近いうちにシームレス・ストッキングが、わが国でも大流行をみることだろう」（『財界観測』一九六一　七二）と予測する。

「シームレスは迷っている」（『週刊読売』一九六二　六八―七〇）では、女性がシームあり、シームレスが分かれているのに対し、男性には意外とシーム派が多いことが述べられている。「シーム派であるとシームレス派であるとを問わず、男性が、相当、女性の脚線美に関心を持っていることは事実である」とする。

　東京での各種ストッキングの分布をみてみると、銀座では圧倒的にシームレスが多い。三分の二がシームレスである。東京、有楽町、新橋の各駅もほぼ銀座と同じ比率なのに対し、新宿駅の東口では半々、南口ではシーム（フルファッション）優勢で、トリコットや素足にサンダルばきも目立つ。下町の錦糸町では1シーム（フルファッション）、2トリコット、3素足、4シームレスの順である。東京のなかでも当時のオフィス街や都心部ほどシームレスが普及しはじめている様子が詳細に記述されている。

『サンデー毎日』一九六一年一〇月の「〝線〟を消したい女の心理」では百貨店の女性社員は、会社から縫い目の〝線〟のあるフルファッションを支給されている様子が紹介されている。

「店の方針として、お客さまにはスアシをお見せしないことになっておりますので…。〝線〟のないシームレスは、ちょっと目にはスアシに見えることもございますので…」（高島屋顧客部）。

　ここにはスアシを公的な場で見せることは、失礼なことであるという「マナー」の基準がある。ここでは足が細くみえるかどうかや流行、便利さといったことは関係がない。これに対し、店員たちは、通勤にはシームレスを愛用しているという。「線の曲がりをきにしなくていいし、それに、このシームレスは足が美しくみえるから…」（『サンデー毎日』一九六一　三二）。

百貨店の従業員は、フルファッションとシームレスをはきわけながら、シームレスは便利で、脚も美しく見えると考えている。

「最近、ストッキングの業界では、ノーシームの流行が話題になっている。うしろに縫い目（すじ）のない丸あみのナイロンストッキングのことである。生産工程が、うしろにすじのあるのとくらべものにならないほど簡単だそうで、値段も、ずっと安くなるらしい。素足でいるような魅力は格別だし、すじがまがっていないかしらと気にかけることもないし、消費者にはうれしい流行である」（『読売新聞』一九六一・一一・三）。

ここでも素足の美が語られはじめている。フルファッションとくらべてシームレスは製造工程が比較的簡単で、設備投資費用もすくなくて済んだ。このため中小でも設備投資が可能であり、量産されれば、価格低下が予測されていた。過剰生産による価格変動が強い要因として働き、また普及と同時に価値観も変動していく様子はさらにのちの章で描く。

2-3　醜いシームと素足の美

シームレスストッキングへの過大設備投資が生み出した生産過剰、それに伴う極端な価格低下は、フルファッションにこだわりのあった女性たちをも一気にシームレスへと押し流した。その頃シームレスへの美的感覚はどのように変化したのだろうか。

「シームラインのことですが、いまのものは、靴下の接目はこちらでございます、といった不格好なものは影をひそめ、ここでもできるだけ細くすっきりと、これ以上細くするとはじけてしまう、という限界まできています。ところが、このはなしとは逆に、都会から遠ざかれば遠ざかるほど、シームが太くて濃いものが売れるというからふしぎではありませんか。これはそういう地方の方は、平常はほとんどストッキングをはかず、たまのお休みの日とか祭りとかにはくだけなので、やはりはくからには、はいたということが自他ともにわかるようなものをはきたいという心理作用からであろうといわれています」（『装苑』一九六一　一六七）。

そのなかでも、ストッキングをはいていることを示す顕示的価値にこだわるのはある種田舎の心性の象徴のようになっていく。都会ではシームはできるだけ「細くすっきりと」という方向が確認できる。シームが曲がるという面倒くささは、シームがないほうがいいという認識につながる。

「御婦人がたのイライラと、メーカーがわの不愉快さをとり除くためには、縫い合わせ（シーム）をとってしまえばいいわけだ」（『財界観測』一九六一　六九）。

かつて、フルファッションより製造工程が簡単なシームレスに、あとからわざわざシームを付けていた時代とは逆である。シームは魅力を生み出すどころか、厄介もの扱いとなる。シームをまっすぐにすることは忙しくないからこそできる贅沢とも言える。「この忙しい世の中で、シームが曲がっていはしないかと、たえず気にしなければならないなんて、時代おくれもハナハダしいワ」（丸の内のある一ＢＧ）（『サンデー毎日』一九六一　三四）というのが、日々仕事でストッキングをはく女性の本音であった。

デザイナーの中島弘子は、

「はいていないようにみえて、実ははいている、というゼイタクさ。その方向に向かっているのではないでしょうか。だから、よく女性が『はいていないみたいでしょ』とじまんしている風景に接しますが、オシャレとはそんなものです」（同　三五）

と述べている。これは素足の美を評価する流れにもつながる。また、シームがないと曲がっているかどうか気にする必要がないというのは実用重視の考え方なのだが、そこにとどまらず、シームレスこそが美なのであるというように価値観も転換する。

「いいものは実用にささえられたものといった、衣服の原則にさからうふしぎな存在に、女性のナイロン・ストッキングがある。（中略）足がもっとも魅力的にみえるのは素足、その本ものの足よりはもっと美しい素足に見せるために不経済なことを承知でうすいうすいナイロン・ストッキングをはく。魅力のポイントが足にきた時代であってみれば、顔にクリームやおしろいやアイシャドーをつかうのと同じ意味をもつわけであろう」（『読売新聞』一九六四・九・二七）。

この時期のうすいストッキングはシームレスである可能性が高い。

「十五デニール針数実に四〇〇本シームレスでき業界おどろく」（梓川　一二二）と前述の歌集にある。

「欧米では婦人靴下の八～九割までがシームレスとなっている。

生活水準が高くなるにつれて、美的要素がある程度経済性に優先するようになる」（『週刊野田経済』一九六二　一二九）。

と書かれているように、シームレスは経済性から選ばれているのでなく美的要素から選ばれていると考えられるようになる。シームレスを肯定するつぎのような感性もある。

日劇ミュージック演出家の丸尾長顕は、

「シームがあれば、なにか冷たい感じを与えるが、なければ足の曲線がそのまま出て、男性にはなまめかしく思える。太い足にも太い足なりに、なまめかしさが感じられる。だからこれは女性にも男性にも歓迎される流行だ」（『サンデー毎日』一九六一　三五）。

かつて魅力を放ったシームは「冷たい」印象をもたらし、シームレスは、脚の細い、太いなど関係なく「なまめかしさ」という魅力を出すとされているのである。

「フルファッション（線のはいったもの）に代って、シームレス・ストッキングは、今や世界をあげての流行。日本でも、日本婦人靴下協会の調査によると、九〇%はシームレスだといいます。（中略）毎日ストッキングをはいて通勤する都会の働く女性たちの消費量は、一カ月四―六足平均といわれます。

シームレスは、女性の足を美しく引立たせるので、一度はいたらやめられないわけですが、それにしても平均四、五日しか持たないのではつらい」（『朝日新聞』一九六四・九・一七）。

シームレスの醸し出す美は「一度はいたらやめられない」とまで評価される。シームはかつて、美や優雅さの象徴であったのが、この時期になると、醜い、冷たい、面倒な、年寄りのなどの言葉をもって表現されていく。実際にそのような感覚は、くつ下の物体そのものに内在するわけではない。時代はそれに貼り付けるイメージを作り出す。

シームレスにほとんど転換した一九六五年にあえてフルファッションをすすめる記事では、

「シームレスでも、もちろん構いませんが、中年の奥さまの場合、シームのついたフルファッションの方が何かしっとりと落ちつきを感じさせるようです。十二分の注意でまっすぐにシームをたててフルファッションをはいてみるのも、また時には良いものです」（『婦人生活』一九六五　一四四）と書かれている。シームは若い女性の求める美ではなくなる。フルファッションのシームは「しっとり」や「落ち着き」といった比較的年齢層の高い人になじむ感覚とされていく。

3　大量生産が美の感覚を変える

3−1　大量生産前夜

ここでストッキングに関する業界事情を説明しておこう。ストッキング業界には多くの会社が関わっているが、なかでもシームレス普及に向けては当時の郡是製絲（現・グンゼ）と厚木ナイロン工業（六〇年以前は厚木編織、現・アツギ）の動向が大きく影響した。郡是製絲は、フルファッション、トリコット、シームレス（郡是製絲は当初はシームフリーと呼んでいた）あるいは下着といった一八九六年設立の老舗総合メーカーであった。これに対し一九四三年創業、四七年に厚木編織として設立された厚木ナイロン工業は、シームレス（同時にタイツ）に特化した新興メーカーであった。シームレスをめぐる動きは、ダイヤモンド社編『シームレス〈厚木ナイロン〉』（一九六八）というなかば宣伝のような書籍をもとに、厚木ナイロンを中心に描かれることが多い。堀禄助は著名な経営者で、派手なキャンペーンを展開したことで知られている。堀は当時三年間に一〇億円の巨費を投入してメディア宣伝を展開し始めた。

「線《シーム》は忘れましょう、アツギのシームレス・ストッキング。
　シームレス・ストッキングは、靴下のうしろ中央にある縫目がない靴下のことをいいます。欧米の女性は、シームが曲るのをたいへんいやがって、神経質なほど気をくばっていますから、シームレスが現われたときには、ワッと飛びつきました。はくときにも、シームがないので、さっとはいてもいい。つまり、イージー・ケアということです。しかも、素肌そのままの感じを美しくいかすことができます。」（ダイヤモンド社　一九六八　六四）。

このような宣伝文をポスター等にして全国に配布し、一方で子ども用のシームレス・タイツのキャンペーンでは、弘田三枝子の歌う「アツギ・タイツの歌」を流行させた（同　六四―六五）。さらに、「一〇〇万円プラス海外旅行」プレゼントのミス・シームレスコンテスト、全国の高校の女子卒業生（約五〇万人）にシームレス・ストッキングとおしゃれ読本を卒業祝いに送る「卒業おめでとう」キャンペーンなど派手なキャンペーンを繰り広げた（同　六五―六九）。たとえば以下のような新聞報道がある。

「シームレスの代表メーカーが厚木ナイロン。いままで輸出専門だったのが内需に手を出し、やっきの宣伝をはじめたのがこの夏ごろから。百万円進上のうえ、海外旅行という懸賞でミス・シームレスを募集するやら、大どころのショーで「出場モデルは全部シームレス・クツ下をはいてます」とカマすやら、株が上場されたとウタウやら…。（中略）「筋がないのが新しいのよ」とモデル、女給、おしゃれマダムなぞをファッションリーダーとして、線なしブームが巻き起こった」（『読売新聞』一九六一・一〇・二二）。

このような派手なキャンペーンぶりから、厚木ナイロンがシームレス化の動きをあまりにも一元的に操作できていたように見られるかもしれないので、できるだけほかの立場の資料もひいてみたい。

まずは、中小メーカーの発言である。

「昭和34、35年でしたかな、郡是さんが国内需要開発のために共同キャンペインを張ろうと呼びかけたとき、厚木はニベもなく断っていますよ。何故かって?当時、厚木は輸出が主力だったんだ。これだって郡是の子会社、郡是産業を通じて輸出していたのですからね。国内に向けるだけの生産余力がなかったのですよ。海外がシームレス・ブームで、シームレスだったら何でも良いといわれるほど世界的に品不足状態だったからだ。日本は大体一、二年世界の流行に遅れる。これを識っていた堀氏は輸出に注力しながら、国内市場開拓の時をかせいでいたのだ。36年頃からは全面的に国内に注力してきた。ブームは厚木が作ったのではない。ひとりでにやってきたとき、厚木が、これに乗って騒ぎたてた。実に機を見るに敏ですよ」(『週刊野田経済』一九六四　六六)。

日本におけるシームレス流行の気配は、業界全体を過剰設備投資に陥らせる。

「柳の木の下にドジョウがいる――となると、ソレッとばかりに押しよせるのが過当競争で鳴るお国柄だ。美智子妃殿下までがはいていたことになるとこれは決定打。世界的な趨勢から見て、縫い目を気にしないではけるシームレスは、女学生を皮切りに、やがて主婦層までその足を席巻して、婦人用靴下の八〇%を上回る数字まで予想されるとあって、グンゼ、片倉ハドソン、保土ヶ谷ナイロン、鐘淵蚕糸までどっと生産に乗りはじめた。日本レイヨンは合弁会社「日レ・バーク社」で編機二百台の設備を計画して厚木ナイロンのあとを追いかけてきた。

今秋から来秋にかけ、さらに十社くらい後続部隊が続く見込みである」(『財界』一九六二　二五)。

シームレスの過剰生産はすでに前例があった。西ドイツの事例である。西ドイツでは靴下産業が巨大化していたが、一九六二年、業界第二位が倒産、業界第一位は銀行管理下に入る状態に陥った。西ドイツでは、シームレスくつ下の伸びで、一三六のメーカーが乱立、生き残るために製品の採算を無視した過度の値下げ、ショウや広告合戦に多額の資金を使い過ぎたのち破綻していった（『週刊野田経済』一九六三　三一—三二）。日本もその轍を踏む気配になっていく。

3-2 価格破壊

ここで、『世界の一流品』という書籍の一九六二年版と、一九六五年版を見比べてみよう。

「ひと昔前には、シームのあるストッキングをはくことが女性のたしなみの第一課だった。ストッキングが自由に手に入らなかった時代には、裸の脚に線をひいてカモフラージュしたという、ウソのようなエピソードもある。それも今は昔。都会のＢＧの間では、シームレスが大流行である。ある国産ストッキングメーカーが、取引き先を通じてシームレスの普及率を調べてみたら、東京三五％、大阪三〇％という数字が出た。たかだか一、二年の間にこれだけ広まる商品はザラにはない。一足先にブームを迎えたアメリカやヨーロッパの八〇％には及ばないが、ここまで来ればあとは放っておいてもどんどん売れると、メーカーは目を細めている」（吉田　一九六二　一一九）。

この三年後には、つぎのような記載に変わる。

「都会のオフィスガールは平均月に四足のストッキングを買うといわれ、使い捨て時代に突入した。シームレスの流行の原因は、女性の脚がスマートになってスカートも短くなったこと、メーカーがこれをはけば美しくみえますと宣伝したこと、大量生産に自由化後の舶来攻勢が加わって値段が下がったことなどである」（吉田ほか　一九六五　一三二）。

戦後ストッキングをめぐる消費者の具体的な望みは、美しさはもちろんとして、より「強く」丈夫にしてほしい、「安く」してほしいというものであった。「強く」は達成しがたかった。それは、論理上無理だった。ストッキングは、技術が発達するほど薄くできる。薄いほど美しいとされる傾向がつよかったが、薄いほどデンセン（ほつれが縦方向の線となって伝わること）しやすくもなり弱くもなる。一方の「安く」であるが、価格の極端な低下はごく短期間に起きた。フルファッションとくらべシームレスは設備投資額が少なく、比較的資本が少なくとも新規参入できる。シームレス関連への設備投資の急拡大と過剰生産が起きた。のちにパンティストッキングなどでも知られる厚木ナイロン工業だが、創業者の堀禄助は供給過剰に陥り始めた当時、つぎのように述べている。

「シームレスは今後二、三年は少なくとも年々五割は伸びるので、今のところ問題はない。また供給過剰気味になっても、オーバー・プロダクション気味こそが、常に豊かな社会をつくるのであり、企業倒産というのは、そこから派生する別問題だ」（『週刊野田経済』一九六三　三四）。

過剰生産に陥ることは承知のうえで、厚木は価格競争をしかけた。堀は、

「（一カ月に、三、四足を消費するため）一足が二百円から五百円ですから、三百円のを四足とすれば千二百円。ほんとは百二、三十円で売ってあげるのが親切でしょうね。BGの所得からいうと気の毒ですよ。アメリカは一ドルが標準なんです。三百六十円ですね。しかし所得は日本のBGが二万くらいとすれば七万か

ら十万ですから、日本は一足せいぜい百円でなきゃならない」（『週刊朝日』一九六四 二三）と働く女性の所得と購買力から、シームレスストッキングの妥当な値段を算定していた。そして、その値段に向かって値下げを繰り返す。

「ことの起りというのは、シームレス業界の王様ともいわれてきた厚木ナイロンが、昨年末（１９６３年末）に一五〇円の大廉売を行ない業界のドギモを抜き、この興奮さめやらぬ2月1日から、またもや全製品五〇円値下げを行ったことにある。しかも、早晩一〇〇円の靴下を出さなければならないといきまいているのだ」（『週刊野田経済』一九六四 六三）。

このような厚木の動きに対し、中小メーカーは、つぎのように批判している。

「一五〇円で売れるメーカーが厚木しかないと知りながら売り込んでくる。これでは、ＢＧのためでも、外貨節減のためでもない。業界の整理を狙っているのだ。われわれのような後発メーカーの息の根を止めようとしている。正直のところ、2月からの五〇円値下げには、まともにはついてゆけない」（『週刊野田経済』同 六四）。

一方、通産省繊維局繊維課担当事務官は、次のように述べている。

「国内需要はメーカーがよくいうように日本婦人靴下の一人当たりの年間消費量は四足弱で、米国の一三足に比して三分の一にもならないから、日本の消費量はまだまだ伸びるというのは間違いだ。所得が増加しても、増加した分はレジャーとか教養費とかに向いていきますよ。米国の所得水準に近づくにつれて云々の考えは、生活様式を忘れた論だ」（『週刊野田経済』同 六四）。

欧米ではストッキングがこれくらい消費されているから、日本でもきっとそれにどこまでも近づいていくという論理は、当時随所にみられる。しかし、日本の住空間はストッキングには適していない。洋装化といっても、立ち居振舞い、それを取り囲む住空間までが一気に洋風化するわけではない。やはり、日本には畳もあれば、下駄やゾウリも残るのである。そのようななか、さまざまなものの物価が値上がりする一方で、ストッキングだけはどんどん値下がりしていった。

「ストッキングの大衆品に安売りがボツボツ目立ちはじめたのは昨年秋ごろからで、暮れ以降はそれが本格化した。一部には一足九十円といったものまで登場」（『朝日新聞』一九六四・五・一七）。

このような急速な価格低下に耐えられる産業はなかなかない。値下げを主導した厚木自身も追い込まれていく。

「三十五年（１９６０）頃からのシームレスの急成長で業績の発展は目覚ましいものがあったが、昨秋来の過剰生産、値下りは収益性の激減となり、しわよせされた商事（厚木ナイロンの販売子会社）の運営に破綻を招いた。再建策として東レが資金、販売面の援助をし同時にシームレス依存から脱し新製品の拡充を進めている」（『投資経済』一九六四　四四）。

結局、厚木ナイロン工業の販売子会社自体が破綻し、ストッキングの糸を業界全体に供給していた東レの支援を得るに至る。ただ、日本では、ドイツのように業界一、二位がほぼ破綻するまでには至らなかった。このような急速な変動と価格低下は、値段史年表の類では把握しにくい。

年表をみるとストッキングの価格はある程度安定して下落しているように見える。「実価格が50年前より半額になっている物品は、ナイロン・ストッキングが唯一であろう」（森永　二〇〇八　一七〇）。しかし、一年のうちでも変動が激しいため、値段史年表に頼りすぎると変化を読み誤る。また、ストッキングは検品

婦人用ストッキングの値下がりの変遷

値段は一足の平均価格

年次		素材	値段	備考
1877	明治10	☆純綿・長靴下	２２銭５厘	第1回内国勧業博覧会出品の「原価」
1938	昭和13	純綿・同上	２円７５銭	神奈川県繊維品価格査定委員会証・小売
1939	14	☆絹１００％	２円４９銭	東京府繊維品査定委員会・証紙付・小売価格
1951	26	絹同上	６００円	東京のヤミ値、ナイロン製1000円
1952	27	絹同上	４３６円	純綿の長靴下は288円 国産ナイロン長靴下出回り始める
1953	28	☆ナイロン製	５０１円	平編みで後に縫い合わせシーム（線）
1954	29	同上	４９８円	都内の新聞、朝夕刊・月決め330円
1955	昭和30	同上	４３９円	綿製256円。映画入場料、東京の封切館130円
1956	31	同上	４００円	女性事務・高卒初任給平均8284円
1960	35	同上	３９０円	製品は肌色が主流、濃淡7～8種
1962	37	同上	３５０円	
1965	昭和40	同上	２７５円	映画入場料、東京封切館350円
1966	41	☆シームレス	２２１円	袋編み式でシームが消える
1967	42	同上	２００円	
1968	43	同上	１８２円	現アツギ、パンティストッキング発売
1969	44	同上	１６４円	
1970	45	同上	１６３円	製品がカラフルになる
1971	46	同上	２００円	
1972	47	☆パンティストッキング	２４５円	製品に柄物も登場する
1973	48		２３５円	
1974	49	同上	２４０円	編み機の高性能化が急速に進む
1975	昭和50	同上	２３８円	映画入場料、東京封切館１０００円
1980	55	同上	２４２円	女性・高卒初任給平均９万５２１３円
1982	57	同上	２２６円	メーカー、慢性的な生産過剰の状態
1983	58	☆２足売り	２９３円	スーパーなどで２足売りが一般化
1985	昭和60	同上	２９４円	映画入場料、東京封切館１５００円
1988	63	同上	２９６円	
1989	平成元	☆サポート形1足売り	６０７円	適度のフィット性、疲労防止タイプ
1990	2	同上	５９４円	
1995	7	同上	５８２円	映画入場料、東京封切館１８００円
2000	12	同上	５１７円	輸入品ナイロンとポリ混用1575円
2006	(11月) 18	同上	５２０円	国産高級品は1足1000円台

資料提供：アツギ社史編纂室、ナイガイ靴下博物館・橋本博館長
資料：総務省統計局調査・東京都区部の小売価格

図5　ストッキングの価格低下（森永　2008年　171ページ）
代表製品の変化にも注意

で引っかかった製品はランクを下げて安く売るという慣行もあり、代表的な品目の値段史ではわからない価格変動がある。以下をみてみよう。

「ストッキング業界は、いま慢性的な〝値くずれ〟にほんろうされている（中略）標準価格二百五十～三百五十円の正チョップ品でさえ、半値以下の百二、三十円で売られているのがめずらしくない。一部のスーパーでは、正チョップ品を七、八十円で売るという、従来の常識では考えられなかった線さえ生まれているのである。慢性的な値くずれは、当然メーカーの出荷価格を下押しし、メーカー自身の利益も食いつぶす。このため、厚木ナイロン、郡是産業をはじめ、ストッキング大手各社は、自主操短による在庫整理、プレミアム販売による正規ルートの保護など、建て値維持策に懸命である。

現在のストッキングに〝恐慌的値くずれ〟をもたらせた、最大の原因は生産過剰である」（『商業界』一九六五　六(二)）。

年表には、七〇円や八〇円どころか、一三〇円すら見受けられない。急激な値崩れや、年の間の急速な変動は年表化には不向きである。経済には年表では記録しにくい急激な変動がある。図5の年表にも年次が大きく抜けているところが見受けられる。

3-3　大量生産大量消費とシームレス時代

「シームレスは、いまでこそ花形だが、最新参者で、四年ほど前には、フルファッションが、代表商品となっていた。しかし「後にみにくい線がない」という、一種の流行的な人気と「生産コストが大幅に節減

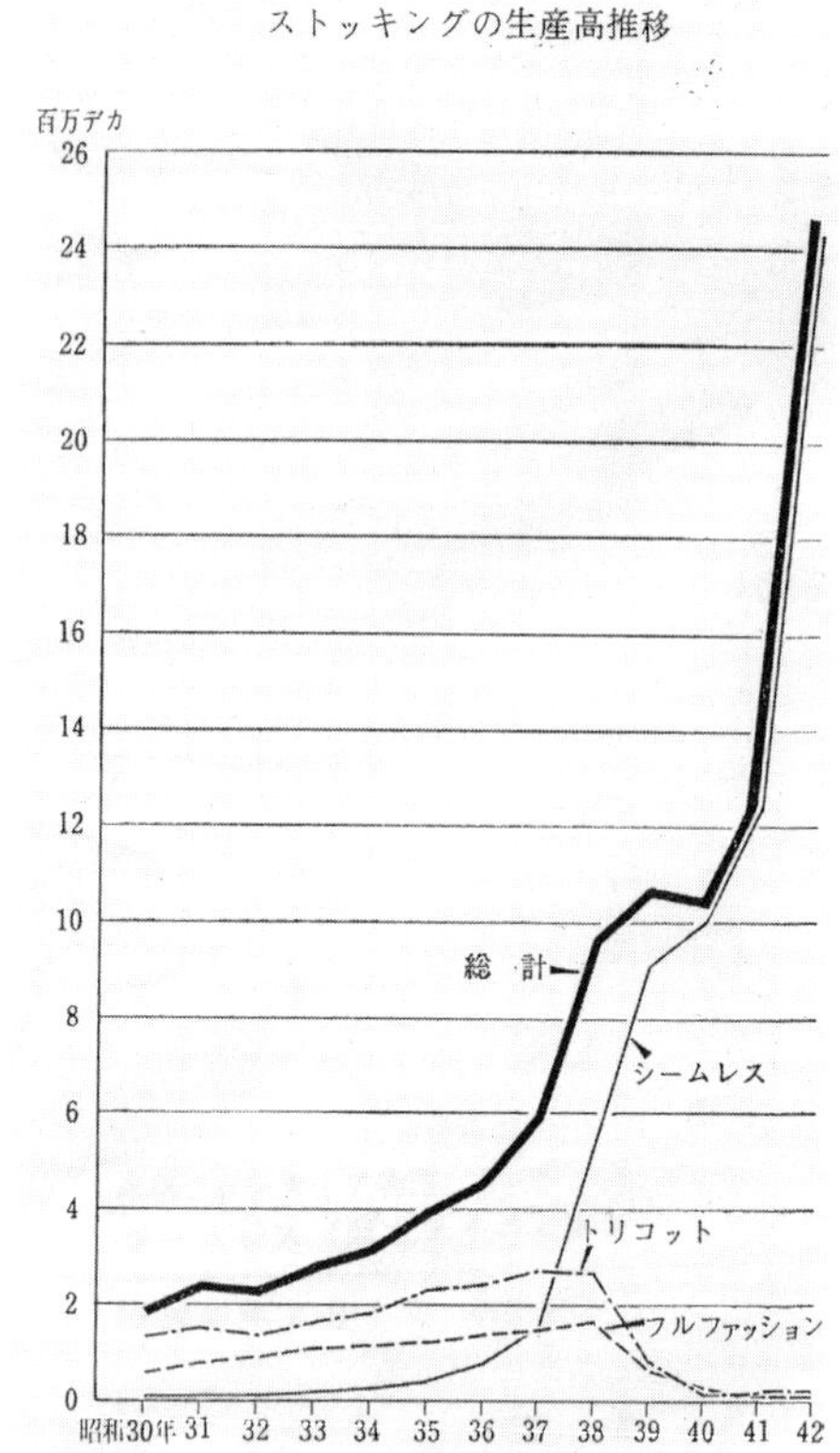

図6 『シームレス〈厚木ナイロン〉』1968、13
単位1デカ＝10足

できる」というメーカー側の要請で、シームレスが急ピッチに普及、フルファッションは、見るかげもないほどに凋落した」（『商業界』同　六四）。

前述のようにシームレスは、たいへんな価格低下を起こすとともに、ストッキングはよそ行きではない普段使いの日用品になった。そして、洗濯はするものの、破れたら修理まではしないはき捨ての消耗品へと変化した（図6）。

『暮しの手帖』は「ナイロン靴下はもう百五十円ので十分です」（『暮しの手帖』一九六四）という記事を掲

載した。比較的買いやすい値段の国内外のストッキングを三〇銘柄、高いストッキング十五足などの商品テストを行い、比較した。ここでも対象となるのは八割がシームレスである。そして、ストッキングは値段が安いほうが早く切れるとおもったら逆に高いほうが早く切れる、ストッキングが切れるのは寿命より運で値段とは関係がない、はいたらもう銘柄のわからないストッキングに見栄はいらないなどの結論を出した。

同誌はさらにつぎのように書く。

「住宅街の化粧品屋で「ナイロン靴下修理いたします」の札をさげているおばさんは、このごろ修理をたのみにくるお客は少なくなったね、こういうの買ったほうがトクだものねえ、といって、一足百円で、店先きのカゴに入っている靴下を指さしました」（同　一三二）。

梓川守夫の歌集をここでも参照してみよう。

「シームレス一〇〇円以下となりにけり街の修理屋看板下ろす」（梓川　一二四）。

雑誌『販売革新』をみてみよう。そこでは一九六五年の状況がつぎのように説明されている。東京商工会議所の消費財の使い捨て調査で、ストッキングの使い捨て率（修繕して使うことはないと答えた比率）は八六・一パーセントに達し、はだ着六九・七パーセント、革靴四四・一パーセントを大きく上回っている。値段は下がり、需要は増えて、ストッキングを貴重品扱いしたかつての消費慣行は薄れた。ストッキングを生活必需品とみる新しい商品イメージの誕生が、使い捨てを押し上げる原動力となっている。また、ストッキング購入の際のブランド指名率はどんどん低下していた。都内の百貨店関係者はきびしく見れば一二～一三パーセント、多めに見ても二〇パーセント程度の指名率しかないと推定していた。ここでは、「どこの製品でも、内容に本質的な差はない」ことと、「猛烈な値くずれ現象」が指摘されている。一方、フルファッションでは、「少なくとも都市部では〝いくら安くしても〟売れないという現象」さえ起きているとい

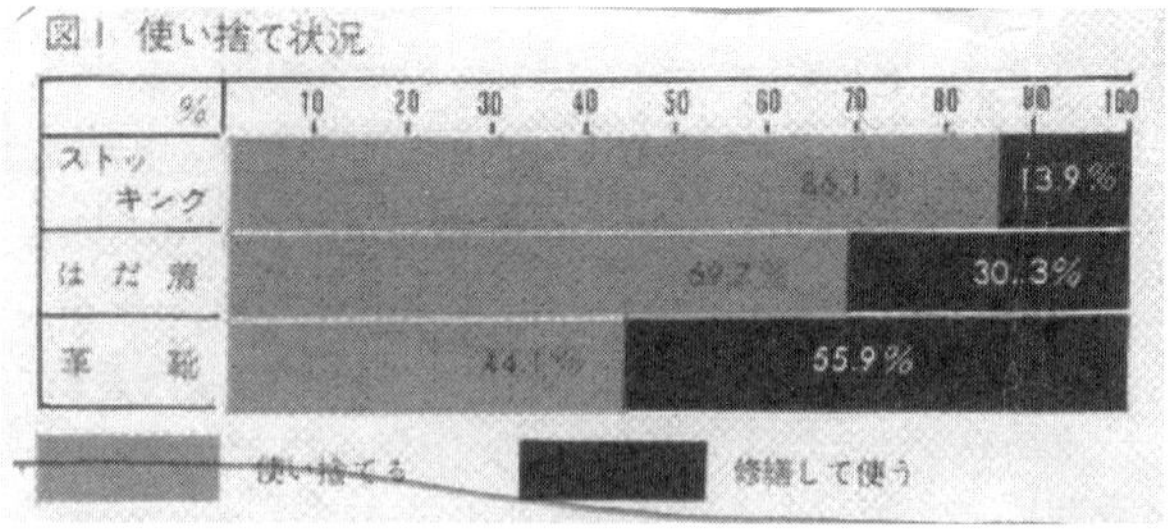

図7　ストッキング使い捨て状況（はだ着、革靴との比較）

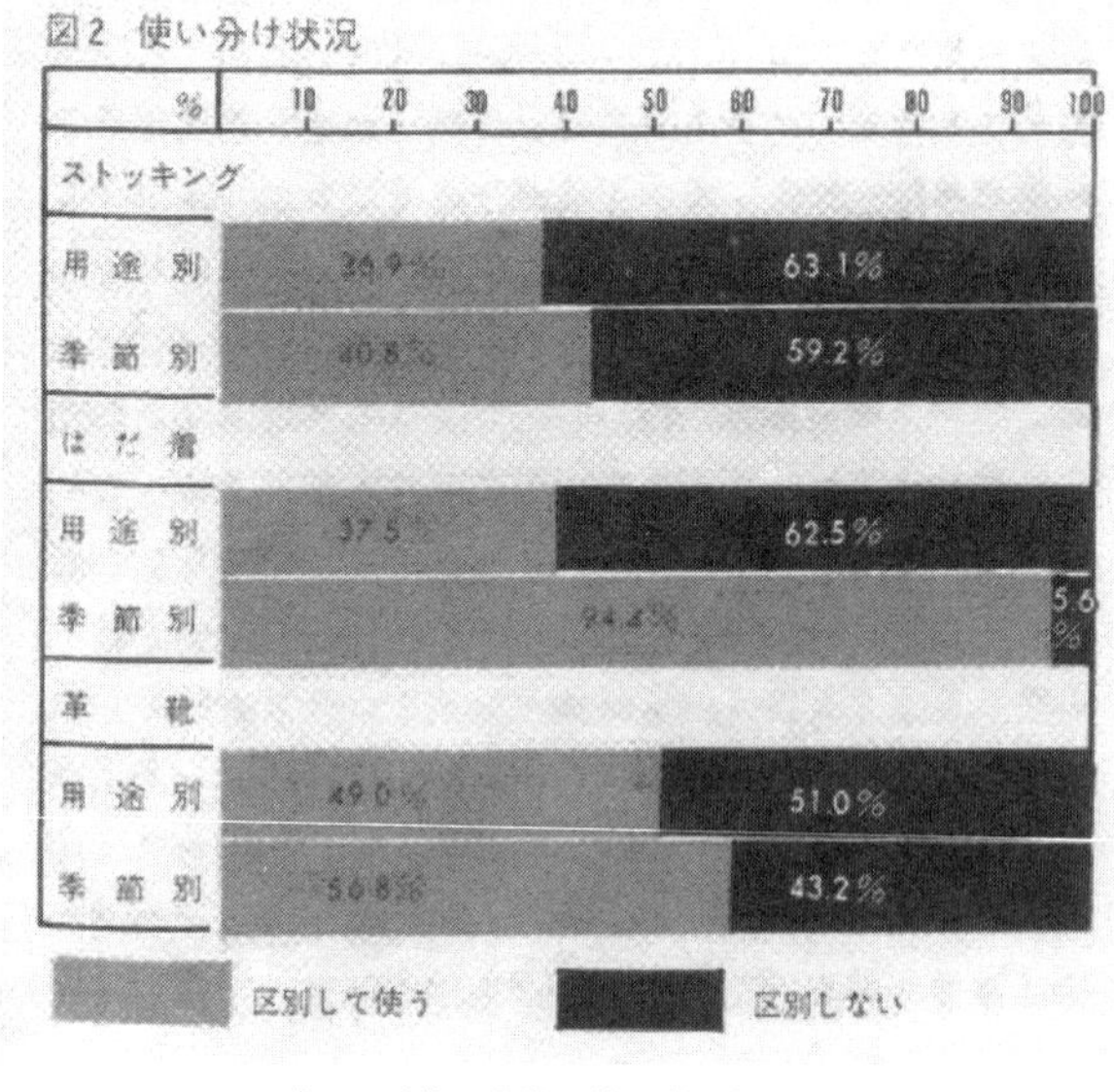

図8　ストッキング、はだ着、革靴の使い分け状況

いずれも、「マーチャンダイザーのための商品研究　1 ストッキング」『販売革新』1965年11月　58-59ページ

う（『販売革新』一九六五　五八―六〇）。（図7・図8）つい二年前の一九六三年一〇月の『装苑』の記事「痛い！ストッキングは大丈夫かしら…」では、ストッキングのデンセンのしやすさを語っていた。「早く「このストッキングはもうあきたからすてよう」というところまで強くなってほしいものです」（二二二―二二三ページ）。

ストッキングは、強くなるよりも安くなり使い捨てするという形で変化した。そして、日々ストッキングをはく女性の財布は守られるようになった。戦後のごく短い間にナイロンストッキングは宝物から、日用品になり、そして消耗品となった。

転売目的で貴重品のストッキングを盗んでいた時代（「クツ下ドロ捕まる」『朝日新聞』一九五二・四・九）から、機能的で安価なストッキングをかぶって盗む時代になっていく（「高校一年生が〝機動強盗〟」『読売新聞』一九六四・二・四）。強盗の目的や小道具にも経済は作用している。

戦後占領期の日本から消費社会が訪れるまでをナイロンストッキングという「もの」の歴史と、ストッキングをめぐる心性の歴史とを、経済史を補助線として描いてみた。ストッキングは、年表に記載するのが難しいほど、宝物から消耗品に変化していくスピードがあまりにもはやかった。また、それをめぐる心性も目まぐるしく変わった。ある意味戦後日本の生活や、風俗の独特の変化を把握するのに最適な補助線の一つはナイロンストッキングをめぐる変遷だといえよう。

参考文献

〈書籍〉※人名五十音順

梓川守夫『日本くつ下事情』七月堂　一九九一年。

天野正子・桜井厚『「モノと女」の戦後史』平凡社　二〇〇三年（初出一九九二年）。

家永三郎『日本人の洋服観の変遷』ドメス出版　一九七六年。

恩地日出夫・川村善二郎・紀平悌子・真継伸彦『戦後史ノート下』日本放送出版協会　一九七六年。

上坂冬子『女が振り返る昭和の歴史』中央公論社　一九八九年。

金丸競・土屋昌三『ナイロン物語』アルス　一九五四年。

川端あき『思い出のファッション』津軽書房　一九八七年。

小菅桂子『良い商品・悪い商品』荒地出版　一九六三年。

坂田信正『靴下の歴史』内外編物　一九七一年。

沢山正治編『靴下入門』レッグファッション　一九九六年。

城山三郎『企業者根性』ダイヤモンド社　一九六四年。

ダイヤモンド社編『シームレス〈厚木ナイロン〉』ダイヤモンド社　一九六八年。

林忠彦『カストリ時代』朝日新聞社　一九八七年。

林芙美子『浮雲』新潮社　二〇〇三年。

半田拓司・並木貢ほか編『特別報道写真　戦後50年』共同通信社　一九九五年。

三島由紀夫『美徳のよろめき』新潮社　二〇一一年。

森永卓郎監修『明治・大正・昭和・平成　物価の文化史事典』展望社　二〇〇八年。

吉田知子「ナイロンストッキング」週刊朝日編『値段の明治大正昭和風俗史　下』朝日新聞社　一九八七年。

吉田安伸『世界の一流品』論争社　一九六二年。

吉田安伸・高村寿一『新版　世界の一流品』ぺりかん社　一九六五年。

〈雑誌記事〉※年月日順

「液体クツ下」『週刊朝日』一九四九年七月三日。

「薬品の〝きもの〟を着る」『文化生活』一九五三年七月。

「化学センイ罷り通る―絹は綿類はもう古い」『週刊読売』一九五四年一月三一日。

「殿方をウットリさせるには？　素晴らしい脚線美をつくる科学」『夫婦生活』一九五四年九月一日。

「根気次第で一万円の増収になる婦人靴下の修理」『主婦と生活』一九五五年九月一日。

「伸縮靴下」『週刊朝日』一九五五年一一月一三日。

「靴下のすべて」『装苑』一九五六年一二月一日。

「ナイロン靴下の真相」『暮しの手帖』一九五六年一二月五日。

「足の手入れもおしゃれの一つ　いま見頃の脚線美」『政経時潮』一九五七年六月一日。

「婦人用靴下」『女性教養』一九五七年一〇月一日。

「ナイロン婦人靴下をつくる」『婦人生活』一九五九年一一月一日。

「シームレス・ストッキング」『財界観測』一九六一年九月一日。

「シームレスって素肌みたい」『週刊明星』一九六一年九月一〇日。

「〝線〟を消したい女の心理」『サンデー毎日』一九六一年一〇月二二日。

「靴下とソックスのはなし」『装苑』一九六一年一一月一一日。

「靴下を長もちさせる買い方・扱い方」『婦人倶楽部』一九六二年三月一日。

「女の足で当てた厚木ナイロン」『財界』一九六二年六月一日。

「〝秋の盛装〟はフルファッションから」『マイホーム』一九六二年一〇月一日。

「フルファッション靴下のすべて」『婦人生活』一九六二年一〇月一日。

「変貌するストッキング業界」『財界観測』一九六二年一〇月一五日。

「シームレスは迷っている」『週刊読売』一九六二年一〇月二一日。

「2000万人の脚に賭ける婦人靴下業界」『週刊野田経済』一九六二年一〇月二二日。

「女の夢を生む」『実業往来』一九六三年三月一日。

「嵐の前の婦人靴下業界」『週刊野田経済』一九六三年四月二九日。

「痛い!ストッキングは大丈夫かしら…」『装苑』一九六三年一〇月一日。

「わたしは〝女の足〟専科」『週刊朝日』一九六四年三月一三日。

「もう我慢できないシームレス値下げの厚木に叩きつけられた最後通牒」『週刊野田経済』一九六四年三月二三日。

「安定ムードのでてきたシームレスと厚木ナイロンの今後」『投資経済』一九六四年一一月一一日。

「ナイロン靴下はもう百五十円ので十分です」『暮しの手帖』一九六四年一二月五日。

「靴と靴下のパターン」『婦人生活』一九六五年四月一日。

「ストッキングの陰の人」『装苑』一九六五年五月一日。

「値くずれに苦しむ業界のプレミアム作戦」『商業界』一九六五年六月一日。

「マーチャンダイザーのための商品研究　1ストッキング」『販売革新』一九六五年一一月。

〈新聞記事〉　※年月日順

「ナイロン古靴下　米国から来ます」『読売新聞』一九五〇年三月二日夕刊二面。

「海越えて戦争未亡人へ友愛　届いた靴下七万本」『読売新聞』一九五〇年三月二八日朝刊二面。

「生計相談　小資本向き靴下修理」『読売新聞』一九五〇年一二月二日夕刊二面。

「婦人用長クツ下」『朝日新聞』一九五一年一〇月二〇日夕刊二面。

「クツ下ドロ捕まる」『朝日新聞』一九五二年四月九日夕刊二面。

「座る生活を改めて　ダイコン足も美しく」『読売新聞』一九五四年六月四日朝刊五面。

「フクラハギを細くするには」『読売新聞』一九五五年一月九日朝刊六面。

「家庭相談　ナイロン・クツ下の選び方」『読売新聞』一九五五年一月一八日朝刊五面。

「クツ下の種類や特長」『読売新聞』一九五六年五月二二日朝刊五面。

「くつ下のエチケット」『朝日新聞』一九五七年三月二九日夕刊二面。

「実用性で勝つシームレス」『読売新聞』一九六一年一〇月二二日朝刊一五面。

「美しい消費」『読売新聞』一九六一年一一月三日朝刊九面。

「高校一年生が〝機動強盗〟」『読売新聞』一九六四年二月四日朝刊一五面。

「ストッキング安売り　強気の増産行きづまる」『朝日新聞』一九六四年五月一七日朝刊五面。

「シームレスのなやみ」『朝日新聞』一九六四年九月一七日朝刊九面。

「ナイロン・ストッキング」『読売新聞』一九六四年九月二七日朝刊一九面。

マネキン以前のこと——人体模型、呉服店、博覧会、共進会

川井ゆう

（かわい　ゆう）

一九六四年、大阪府生まれ。一般社団法人現代風俗研究会副会長。武庫川女子大学大学院家政学研究科被服学専攻博士後期課程修了。博士（家政学）。菊人形を中心とする等身大人形研究者。小説家。おもな著作に『わたしは菊人形バンザイ研究者』、『さきちゃんの読んだ絵本』、『四匹のカエルとおやかた』（いずれも新宿書房）など。

はじめに

現在流布している、「マネキン」人形の歴史に、わたしはずいぶん長い間悩まされている。本当にその事実があったかどうかを示す資料が明記されていないからである。根拠が示されていないからである。

和洋服を見せる目的で使用される「マネキン」人形についてわたしが初めて書いたのは一九九六年のこと。その頃、わたしに資料収集の能力がなく、辛抱も足らず、またインターネットで手軽に資料が検索できる環境にもなかった。それなりに収集はしたが、結局、現代の資料に書かれていることを信じてそのまま参照した。その後、現代の資料に書かれている事実を当時の資料で裏付ける作業にとりかかった。わたしなりに、今も必死で探している。ところが、流布している歴史とは異なる事例が見つかってしまう。一方で流布している歴史は、そのまま使われて拡散している。あろうことか学会誌にまで引用されている。

わたしはかつて、当時の資料にあたらなかったために、拙稿に誤った箇所を見つけている。ずっとそのことを悔い続けてきた。本稿は、十分ではないが、四半世紀前に書いた自分の文章に対する自省とつぐないでもある。しかし網羅はまったくできていない。おそらくわたしが一生を費やしても不可能である。そのため、未見の資料に新たな事実が書かれていれば、本稿で提示する事柄も誤りとなる。今回も例外ではない。わたしは常にその危険を覚悟して記している。

本稿の執筆は、国際日本文化研究センターの共同研究会「近代東アジアの風俗史」に背中を押してもらったかっこうである。というのも、本研究会では、文字資料ではなく、可能な限り同時代の図版を用いることが促されたためである。図版を用いることで、説得力は圧倒的に増す。これまでわたしが確認してきた資料は、ほとんどが文字資料であった。しかし図版を探すことによって、これなら読者にも理解されるのではないかと思うにいたったのである。

本稿は紙幅の関係上、以下の範囲で記述する。一八九〇年から一九二五年までの期間とする。この期間は、管見では日本の人形が「マネキン」と呼ばれる以前である。そのため、引用を除き「マネキン」ではなく「人形」と表記する。「マネキン」という呼称が登場する以前の「人形」を「マネキン」と呼ぶことは厳密には誤りである。新たな資料が見つかれば別だが。ここではこれ以上呼称について深くは掘り下げない。また基本的に蠟製の模型や蠟人形興行については触れない。

ところで、わたしはもともと菊人形研究から始めている。菊人形の頭や手足を製作する人形師が、呉服店や博覧会などの等身大人形も製作していることがわかったことから「人形」の研究も並行することとなった。しかし、流布している「人形」の歴史では、人形師に対する言及が不十分で、島津製作所が製作した「人形」が主となっている。そもそも呉服店が用いたのは、人形師が製作した「人形」である。呉服店が人形師に製作を依頼したからこそ「人形」が飾られたのである。本稿では、人形師についても関連する事柄を可能な限り書き留める。

しかしながら島津製作所が「人形」を製作するにいたった歴史についての検討は行わない。参考資料の提示も最小限にとどめる。島津製作所が発行した資料のうち本稿では、『株式会社島津製作所改組二十年記念帖』（一九三七年）（以下『記念帖』と記述）、『島津製作所史』（一九六七年）、『科学とともに一〇〇年——

島津製作所の歩み』（一九七五年）、『島津製作所百十年史』（一九八五年）、『科学とともに百二十年――島津製作所の歩み』（一九九五年）、『科学技術で未来を拓く　島津製作所一三〇年の歩み』（二〇〇五年）、『未来への挑戦　島津製作所一四〇年の歩み』（二〇一五年）を参照している。内容に齟齬がない限り、本稿ではすべてをさして「島津の資料」と記述する。

また、本稿が対象とする地域は、大阪、金沢、京都、東京の四箇所である。大阪と京都、東京は、一九九六年の拙稿でとりあげた。特に京都は島津製作所の創業の地である。金沢は、大門哲の「ショーウインドウの中の美人」（『造り物の文化史』勉誠出版、二〇一四年）より、本稿の対象年代に「人形」が金沢において飾られたことが示されたためである。同論文は、同時代の資料が多数示されている。本稿は金沢については同論文を参考にした。

本稿は、二〇一九年一二月二一日に行われた、前記「近代東アジアの風俗史」で報告した「等身大人形の風俗史」を、当日のコメントを参考に構成している。

引用に際しては、表記を適宜改め、ルビなども省略している。元号は引用文を除き、基本的に記載しない。なお、本稿では「人形」の顔の属性を特定することが必要である。原典を踏襲し、本文でも、たとえば西洋に暮らす白色人種の女性を「西洋の女性」というように、厳密ではない表記を使用することがある。

第一章　一八九〇年、内国勧業博覧会において、呉服店の「人形」がガラスケースに飾られたかどうか

人形師の安本亀八（三代目）が、一九二九年に、内国勧業博覧会（以下、本文中は内国博と記述）当時のことを振り返り、「日本の陳列人形」と題した文章を『現代商業美術全集』第四巻に記している。

> 私の覚束ない記憶をたどりますと、——初めてガラスのケースに人形を入れて、それに自店の着物を着せて飾りましたのは、明治二十三年の頃と覚えますが、内国勧業博覧会へ下谷上野町の川越屋さんが出品したのが、最初だと思います。この頃はまだ現在のように呉服屋さんにもショーウィンドーと云うようなものは無かった時代で、この川越屋さんの試みは非常に当時の人々の注目を惹いたものであります。

明治二三年の内国博とは、一八九〇年に東京の上野で開かれた第三回内国博のことである。安本亀八（三代目）の示す川越屋の図版は見つけられなかった。だが、同年に発行された『風俗画報』第一五号に同内国博の図版が存在する。神奈川県が出品した、頭のない洋装の「人台」である。ガラスケースの中に陳列されている（図1）。他の展示品もガラケースに入っていた可能性は高い。図版からわかることは、ガラスが、現代のように一枚板で自立していないということである。枠に格子が入っている。同様

のガラスケースは、一八九一年の『日出新聞』（一一月一五日）（以下『京都日出新聞』も合わせて『日出』と記述）の連載小説の挿絵からも垣間見える。

ここで確認しておきたい。ガラスケースとショーウィンドーのちがいである。ガラスケースは室内に据え置くものであり、ショーウィンドーは飾り窓と呼ばれる通り、建物の構造の一部になっていることが基本である。

翌一八九一年に出された「第三回内国勧業博覧会出品目録」が、『明治前期産業発達史資料勧業博覧会資料一四二』として一九七四年に復刻されている。

繻珍帯御召縮緬着服人形、（一）人形師浅草区馬道町七丁目安本亀八（下谷区上野町一丁目　阿部孝助）、
糸錦織帯友禅縮緬着服人形（二）同上

これにより、博覧会に「人形」が飾られたことが確認できた。さらに「人形」は安本亀八（初代）の製作である。そして、「人形」は阿部孝助が出品している。阿部孝助とは誰か。先ほどの『風俗画報』第一五号に次のような説明がある。

図1　ガラスケース内に展示された人台、1890年

> 第四館の入口に東京阿部孝助出品の呉服太物の看板に夫人と小女の美麗なる人形に売品の服装を着けたるあり

呉服太物の看板として「人形」を用いた、という記述から、阿部孝助は呉服店の主人であった可能性が高い。また、「人形」は「夫人」と「小女」の二体であったことも判明した。しかし、安本亀八（三代目）が振り返った文章には「川越屋さん」とあり、阿部孝助ではない。

一八八六年二月二日の『読売新聞』（以下『読売』と記述）に訃報記事を出した二人のうち、一人の名まえに「川越屋　阿部孝助」とあった。

阿部孝助とは川越屋の主人である。

したがって、安本亀八（三代目）が内国博を振り返って記した文章は、ほぼ正しいと判断することができる。安本亀八（三代目）のいう「人形」が、ガラスケースに入っていたことは確かめられなかったが、洋服を着た頭のない人台はガラスケースに陳列されていた。ただし、ガラスケースに「人形」が展示されたのはこのときが「初めて」であったかどうかはわからない。

ガラスケースの使用は、『東京名所三十六戯撰』の錦絵でもわかるように、すでに一八七二年の湯島聖堂での博覧会に名古屋のシャチホコがガラスケースに入れられている。一八九〇年が初めてではない。また、次章で示すように、「人形」も京都の呉服店にならい、この年より前に展示された可能性がある。だとすれば、安本亀八（三代目）の回顧は次のように解釈できるだろう。

少なくとも亀八自身や東京で暮らす人々にとっては、呉服店の「人形」がガラスケースに入れられて内国博で展示されたということが、一八九〇年には驚きをもって見られることだった。

第二章　一八九六年、呉服店にショーウィンドーを設けて「人形」が飾られたのは関西初かどうか

本章は、呉服店に飾られた「人形」の検討である。

一九四一年に出された『高島屋百年史』に、一八九六年のことを振り返り、高島屋京都店について次のように記されている。

> 続いて表側の一部を改造して窓飾を設け、新柄呉服を陳列し、表より顧客を見本場へ誘致するの方法を実施し、四季売出しの折には人形に流行の衣裳を着附け、夏には夕涼み、舟遊び、秋には神詣で、紅葉狩等季節〳〵の風俗を発表して人目を惹きたり。之れ恐らく関西に於ける「ショー、ウィンドウ」の嚆矢とも言うべきなり。

残念ながら、一八九六年に高島屋京都店でショーウィンドーに「人形」が飾られたという同時代の客観的な資料は見つけられていない。ただし、翌一八九七年十二月に出版された『東京新繁昌記』には東京の越後屋（三井呉服店）と大丸屋（下村呉服店）の入口と、白木屋（大村呉服洋服店）の洋服店の入口にガラス

戸が用いられていることが記されている。ショーウィンドーに限らなければ、建物の一部としてのガラスは東京において呉服店に使用されている。しかし同書にショーウィンドーの記述はない。一方京都の高島屋では、一八九八年の『日出』（九月八日）に、見本場の飾窓を改造して披露するという広告があり、「飾窓」には「シヨウインド」とルビが振られている。一八九八年以前よりショーウィンドーが存在したことを想像させる。

「人形」は、一八九〇年の『日出』（一〇月二二日）に、えびす講の際、「御旅町の大丸市に飾った岩田お北の似顔木偶」、そして「新町の井上大丸にては年々木偶を飾るが例なるが」と書かれている。木偶には「にんぎやう」とふりがなが付されている。この年にすでに、少なくとも二つの呉服店に「人形」が飾られたことがわかる。

注意しなければならないのは、「御旅町の大丸市」と「井上大丸」である。一八九九年の『日出』（七月二三日）の広告記事に、京都の呉服店が商標と共に掲載されている。そこには井上大丸（井上呉服店）（丸に大の文字）、大丸屋（同じく丸に大の文字）と、だいまる市（熊谷呉服店）（丸に大の文字と下に一）がある。「大」の文字の違いはわからない。

これにより、それぞれ三つの別の呉服店であったことがわかる。一八九九年の井上大丸は新町五条南に、大丸屋は松原寺町西にあり、大丸市は、四条寺町東の御旅町にあった。

次に注意したいのは、井上大丸の「年々木偶を飾るが例なるが」の部分である。一八九〇年の時点で「年々」とあるため、少なくとも二年くらいはさかのぼれるだろうか。だとすると一八八八年頃にすでに飾られていた可能性がある。一八九五年の『風俗画報』第一〇四号に、二階を陳列場にした越後屋のことが図とともに記されているが、これが陳列場の嚆矢だとすれば、「人形」の登場は陳列場の設置より早く、まだ座売りをしていた頃から「人形」が飾られていたことになる。

同じ一八八八年には大阪でも「人形」が飾られていたようである。『最大効益大阪買物便利』に描かれた荒木熊三商店は、大阪の心斎橋北詰にあった、舶来品販売店である。入口の左右に、狛犬のように、洋服を着た男女の人形が描かれている。ただし和洋服店ではない。

以上より、本章の見出しの事実を確認することはできなかったが、呉服店において、ショーウィンドーは遅くとも一八九八年に高島屋で、「人形」は一八九〇年にはすでに大丸市と井上大丸で飾られたことを確認することができた。京都の呉服店や大阪の商店に「人形」が飾られたのは、第一章でも示した、第三回内国博の年と同じかそれより早い。ガラスケースについてはわからなかったが、ガラスケースは既述のように目新しいものではないだろう。

東京の内国博でガラスケースに「人形」が飾られたことが注目を惹いたと安本亀八（三代目）は記している。しかし、「人形」をすでに見たことのある京都や大阪の人たちが、東京の内国博でガラスケースに飾られた「人形」を見ることがあったとしたら、果たしてどう感じるだろう。参考までに、一八九〇年の五月から七月にかけての『日出』に「薄《ママ》覧会楽雅記」という、内国博の印象が全一〇回連載されているが、そこにガラスケースに「人形」が飾られたことは記されていない。

第三章　一九〇三年、業界初のショーウィンドーを飾ったかどうか

白木屋は、一九五七年に出された『白木屋三百年史』の年表に、一九〇三年を振り返り「業界初のショウウインドウを設く」と記している。

一九〇三年の『読売』（一〇月六日）に、東京日本橋通一丁目に、新築落成として白木屋呉服洋服店の建物が描かれている。翌一九〇四年に白木屋が出した雑誌『家庭のしるべ』第一号には、落成当時の建物の写真が掲載されている。新聞広告と写真を見れば、ショーウィンドーの存在を確かめることができる。

さらに同じ建物が写った絵はがきが存在する（図2）。この絵はがきは新築落成当時、つまり一九〇三年頃のものと考えてよいだろう。絵はがきの宛て先を書く面に罫線がなく通信欄がないことから、一九〇七年以前のものと想定されることも傍証となる。

建物をよく見ると、ショーウィンドーの中に「人形」が飾られていることがわかる。そして、先の『家庭のしるべ』には、呉服店側

図2　新築落成した白木屋の絵はがき、1903年頃（筆者所蔵）

図3　洋服を着た日本の少年と少女の「人形」、1904年

のショーウィンドーには和服を着た日本の大人の女性と少女の「人形」、洋服店側のショーウィンドーには洋服を着た日本の少年と少女の「人形」が飾られたことが示され、「人形」の図版も掲載されている（図3）。建物の写真から見える「人形」と一致している。

以上より、『白木屋三百年史』にはショーウィンドーの登場のことだけが記されていたが、実際には中に「人形」が飾られていたことがわかった。

ただし、この年が業界初のショーウィンドーの設置の年ではない。「業界」ということで、内国博を除くとしても、第二章でとりあげたように遅くとも一八九八年にはショーウィンドーがあった。また、一九〇〇年の『日出』（三月一八日）に掲載された京都の大丸市の広告や、一九〇一年の『大阪朝日新聞』（五月一六日）（以下『朝日』と記述）の大阪の下村呉服店の広告には、ショーウィンドーとも見なし得る絵が描かれており、第一章で示した内国博のガラスケースと同様に、枠に格子が入っている。ただし絵からの断定はむずかしい。

白木屋はなにをもって「業界初」と判断したのか。まだ調査中だが、私見として、白木屋はショーウィンドーに現代のような自立する一枚板のガラスを初めて使用したのではなかったか。格子のないガラスをショーウィンドーに用いたのが業界初だった可能性がある。

第四章　島津製作所が高い技術を誇って製作した人体模型は、蠟製かどうか

一九九六年に日本マネキンディスプレイ商工組合から出された『マネキンのすべて』に、明治三〇年代後半を振り返り、次のように記されている。

> 一八九五年（明治二八）に発足した島津製作所標本部は、明治三〇年代後半より人体模型制作に取り組み、一九〇七年（明治四〇）（引用者注、ママ）に開催されたアラスカユーコン太平洋博覧会に人体模型を出品し大賞を受賞。蠟などの素材を扱う高い技術を誇っていました。大正年間に入り、標本部では熱で変形したフランス製蠟製輸入マネキンの修復を手掛けていました。

右の文章についてわたしの解釈は次の通り。

島津製作所標本部は、明治三〇年代後半から蠟製などの人体模型を製作し、アラスカ・ユーコン太平洋博覧会では、出品した人体模型が大賞を受賞した。その経験をもとに、大正時代にフランスから輸入された蠟製の「人形」の修復をした。

大正時代にはすでに島津製作所の標本部が蠟製の人体模型もしくは「人形」を製作していたことをつきとめなければならない。だが、島津の資料には、島津製作所が蠟製の「人形」を製作したり、修復したり

した記述は見当たらない。

一八九五年に島津製作所の標本部が新設されたことは、島津の資料に書かれている。ただし、同年の資料は見つけられていない。翌一八九六年の『日出』（四月二六日）より、全国五二会品評会に島津製作所が「動物標本類」を出品したこと、一八九八年の『日出』（八月一七日）より、島津製作所が博物標本の製造販売業務を登記していることは確認している。また、標本部新設については、一九〇七年の「島津製作所」（『関西之実業』荒川清澄 編、小谷書店）に、一八九五年を振り返って標本部が新設された記述は確認した。

ちなみに五二会の「五二」とは七種類の製品を意味する。一八九七年に出された『五二会組織之要旨』によれば、初期は「五種大会」と言い、織物、陶器、銅器（金属器）、漆器、製紙の五種類を対象としていたが、後に敷物と雑貨の二種が加わり「五二」となったらしい。詳細は省略する。

標本部がこの時代になにを製作していたのかについて。本稿末に示した、二〇二〇年の拙稿で検討したのだが、当時は「標本」という呼称が模造品と保存された生物個体の両方を意味していたため、標本部も両方を製作、収集していたと考えられる。

一九〇〇年の『工談雑誌』第一二三号に、島津製作所の標本部と思われる陳列室の写真が二枚掲載されている。写真の説明には「京都市島津商店諸器具及模型商品陳列室」と書かれている。

一枚は（図4）画面の左側にあるオルガンらしきものの手前に、もう一枚は奥の左側に、人体模型らしきものが写っている。つまり、島津製作所の標本部では、遅くとも一九〇〇年、つまり明治三三年には人体模型を製作したと考えられる。本章冒頭の引用文のうち、「明治三〇年代後半より人体模型制作に取り組」んだことは、厳密には明治三〇年代前半としてもよいかもしれない。

図4　人体模型らしきものが写った島津の陳列室、1900年

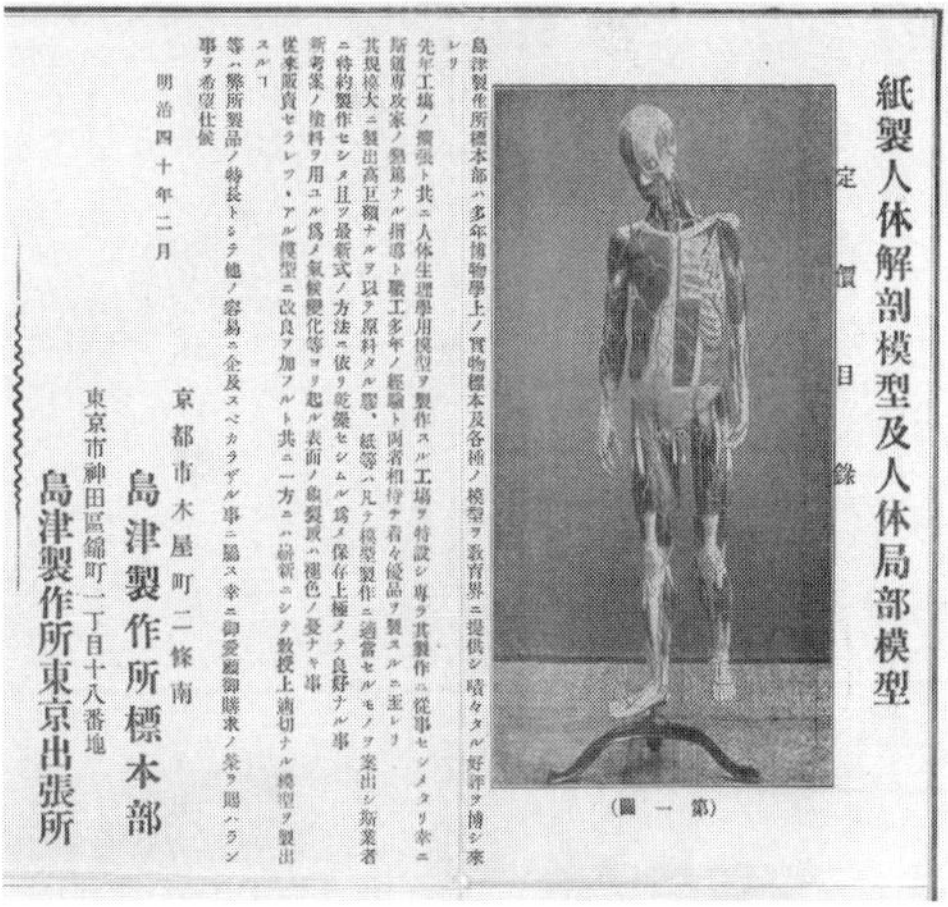

紙製人体解剖模型及人体局部模型

定價目録

(第一圖)

島津製作所標本部ハ多年博物學上ノ實物標本及各種ノ模型ヲ教育界ニ提供シ嘖々タル好評ヲ博シ來レリ

先年工場ノ擴張ト共ニ人体生理學用模型ヲ製作スル工場ヲ特設シ專ラ其製作ニ從事セシメタリ幸ニ斯道專攻家ノ懇篤ナル指導ト職工多年ノ經驗ト兩者相待チ着々優品ヲ製スルニ至レリ

其規模大ニ製出高巨額ナルヲ以テ原料タル膠、紙等ハ凡テ模型製作ニ適當セルモノヲ案出シ斯業者ニ特約製作セシメ且ツ最新式ノ方法ニ依リ乾燥セシムル爲メ保存上極メテ良好ナル事

新考案ノ塗料ヲ用ユル爲メ氣候變化等ヨリ起ル表面ノ龜裂或ハ褪色ノ憂ナキ事

從來販賣セラレツヽアル模型ニ改良ヲ加フルト共ニ一方ニハ嶄新ニシテ教授上適切ナル模型ヲ製出スルヿ

等ハ弊所製品ノ特長トシテ他ノ容易ニ企及スベカラザル事ニ屬ス幸ニ御愛顧御勝來ノ榮ヲ賜ハラン事ヲ希望仕候

明治四十年二月

京都市木屋町二條南
島津製作所標本部

東京市神田區錦町一丁目十八番地
島津製作所東京出張所

図5　島津製作所の目録、1907年（筆者所蔵）

一九〇七年、島津製作所の標本部は『紙塑人体解剖模型及人体局部模型定価目録』を出している（図5）。これは文字通り紙製である。蠟製ではない。

アラスカ・ユーコン太平洋博覧会は一九〇九年に開かれた。島津の資料には、人体模型と感応コイルで大賞と金牌を受けたと書かれている。

しかし同博覧会で島津源蔵（島津製作所主、二代目）がなにを出品し、なにを受賞したのか、当時の資料では確認できなかった。受賞したこと自体、新聞記事によってまちまちであった。たとえば一九〇九年の『読売』（一一月二〇日）では金牌を受領したとある。さらに同年の『大阪朝日新聞京都附録』（一一月二二日）（以下『京都附録』と記述）では大賞と金牌を授与されたとある。一一月二二日の記事には「解剖模型及び刺繍、綴織、陶磁器等は頗る好評を博したりと」と書かれており、もし島津製作所が人体模型を出品したのであれば、その評価が高かったということである。島津の資料の中には、同博覧会から与えられた賞状の写真が掲載されているものがある。文字が不鮮明なのだが、人体模型で表彰されたという先入観をもって見てみると、「Group Shimadzu Grand Prize Anatomical Models」と読めるような気がしてきた。人体模型の方が大賞を受賞したということになる。しかしながら、受賞した人体模型が紙製か蠟製かはつきとめられなかった。

農商務省日英博覧会事務局の『日英博覧会授賞人名録』には、一九一〇年に島津源蔵が、日英博覧会において、「人体解剖模型」などで銀賞を受賞したことが記されている。

この授賞人名録を見ると、蠟製のものには「蠟細工」と冠されているが、島津製作所の「人体解剖模型」に「蠟細工」は冠されていない。島津製作所の製作した人体模型は蠟製ではない可能性が高い。

また、一九一〇年に開かれた関西府県連合共進会の医療器械の部では、島津源蔵が紙塑人体解剖模型を出品して三等賞を取っている（『関西府県聯合共進会事務報告』、第十回関西府県聯合共進会事務所、一九一一年）。

一九一二年に島津製作所から出された『プロスペクツ』第一号という刷りものに、標本部の製作した人体模型の写真がある（図6）。「模型界空前の大発明、島津製人体解剖模型及人体局部模型」というタイトルのページには、「島津の人体模型には凡て特許第一九七七六号の番号を附す此番号なきものは島津製に非ず」と書かれている。

図6　島津製作所の人体解剖模型（『プロスペクツ』1912年、筆者所蔵）

特許局発行の「特許第一九七七六号」によれば、島津源蔵は同特許を一九一一年四月一八日に取得したと記され、次のような説明がある。

島津式人体模型製造法
発明の性質及び目的の要領
本発明は紙製の人体模型製造法に関する改良にして紙を以て作りたる素型に胡粉と「ゼラチン」と「タラカント」護謨液とより成る混合塗料を塗布し（略）

一九一一年に島津製作所が特許を取得した人体模型は紙製である。また、一九一五年の『化学工業発明辞書』には一九一二年三月一九日と一九一三年一月三一日に特許第一九七七六号の改訂が行われたことが記されている。

前後するが、一九一二年には島津製作所から『特許第一九七七六号人体模型符号録』も出されており、「弊所ノ製造ニ係ル人体模型及一般紙製模型ハ水又ハ熱ヲ以テ洗浄スルモ毫モ彩色ノ脱落。（引用者注、ママ）符合ノ剥離スルコトナシ」と書かれている。一九二五年にも島津製作所から新たに同名の符号録が出されている。島津製作所は紙製の人体模型の製作をきわめようとしているようにわたしには思える。

また、一九一三年の『日出』（六月九日）には島津製作所の訪問記が掲載されているが「人体模型製造室を覗いて見ると張子で作った人間の四肢や身体が其処此処に釣られたり（引用者注、ママ）投げ出されたり」と書かれている。張子とは、型に紙を重ねて張り、乾いた後に型から抜き取ったものである。紙製である。

図7　島津製作所の人体模型の製作現場、1925年（島津製作所創業記念館所蔵）

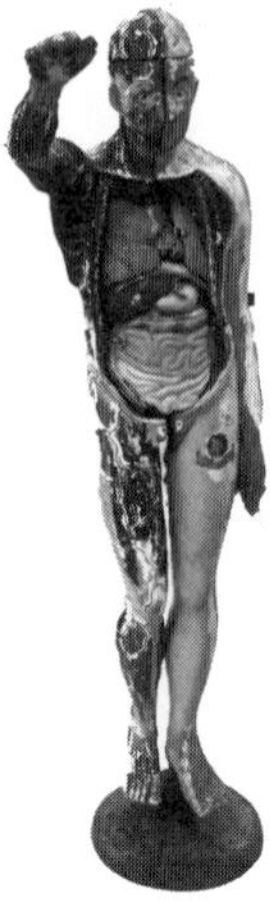

図8　紙製の人体模型（京都科学にて筆者撮影）

想像だが、無造作に吊り下げられたり放置されたりしている様子からも、重量のある蠟製の模型ではないように思える。
島津製作所が所蔵する一九二五年の『（株）島津製作所本店概観』という写真集に、標本部で人体模型を製作している写真が掲載されている（図7）。

写真の手前に、右腕を上げた小さな人体模型が見える。それと似た人体模型が現存する。株式会社京都科学にあった（図8）。一九七八年に出された『京都科学標本株式会社三〇年のあゆみ』によれば、京都科学は、島津製作所の標本部を継承して、一九四八年に京都科学標本株式会社として設立された。現存する人体模型も右腕を上げている。島津製作所の標本部の製作である。紙製であった。

「島津製作所が高い技術を誇って製作した人体模型は、蠟製かどうか」について。島津製作所が製作した紙製の人体模型については、特許も取得し、表彰されるまでになっている。したがって、島津製作所が高い技術を誇って製作した人体模型は、蠟製ではなく紙製だったのではないか。だとすれば、大正時代に蠟製の「人形」の修復を島津製作所が行なった経緯がわからない。

ただし、一九一二年の『京都附録』（七月六日）に島津源蔵がインタビューにこたえた記事がある。それによれば、島津源蔵は後藤新平から次のようなことを聞いたという。ドイツ製の蠟製の人体模型は完成度が高くまた費用もかさむが、資本金を超える収入を得た。しかし外国に売ることは断った、と。それを知り、島津源蔵は記者に語った。「この話を私は非常に趣味深く考えて益々此等の研究に耽ろうと思います」。島津源蔵は、蠟製の模型に関心がないわけではない。「益々」というところから、一九一二年以前から研究していた可能性さえある。実際、その三年後、一九一五年の『日出』（一一月二八日）によれば、島津製作所は標本部の陳列室に並べられた標本や模型の公開を企画したが、その中に、「蠟製衛生模型」という文字が見える。詳細はわからない。

一九一八年の『日出』（九月二五日）には、京都で行われた広告意匠展覧会に出品した島津製作所を紹介する際に「島津製作所の出品は毎回観覧者に多大の智識を与える、そうしてそれは剥製、蠟製の標本である」と書いている。「蠟製の標本」とは悩ましい表現である。いつ頃から公開しているのだろう。人体模型を含んでいるのだろうか。

本稿はこの資料について文言のまま受け取るが、この記事を書いた記者が、蠟製と木製もしくは紙張子の区別ができたかどうかについては念のため注意を要する。というのも、本稿の文末に記した二〇〇二年の拙稿で検討したのだが、木製や紙張子製の菊人形の頭を見た外国人が押しなべて蠟製であると判断した事例を複数確認したからである。

以上より、詳細は不明だが一九一五年や一九一八年の資料から、島津製作所の標本部は、大正時代にはすでに蠟製の模型を製作していたことが判明した。ただし「人体」模型かどうかは不明である。また「人形」でもない。だが蠟製模型を製作する技術はあった。しかし、島津製作所が、実際にフランス製の蠟人形を修復したという事実は見つけられていない。フランス製の蠟人形については、次章で検討する。

ところで、島津製作所のホームページには、二〇二二年三月二四日付けで、「マネキンの歴史と島津製作所の関係とは」と題したページが挙げられている。そこには島津の資料には書かれていなかった内容が載っている。本稿に関連することは、三つある。

一つめ。「従来の人体模型は漆を塗った石膏でできており、重さに難がありましたが、島津製作所は紙に樹脂を塗った「島津ファイバー」を採用しました」とある。つまり人体模型は、石膏製の登場が早く、その後に紙製が登場したと解釈できる。二つめは、島津製作所が外国製の「マネキン」の修復を行なっていたこと。そして三つめは、修復を行なっていた外国製の「マネキン」は紙製だったと読みとれること、である。ただし、当時の資料は示されていない。

年代が前後するが、一九一三年五月七日に、島津製作所は特許第一九七七六号の追加として、特許第二三九一三号「島津式模型製造法」も新たに取得している。そこに、「紙素型の代わりに石膏、木、陶器、磁器或は他の煉物にて製したる素型を用い動物植物及び其の他の模型の製造法にして」と書かれている。

また、国際日本文化研究センターにおいて、「明石博高と島津源蔵——京の近代科学技術教育の先駆者たち——」展が二〇二一年三月三一日から九月三〇日にオンライン企画展として開かれた。そこに、年代は不明ながら、島津製作所が製作した蠟製の有毒菌類模型と食用菌類模型が公開されている。

さらに、京都大学総合博物館において、二〇二一年度企画展として「医師になる！——京都大学の医学教育——」が七月二一日から一〇月一〇日まで開かれた。そこには島津製作所が製作した皮膚病模型が展示されていた。蠟製である。年代がわかっているものは昭和のものばかりだが、年代不明のものの中に、大正時代のものがあるかもしれない。

第五章　一九一一年、フランスより蠟製の「人形」の輸入が始まったかどうか

前掲『マネキンのすべて』の年表の欄に、一九一一年を振り返り、次のように記されている。

> フランスより蠟製マネキンの輸入が始まる。

一九〇七年、東京勧業博覧会。『風俗画報増刊東京勧業博覧会図会』第三六三号（以下第三六三号と記述）に次のような文章がある。

> 例の大丸にて、十五尺四方の瀬戸塗の陳列箱に、一枚六七十円を要する蒲鉾形の硝子を四隅に張り、月桂樹を以て大丸の商号を表し、見立て細工の仏国製人形に、呉服反物其の侭を掛けて衣服と為したるは、他に見ざる所の趣向なり。

東京勧業博覧会に出品された大丸の「人形」についての説明である。フランス製の「人形」に、反物を

図9　フランス製で蠟製の「人形」、1907年

そのままかけて衣裳に見立て、月桂樹で大丸の商標をつくり、ガラスケースに入れて飾ったと書かれている。これにより、フランス製の「人形」が本当に展示されたことがわかる。ただし、本章の見出しの一九一一年ではなくそれより四年前のことである。

一九〇七年に出された下村呉服店の雑誌、『衣裳』第一巻第四号には同勧業博に出品された「人形」の写真も掲載され、その説明に「東京勧業博覧会出品の蠟細工人形に天保時代の衣裳を着せ付けたる仮装姿」と書かれている。「人形」は蠟製である。大丸の商標を右手に持っている。和服を「着る」というよりも複数の反物がかけられているようにも見える。西洋の大人の女性の顔のようである（図9）。

同年の『風俗画報』第三六二号には、「東京勧業博覧会第三号館織物并に色合等を示せし人形の図」と題した、十九体の「人形」の絵が描かれている（図10）。その左上に反物をまとった「人形」が描かれ、「大丸呉服店の出品」と書かれている。大丸の商標は携えていない。しかしこの「人形」も、複数の反物がかけられているように見える。顔は西洋か日本か区別はできない。

翌一九〇八年に出された「東京勧業博覧会審査報告」が、『明治前期産業発達史資料勧業博覧会資料二一七』として一九七六年に復刻されている。そこには大丸の展示の写真があり、「下村正太郎（大丸）出品染織物」と書かれている。ガラスケースの外から中が写されているが、シル

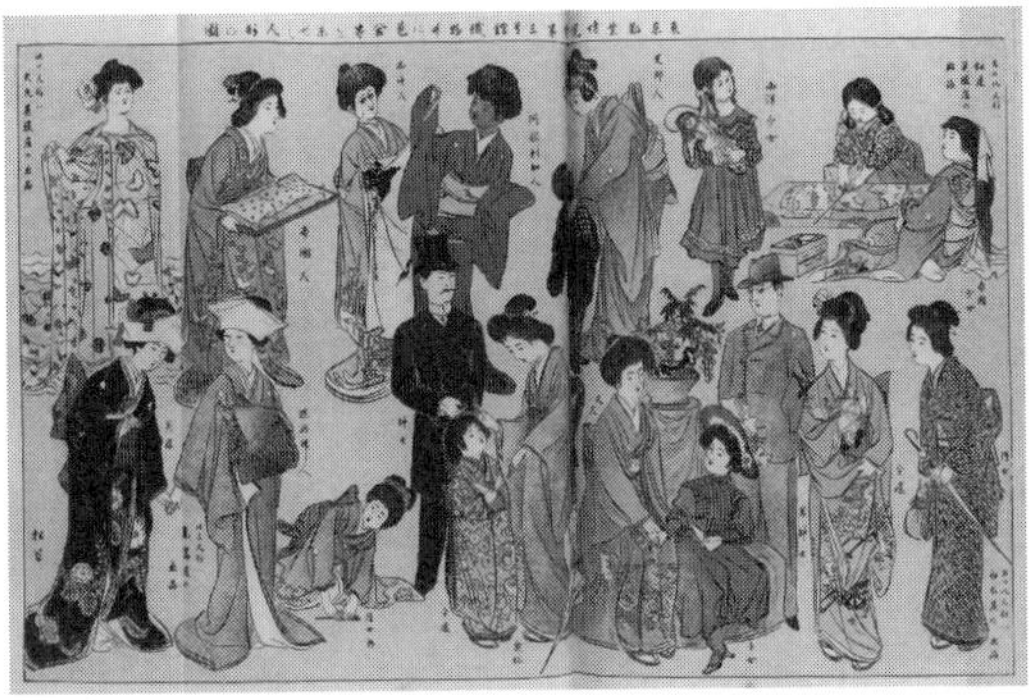

図10　東京勧業博覧会第三号館織物并に色合等を示せし人形の図、1907年

エットからは、やはり「人形」には複数の反物がかけられているように見える。

これらのことから、いずれも東京勧業博覧会に出品された「人形」であることと、大丸の「人形」であることが、四つの資料に共通する。反物がそのままかけられていることもおそらく四つの文章と図版から見てとれるだろう。また、大丸の商標をつくったことは二つの資料が共有し、ガラスケースに展示されていることも二つの資料に共通する。したがって、四つの資料は同じ「人形」を示していると考えられ、この「人形」がフランス製で蠟製の「人形」だと判断することができる。

一九〇七年一月三日の『北国新聞』（以下『北国』と記述）に「蠟製舶来人形」が、金沢市南町にあった小泉洋服店の店頭に飾られたという記事がある。フランス製かどうかはわからない。前掲大門哲によれば、金沢では洋服店で蠟人形が飾られたのは、呉服店が「人形」を飾るより早いのだという。以下小泉洋服店の飾りを少し追ってみる。

一九〇八年も「蠟製人形」が飾られる（『北国』一月三日）。一九〇九年は見つけられず、一九一〇年に飾られたのは洋服を着た桃太郎の「人形」なので、蠟製ではなさそうである（『北国』一月三日）。一九一一年には「男女西洋人形散歩の造物」が呼び物になったとある（『北国』一月三日）。一九一二年は「大黒天の鼠と遊べる子供の覗き見するさま」の「人形」なので、蠟製ではなさそうである（『北国』一月三日）。一九一三年八月三十日の『北国』では小泉洋服店の蠟人形に対して次のように書かれている。

小泉の西洋人形も、時節〳〵の服装は変るが、仏の顔も何とやらの通り、もう十年近くあの令嬢と若い男にはよく〳〵見飽きが来た、好い加減に新しいのと取り代えたらば如何

と書かれている。つまり、小泉洋服店では、少なくとも一九〇七年、一九〇八年、一九一一年、一九一三年に、同じ男女の舶来の蠟人形が、一体もしくは二体とも、流行の洋服を着せられて飾られていたことになる。翌一九一四年にも、「小泉洋服店の人形は新衣を纏いガールの手に紅鯛が持たしめられた、彼娘《かのじょ》も今では余程金沢化したと笑って見て行く者もある」と書かれている（『北国』一月三日）。

次に、一九一四年に出された「活人モデルと活人形の応用」から蠟製の「人形」について検討しよう（『日本実業新報』二〇六号）。

更に近頃に至りては蠟型の模型を作る者あれど、活人形よりは価甚だしく貴きが爲め到底商品陳列の用に供するには贅沢に失するが如く、然しながら新しきを競う米国に於ては服装に関する諸の品物を多くの人々に興味を以て看覧せしむる方法として此活人形応用の手段を採用する者あり

この記事によれば、一九一四年には日本において蠟製の模型をつくる製作者が存在したことが示されて

いる。しかしながら、とても高価で「人形」として用いるにはぜいたくに過ぎると指摘する。金沢の蠟人形は舶来だが、洋服店に飾られた蠟人形はぜいたくな展示だったのである。ただ、「人形」以外ならぜいたくでも看過できるということでもある。これは医学のためならまだしも、という意味が含まれているのだと推測する。本稿は既述のように蠟製の模型については掘り下げないが、第四章でとりあげた『日英博覧会授賞人名録』には、「蠟細工皮膚病模型」の製作者が受賞したことが記されていた。

一九一四年に書かれた「人形」が目指す外国は、フランスではなく米国である。この文章は、蠟製の「人形」の製作はとてもぜいたくであるにもかかわらず、米国では採用する人が存在することを評価している。

一九二〇年の『大阪毎日新聞』（一〇月四日）には大阪の三越の広告が出ている。

米国より特に取り寄せたる臘（引用者注、ママ）人形参考品陳列　十月一日より十一月六日まで　内外風俗博覧会　大阪三越

米国から取り寄せたことを「特に」と強調するあたりに、外国製の「人形」がかなり特別であったことがうかがわれる。この蠟製の「人形」は、フランス製ではなく米国製である。一九一四年の資料も米国に目が向けられていた。外国製の「人形」は、常にフランス製というわけではないことに留意しなければならない。

一九二五年の『朝日』（六月二〇日）に、「婦人洋服　結構な御商売」と題した記事がある。

> ワン・ピースでも布地が三ヤールあれば結構。それがどうです、婦人服屋やデパートのショー・ウインドーの蠟人形をかざれば、ボイル地の外出着で、手のこんでないごく簡単なものでも二十七、八円、レースでも飾って少し派手にすると三十五円、四十円は立どころに請求される。

一九二五年に書かれた、婦人の洋服販売を揶揄した記事である。なんでもない洋服でも蠟人形に飾られると値段が高くなる、ということが記されている。本章で重要なのは、ショーウィンドーに洋服を着た蠟人形が飾られる場所が増えている、ということである。国産か外国製かはわからない。一九二〇年には特別扱いされていた蠟製の「人形」だが、五年後には、百貨店や、おそらく個人経営の婦人服屋にも購入できる程度の「人形」になっているようである。既述のように、蠟製か木製か、もしくは紙張子かについては念のため注意を要する。

「一九一一年、フランスより蠟製の「人形」の輸入が始まったかどうか」について。管見では一九一一年ではなく一九〇七年にはフランス製で蠟製の「人形」が展示された。一九一四年には蠟製の模型を「人形」として利用することはあまりにもぜいたくなことであると指摘された。そして、一九二〇年、フランスではなく米国製で蠟製の「人形」が特別扱いされた。しかし一九二五年には、婦人服屋や百貨店でも蠟製の「人形」が見られた。以上のことから、本章の見出しのように、年を確定してしまうことはむずかしい。フランス一国だけに限定することも危険である。実際に米国の影響もあった。輸入が「始まる」と書かれていたことから、わたしは、特定の業者から継続的な輸入が行われたと解釈してしまった。だがフランス製で蠟製の「人形」はそんなに多くは日本に展示されていないようである。表現には注意が必要である。第四章冒頭の引用文には「フランス製蠟製輸入マネキンの修復を手掛けていました」とあるが、これが事実だとしても経営が成り立つほどの数の依頼はなかったのではないか。

次章でも検討するのだが、そもそも人形師が、依頼さえあればどんな「人形」でも製作できるのに、大金を投じてわざわざ外国製の「人形」を展示する必要があるのだろうか。逆に大金を投じたなら、当時の資料にもっと残されていてもよさそうなものである。

第六章　人形師は和装マネキン製作の草分けであり、島津製作所は洋装マネキン製作の草分けかどうか

前掲『マネキンのすべて』には、草創期を振り返り、次のように書かれている。

> 三代目・安本亀八と関西の人形店は和装マネキンの草分けであり、「島津マネキン」は西欧文化の流れを受けた洋装マネキンと、マネキン企業化の草分けに他なりません。

この文章には、「和装マネキン」と「洋装マネキン」ということばが登場する。どう区別されているのだろうか。和服を着た日本の「人形」を「和装マネキン」、洋服を着た「西欧」の「人形」を「洋装マネキン」と解釈すればよいのだろうか。「西欧文化の流れを受けた」ということは、単に洋服を着た「人形」と

解釈してはいけないのだろうか。西欧文化の流れを受けた「人形」とは洋服を着る以外にどのような特徴が存在するのだろう。素材なのか、形状なのか、色彩なのか、この文章からはわからない。ただ、この文章から、人形師には洋服を着ることのできる「人形」を製作する技術がなかったかのように、さらに外国人の「人形」を製作できなかったかのようにわたしには映ってしまう。

まず、人形師が洋服を着た「人形」も製作できるということを、古い例から指摘したい。一八九三年の『読売』（一月二九日）には、安本亀八（三代目）が亀三郎と名乗っていた頃だが、米国のシカゴ万国博覧会に出品するために、日本の陸軍の将校から下士兵にいたるまでの、制服という洋服姿の軍人の「人形」を製作したことが書かれている。人形師が洋服を着ることのできる「人形」を製作することは可能だったのである。

図11　日本の大人の男性が洋服を着た「人形」の絵はがき、1906年（筆者所蔵）

時代は下るが日本の大人の男性の洋服姿の「人形」の図版も見つけている。

「東京白木屋店頭人形装飾（其二）」と書かれた絵はがきがある（図11）。絵はがきには二つの消印が押されている。そのうち一方には「明治卅七八年戦没海軍紀念日、東京」と書かれている。「39-5-27」という算用数字もあり、明治三九年、つまり一九〇六年の絵はがきと判断してよいだろう。絵はがきの「人形」二体のうちの一体は、日本の大人の男性が洋服を着た「人形」である。

一九〇六年の五二共進会には西洋の女性の「人形」が飾られた。

共進会について。一八八一年の『明治十五年共進会手引』には、共進会の主意として次のように書かれている。

抑々此会を設くる主意ハ第一国産を盛大にし時運の変遷と人智の開進とに随て其製方を改良せしめ第二国産を産出する人々を奨励して苟も人の為め己の為めになる事

つまり、共進会とは明治時代に始まった、国内の博覧会のようなものである。日本国内で製品がつくられることを奨励し、促進させる役割がある。

一九〇六年の五二共進会に出品した高島屋は、四季にちなんだ服装をした「人形」をガラスケースの中に展示した。そのときの様子が、一九〇六年の『都新聞』（九月一〇日）に、「秋ハ紅葉の散り布く里に和装したる西洋婦人の扮装ひおかしき大原女を呼び留めて語るあり」と書かれている。

図12　和服を着た西洋の夫人と大原女の写真、1906年

「西洋婦人」が和服を着て大原女に声をかけているという。具体的にどのような姿だったのかは、一九〇六年の『帝国画報』第一一巻一〇月号に、「西洋夫人の秋の粧上着浜縮緬二枚重裏葉色光線白菊模様、下着は褪紅色柴垣」と詳しく説明されている。ありがたいことに同資料には写真が存在する（図12）。和服を着て傘をさした西洋の女性と、大原女の「人形」が写っている。一九〇六年の『風俗画報』第三五〇号には「五二会出品人形

の図」と題した「人形」の絵も存在する（図13）。

西洋の女性の「人形」をだれが製作したか、また素材についても記録を見つけることができなかった。外国製かどうかもわからない。しかし、共進会について、やや長い説明を加えたように、国産であることが必須なのではないか。だとすると、この西洋婦人は、日本の人形師が製作した可能性が高い。また、外国製の「人形」では、和服を着せられないのではないか。第五章で見た、フランス製で蠟製の「人形」を思い出されたい（図9）。反物がそのままかけられていたことを、わたしは、フランス製の「人形」には、着物を着付けることができなかったからではないか、と想像する。五二共進会の西洋婦人の「人形」が和服を着ることができたのは、日本でつくられたからではないのか。

第五章で取りあげた、「東京勧業博覧会第三号館織物并に色合等を示せし人形の図」を振り返りたい（図10）。第五章では画面左上の大丸の「人形」を紹介した。画面左下の「人形」三体は高島屋の出品だが、すべて和服を着た日本の大人の女性であり詳細は省略する。画面右上には「左の八人形ハ松屋呉服店の出品」と書かれている。

左から、和服を着た日本の大人の女性、和服を着た西洋の大人の女性、和服を着たアフリカの大人の女性、絵からは判断ができないが、黒人の子供、和服を着た中国の大人の女性、洋服を着た西洋の少女、朝鮮の民族服か和服かは判断できないが、朝鮮の少女、和服を着た日本の少女が描かれている。

画面右下には「左の八人形ハ白木屋の出品」と書かれている。

図13　和服を着た西洋の夫人のスケッチ（「五二会出品人形の図」より切り取り）1906年

左から、洋服を着た日本の大人の男性、和服を着た日本の大人の女性が二人、洋服を着た日本の少女、洋服を着た大人の男性、和服を着た日本の大人の女性が二人となっている。

前掲第三六三号に、松屋の「人形」は、人形師安本亀八（三代目）の製作であり、白木屋の「人形」は、大阪の津の国屋という人形師の製作と記され、人形についての説明と、会場の絵も着彩で描かれている。安本亀八（三代目）の「人形」は、一九〇七年の『実業之日本』（一〇巻第七号）にも詳しい説明がある。「大阪の津国屋」という人形師は、大阪で有名な人形師で、一九〇六年の『朝日』（七月二四日）の記事には、「当市（引用者注、大阪市）で人形師といえば先ず津の国屋が名ざされる、今の津の国屋は三代目（二代目は八十の老人で今なお健全）である」と説明されている。津の国屋製作の人形八体のうち、五体がそろった絵はがきも存在する。

図14 「西洋」の大人の女性の洋服を着た「人形」、1910年

第四章でもとりあげた、一九一〇年の関西府県連合共進会では、福井県の蚕糸館に、洋服を着た大人の女性の「人形」が展示された写真（図14）が存在することを、同年の『関西府県聯合共進会記念写真帖』から知ることができる。

どちらの「人形」も西洋の女性に見える。既述のように、共進会の展示であり、日本製の可能性は高いと考える。

また、一九一〇年の『石川県物産陳列館』第一年報に、日本の大人の女性が洋服を着た「人形」の写真が掲載されている（図15）。

人形師は、和服を着ることのできる「人形」だけではなく、洋服

図15　日本の大人の女性が洋服を着た「人形」の写真、1910年

を着ることのできる「人形」も製作することができる。人形師は、日本の「人形」だけではなく、「西洋」でもアフリカでも中国でも朝鮮でも、人種を問わず、「人形」を製作することができる。

本章の見出し「人形師は和装マネキン製作の草分けであり、島津製作所は洋装マネキン製作の草分けかどうか」について。

本章で見てきたように、人形師は、依頼さえあれば、どんな「人形」でも製作している。「草分け」という語が、「初めて物事を始めること」つまり、初めて製作した人と解釈するなら、和装「マネキン」も洋装「マネキン」も、草分けは人形師である。和装「マネキン」だけの製作者とする判断は誤っている。ただし、製作したのは人形師だが、依頼をしたのは呉服店である。呉服店に初めて「人形」を展示することを実現した人とするなら、草分けは呉服店である。

おわりに

課題はまだまだある。たとえば、一九二二年の『都新聞』（八月二七日）の広告には、家族が、洋服を着

図16　スタンド一本で支えられた「人形」、1922年

た「人形」を見ている絵がある（図16）。この「人形」に頭はあるが手足がない。スタンド一本で上半身が支えられている。人形師の製作ではない可能性がある。頭のない人台ならすでに第一章でみたように一八九〇年には存在する。また、頭のない一本足の人台なら一九〇六年に「組立洋服陳列台」として特許が登録されている。だがこの絵は頭付きである。これが第六章でいうところの、西欧文化の流れを受けた「人形」なのだろうか。

島津の資料には、「マネキン人形」の製造を始めたのは一九二五年だと当時を振り返って書かれている。

既述のように、島津製作所が「人形」を製作するにいたった歴史についての検討は本稿では行わないが、島津の資料が事実だとして、この絵も事実を描いているとすると、島津製作所より早くに、人形師ではない製作者が存在した可能性が浮上する。調べる必要がある。

また、金沢のように、日本には、「人形」の展示を早くから始めている地域が他にも存在する可能性がある。

課題は「人形」にとどまらない。本稿で紹介したように、さまざまな種類の「人形」が登場しているのに、日本の大人の女性の、洋服を着た「人形」だけは一九一〇年まで見つけることができなかった。見落としか、それとも存在しないのか。実際の洋装化と合わせて検討する必要がある。合わせて、一九〇六年と一九〇七年の外国の女性の「人形」が洋服ではなく和服を着せられていることも興味深い。

当然のことながら、本稿が対象としなかった年代はもちろんのこと、対象とした年代もさらに調査をすすめなければならない。蠟製や石膏の模型についても。島津製作所における「人形」を製作するにいたった経緯についても。呼称についても。

最後にお願いがあります。これから、論文はもちろんのこと、社史や市史やなにかの歴史を書こうとしておられるみなさまへ。書かれる事柄が依拠する同時代の資料をどうぞお示しくださいますようお願いいたします。

〔本稿で言及した拙稿〕

「服飾を支える肢体——第二次世界大戦までの日本における「マネキン」について——」、『風俗』日本風俗史学会会誌　第三五巻第三号　一九九六年。
「団子坂菊人形見物」　文京ふるさと歴史館編『菊人形今昔——団子坂に花開いた秋の風物詩——』文京区教育委員会　二〇〇二年。
「等身大人形史研究における呼称について」『表彰遊戯学研究部会論集Ⅰ』一般社団法人日本人形玩具学会　二〇二〇年。

特に以下の機関（五十音順）に感謝いたします。
石川県立図書館
関西大学総合図書館
株式会社京都科学
京都府立図書館
国立国会図書館
島津製作所　創業記念資料館

2部

装い

「装い」とは、人の身なりを整える「こと」や「もの」である。それは目に映る「姿」であり「かたち」である。

広くとらえると、人だけではなく、いろいろな物や事の表面や外側を飾ったり見せかけたりする「こと」や「もの」も「装い」であろう。一般的には、何ものかの表層のしつらえを指すとみていい。

戦前のマルクス主義哲学者・戸坂潤は、「風俗」は社会の皮膚である、と定式化した。つまり、風俗は、社会という身体の表層であり、表面であるというのだ。

「装い」はまた「風姿」ともつながり、「風俗」と深くかかわる。「風俗」でも、最も表層にあり、周りからすぐに感知されるのが、「風姿」としての「装い」なのかもしれない。

「エプロン」と「ベール」と「洋傘（日傘）」は、それぞれは、単独ではあまり学術的注目を浴びない。しかし、日本の女給の装いとしての「エプロン」、中国の花嫁の装いとしての「ベール」、朝鮮の新女性の装いとしての「洋傘（日傘）」は、それぞれの歴史の中や文化の構成や運動を素早く感知させる要素なのではあるまいか。

それらの「装い」から、カフェーと女給の、結婚の形と意味の、朝鮮の女性の行動の深層をも考えてゆくことができるだろう。

［斎藤光］

カフェー・女給・エプロン
——図像資料から読む

斎藤 光

（さいとう ひかる）

一九五六年、青森県生まれ。京都精華大学ポピュラーカルチャー学部教授。京都大学理学部・北海道大学大学院・東京大学大学院卒。専門は生物学史・性科学誌・近現代文化誌など。著書に『幻想の性 衰弱する身体』『幻の「カフェー」時代 夜の京都のモダニズム』、共著に『〈いのち〉はいかに語りうるか?』『よくわかる現代科学技術史・STS』など。

1. はじめに

カフェーというと女給、女給といえば白いエプロン、とイメージされがちだ。

このことについてここでは考えていきたい。

「カフェー／女給」、特に「女給／白いエプロン」というイメージについて、図像などを手掛かりとして検討し、実際のあり方の再構成も試みるつもりだ。

大雑把に、一九一〇年代、二〇年代、三〇年代と区切って論じていきたい[1]。

このイメージに関して考えていく前に、まず、カフェーとは何かを説明しておこう。「カフェー」とは二〇世紀の日本で社会的に共有された商形態であり場の類別でもある。これを、ここではジャンルと呼んでおく。そのジャンル「カフェー」では、そして個々の店舗では、コーヒーや洋酒などの西洋由来の飲み物や、ライスカレーやオムレツなど一品の洋食が提供される。また、「カフェー」ジャンルは洋風の設備（例えばテーブルと椅子）や内装さらに洋風のシステムからなっていた[2]。

多くの場合、「カフェー」では、女性の給仕者が雇われていた。はじめは「カフェーの女」などとよばれたが、大正の中ごろ、一九二〇年前後から「女給」という名称が一般化するようになった。つまり「女給」というあり方が、社会的に共有されるようになったのであり、「カフェーというと女給」という観念も浸透したのである。

この「女給」という要素が、大正後期以降、「カフェー」ジャンルの展開で中心的な役割を果たし、ジャンルの分化や進化を促していったのである。[3]

2. 一九一〇年代のイメージと実際

カフェージャンルが日本語文化圏で成立するのは、一九一一年である。

この年、内容的にはそれぞれ特色があり違いがあるが、カフェーを自称する店舗が三軒、銀座に新規開店した。また、この年の夏に、松崎天民が『東京朝日新聞』で「カフェー」を紹介した[4]のをきっかけとして、カフェーというジャンルが、人々にそして社会的に共有され広がっていく。

人々は、休憩し、人と会い、飲み、食べ、話し、給仕を「張り」、遊ぶ新しい場を、カフェーに求めていく。土足で店に入れ、椅子机を使用するという、簡便さ、西洋風の空間が要請する新しい身体技法を使える場として、その後日本国内や植民地で増殖し、東アジア圏にも影響を与えた。

一九一一年に銀座に新規開店した店舗とは、カフェープランタン、カフェーライオン、そして、カフェーパウリスタである。それぞれ、その年の三月または四月、八月一〇日、一二月一二日に開業した。いずれも、飲食に供する品々を調理場で作り、客の座るテーブルに注文品を運ぶシステムを採用していたので、給仕人を置いていた。プランタンとライオンでは女性、パウリスタは、スタート時点での確実な資料は未見であるが、回顧的資料によれば、少年＝ボーイが給仕していた。つまり、のちに「女給」と位置付けられる存在は、新規三店舗では、プランタンとライオンに見ることができたのである。

では、カフェージャンルが成立した時点でプランタンとライオンの女給の「ファッション」はどういうものだったのだろうか。ここでは、「ファッション」というタームで、女給の「外見」、つまり「服装」「髪型」「化粧」などを緩やかにとらえるつもりである。ただ、「服装」が軸となる予定だ。

プランタンとライオンの女給のファッションという点についてはこれまであまり問題とされることはなかった。また、いわゆる研究もないが、カフェー関連の初期資料から推察は可能である。

松崎天民の著書『銀座』（一九二七）[5]には、初期プランタンの女給としてお柳とお鶴が印象に残ると書かれている。このお柳であるが、天民が、カフェーを初めて本格的に紹介した『東京朝日新聞』連載ルポ「カッフエー」に挿絵として登場する。「プランターンのおりうさん」だ。

挿絵を参照すると、彼女は、日本髪に着物である。エプロンはつけていない（図1）。

天民のルポ「カッフエー」には、ライオンの女給も挿絵として描かれている。ビールのジョッキを持って立ち働いているこちらの女給は、明らかにエプロンをしている。天民の記述を読むともう少しそのファッションについてつかむことができる（図2）。

図1『東京朝日新聞』1911年9月5日

「藍色友仙はモスの単衣に、同じモスの赤い帯を締めて、白いエプロンをかけた少女が二三人、入つしやいとも何とも云はずに澄したもの」
着物は単衣で「藍色」、帯は「赤」、その上に白いエプロンという際立つ配色であったことがわかる。はっきりは示されていないが、全員同じ着物／和装の制服、その上に洋風エプロンを着用していたようだ。新規開店直後の状況だ。

カフェーライオンは精養軒の経営でスタートしている（図3）。大本の精養軒は、一八七二年開業の東京で初めての本格的な西洋料理店で、ホテルも兼業していた。一九〇七年に開催された東京勧業博覧会に出張所を出店し、そろいの着物の「桃山式乙女」が給仕して好評を博したが、そこでの試みをこのカフェーライオンでも取り入れたわけだ[6]。「女給といえば白いエプロン」というイメージの出発点は、カフェーライオンであったことがわかる（図2）。

この「白いエプロン」は、少なくとも言説の上では、すぐにカフェー女給の記号となった。一九一三年一一月三〇日の『読売新聞』には、女給の仕事内

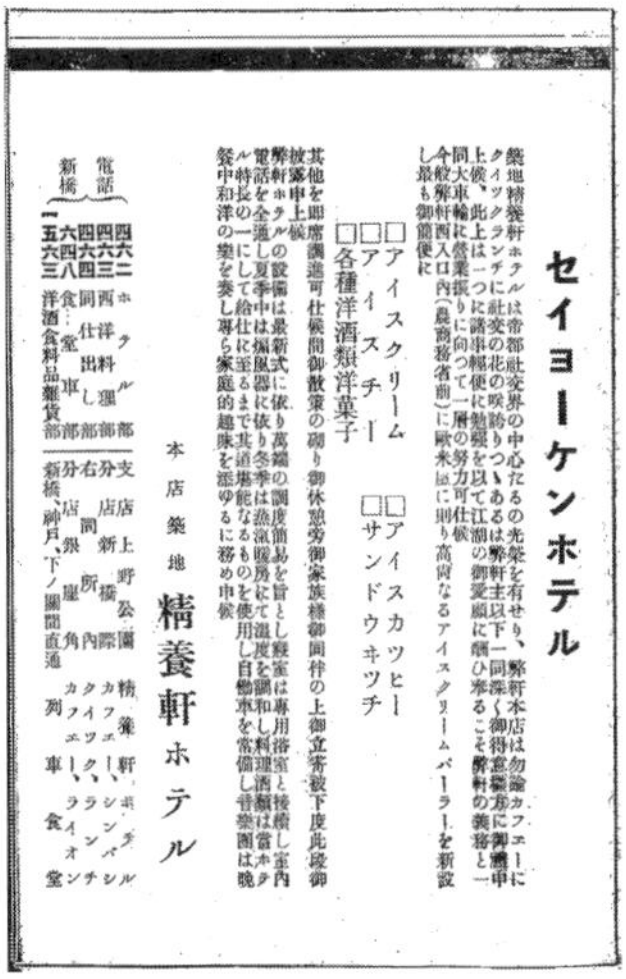

図3『青鞜』1914年1月号
この広告を見ると精養軒とライオンの関係がよくわかる

図2『東京朝日新聞』1911年8月28日

容を紹介する記事「エプロンの誇」が掲載された。この記事はまずウエートレス、つまり、女給のイメージの話から始まる。

カツフエー何々のウヱートレツスと言つたらコーヒーの味を知る新しい青年少女は直に其の胸に懸けたエプロンの白さを思起すであらう

カフェーの女給から「エプロンの白さ」が想起されるという連合作用が、確認されている。女給は白いエプロンをかけている、というイメージが、すでにかなり深く浸透していたと読むこともできる。記事では女給の仕事がどういうものかが解説されるが、「着物は何でも垢の附かぬもので有れば可いとなつてゐる」と清潔な自前の着物があれば「エプロンの少女」になれるとまとめられた。

「エプロンの誇」には、「白いエプロン」というファッションが東京の「カフェー」で急速に広がった状況が書き込まれていた、と解釈できよう。表題からも「エプロン」即ち「カフェーの女給」という連想の普及ぶりを見て取れる。

図4『大阪朝日 京都付録』1912年4月1日

カフェーは、銀座そして東京からすぐに日本語文化圏各地に伝播していく。この伝播の事例として京都の状況を参照しておきたい。一九一二年の萬養軒の広告では、この「フランス式西洋料理」の店の宣伝として、洋装にエプロンの女給の図像が使われている（図4）。

これは広告であり図像はイラストであるので、この服装の女給が実際いたのかどうかはいまのところ不明だ。

図5『京都日出新聞』1914年2月1日

しかも、萬養軒は西洋料理店・レストランというイメージが強いので、京都のカフェーではないという異議も出そうである。ただ、カフェーに分類された萬養軒支店については、一九一四年時点での、女給の写真が残っている(7)（図5）。

この写真から、萬養軒支店のカフェーの女給は、日本髪で、和装、その上におそらく白色のエプロンをしていたことがわかる。

関連して、一年前の東京圏に話を戻そう。一九一二年の萬養軒の広告に使用されたイラストの図像のファッションに似ている有名な写真が残されている（図6）。

この写真は「カフェーライオンの女給」、あるいは、単に「カフェーの女給」の写真としてよく引用される。ただ、大本がどこにあったのかや、写真の内容形式については、議論されたり、検討されたことはない。そこでここでは、この写真の位置づけも考えたい。

まず出典である。写真は一九一三年一月一〇日発行の『婦人画報』の増刊号に掲載された。この増刊号は「三都婦人風俗」の特集で、目次を参考にすると、はじめに「画報」として三都などの女性を被写体とする各種写真が載せられ、次いで「読物」というくくりで「三都の婦人」（山路愛山）や「京阪娘気質」（鈴木鼓村）、記者による「女優の日常生活」「現今交際社会の中心婦人」といった記事が集められて

図6『婦人画報 増刊三都婦人風俗』1913年1月10日号

いた。

「画報」では幅広く、当時の女性の生活や女性自体の写真が集められている。その中に、社会で働いている女性の写真もかなり含まれていた。職業別でみると「女医」「看護婦」「女薬剤師」「産婆」「料理屋の女将」「女事務員」「帝劇の案内女」「女優」「芸者」「カフェーの女」「工女」などだ。

職業につく女性の写真を見て気づくのは、「カフェーの女」と「帝劇の案内女」がファッション上で類似していることだ。いずれも洋服的な制服を着用し、白く見えるエプロンを着用している。

「カフェーの女」写真は、そうした一連の働く女性の写真（組み写真的）の中におかれていた。

雑誌の発行時期から考えると、一九一三年初め、または、一九一二年年末あたりの撮影と思われる。写真の上部には「カフェーの女（東京）」と、右横には「京橋銀座カヘー、ライオンの給仕女」、下部には「Waiters of the coffee, Tokyo」と記されている。これらの表記は、まだ「女給」という概念や記号が確立していない状況を反映している。また、カフェーをどう記載するかも揺れていたことも見て取れよう。とはいえ、現在のところ、カフェー女給（カフェーの女）の写真としては、これが最古のものだ。

写真はスナップ写真ではない。生の日常を写しているのではなく、おそらく撮影者からの指示などでポーズをとったものと思われる。

写っている女給のファッションにもう一度注目しよう。洋服を着用しているように見える。「白い」エプロンをしている。洋靴を履いているように見える。庇髪のように見える。先に引用した天民のルポと比べると、ライオンでの和の制服が洋の制服に変更されたことがうかがわれる。

洋服は、ボトムはスカートであるが、トップスについては不明瞭だ。ワンピースかどうかも判断できな

図7「帝劇の案内女」『婦人画報 増刊三都婦人風俗』1913年1月10日号

図8 旗の酒場（キャバレー・ヅ・パノン）の内部写真（鶴丸梅太郎「道頓堀のカフエー黎明期を語る」『上方』22号、1932年10月1日）

い。左手の女給のトップスを見ると、襟の部分は着物に似ている。また、彼女たちの服装や外見は、すでにふれたように「帝劇の案内女」（図7）に似ている。この類似が何を意味するのか、一つの謎として残されている。

東京圏以外のカフェーの女給のファッションにもう一度戻ろう。

正確な年代はわからないが、一九一〇年代、大正年間の旗の酒場（キャバレー・ヅ・パノン）の内部写真が残されている（図8）。旗の酒場は、銀座のプランタンと似たコンセプトのカフェーで、一九一〇年代前半に大阪の道頓堀に開業した。写真には、三人の女給が写っているが、いずれも白っぽいエプロンを着用している。皆、着物姿に見える。

ここまでの検討から、次のように結論づけてよいだろう。

つまり、当時のカフェーの中心地、東京・銀座だけではなく、京都や大阪のカフェーでも、白エプロンの女給が働いていた。そのことは写真から確かめることができる。

こうした初期のカフェー女給のファッションに関しては、次の二つの表象が典型的と言えよう。

一つは、石井柏亭による「カフェーの女」でファッションでいえば着物に白っぽいエプロン、庇髪の女性像。一九一五年三月一三日発行

図9『読売新聞』1915年3月13日

図10「カフエーの女」「現代美人風俗（14）」

の『読売新聞』にコマ絵として掲載された（図9）。立ち姿で、コーヒーを給仕しているように見える。

もう一つは、東京芝区の鳥井商店が発売した絵葉書シリーズ「現代美人風俗」の一つとして発行された「カフエーの女」（図10）である。こちらも着物に白いエプロン、立ち姿、料理を運んでいる。この絵葉書はその形式から、一九一八年三月以前のものということがわかるので[8]、石井柏亭の作品とほぼ同時代と判断しても間違いではないだろう。

女給概念は未確立であるものの、和装に白いエプロンを着用した「カフェーの女」のイメージや表象は、一九一〇年代を通してこのように出来上がっていた、と考えられる。また、実際にも、白いエプロン女給がカフェーで働いていたのである。

3．一九二〇年代のイメージと実際

少し時代を下って一九二〇年代に移ろう。

版画家の織田一磨《かずま》が、一九二〇年に制作した作品「カフェーの女給」（図11）「三人の女給」[9]（図12）でも、日本髪（または庇髪）・和装・白いエプロンという定番のファッションがとらえられている。このように二〇年代に入る段階で、女給ファッションは、日本髪（または庇髪）・和装・白いエプロンである、という形で定着をみていた。

例えば、一九二二年の東京と京都の新聞報道記事からは、エプロン着用の和装女給の写真を探し出すことができる。

下の二人は、東京の「カフェーキヨーバシ」の女給（図13）、左の二人は、一九二二年の京都で行われた「女給人気投票」で票を集めた二人の女給の写真（図14・図15）である。髪型の判断がむずかしい例はあるとはいえ、いずれも和装に白っぽいエプロンを着用している。エプロンの胸当てが、それぞれ異なり、店ごとにエプロンで特徴を出そうとし

図11 織田一磨「カフェーの女給」1920年

図12 織田一磨「三人の女給」1920年

図13『東京朝日新聞』22年5月13日

図14『京都日日新聞』22年8月14日

図15『京都日日新聞』22年8月17日

図16 西村陀宙「カフェの少女」（『主婦の友』1923年2月号口絵）

図17『アサヒグラフ』1925年6月10日号

ていた可能性も見て取れる。

当時の、日本画の作品にも登場している。大阪のあるカフェーの少女だ。胸当てのある白エプロンに和服、髪には花飾りのようなものがつけられている（図16）。髪飾り以外は女給の標準パターンが描かれていたと言えよう。

もちろん、胸当てのあるエプロンだけではなかった。例えば一九二五年に『アサヒグラフ』に載った「神田のあるカフェーの女給」の写真（図17）を見ると、胸当てではなく、エプロンというよりは前掛けといったほうがいいものをつけている。ただし色は白っぽい。

この時期のカフェージャンル発祥の地、銀座の例も確認しておこう。

少し時代は戻るが、一九二三年九月一日、関東大震災が発生した。カフェーも含めて多くの飲食店が大きな被害にあったが、復興も飲食店の増殖という形で起こった。一九一一年に生まれた、プランタンとライオンの女給については、震災直前の写真（ライオン）と直後の写真（プランタン）が残されている（図18・図19）。

ライオンに関しては、制服ではなく、どうも自前の着物になっていた可能性がある。ただ、白いエプロンの立ち姿という点では、一貫している。

図18 ライオンの内部：『アサヒグラフ』1923年8月16日号

図19 プランタン内部：『アサヒグラフ』1923年12月26日号

図20『アサヒグラフ』1925年12月23日号

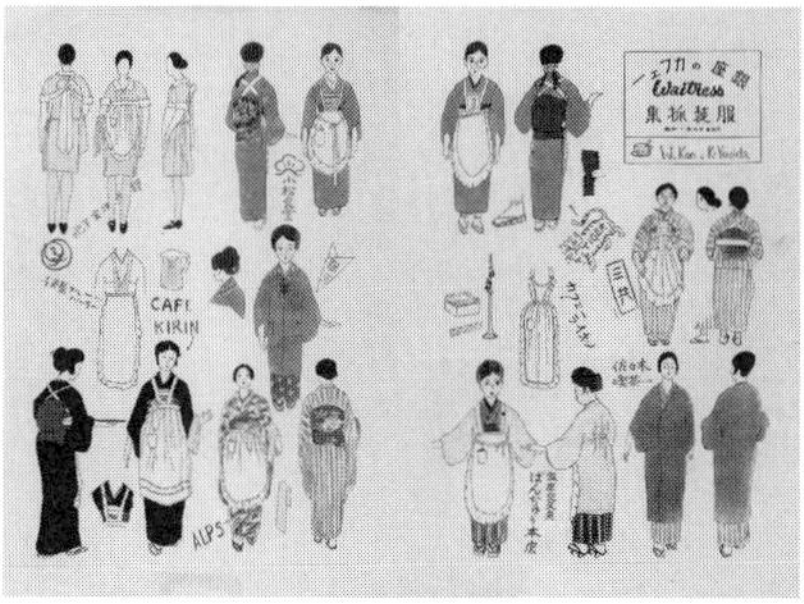

図21「銀座のカフェー服装採集」今和次郎・吉田謙　1926年　工学院大学図書館所蔵

震災後のプランタンもファッションのパターンは同じだ。女給のファッションという面では、震災をはさんで連続性があったと考えておいてよいだろう。

もう一つ事例を見ておこう。一九二五年年末発行の『アサヒグラフ』に掲載された「カフエー女給さんの二十四時間」というフォトエッセイである。この記事では、女給をしている「よし子」さんの一日がルポされている。彼女が働いているのは銀座二丁目のカフエーK（カフェーキリンか?）である。その夜の給仕・接客の情景が写されている。着物は制服で色は小豆色、白いエプロンを着けている（図20）。

一九二六年の初秋にスケッチされた今和次郎と吉田謙吉による「銀座のカフェー服装採集」は、当時の女給ファッションを知る上では重要な史料だ（図21）。一一店舗のカフェーの女給がスケッチされているが、洋装制服は一例で、着物の制服が九例、ライオンは不明だ。典型的な胸当てのある白いエプロンを女給が着用している例は七例、胸当てのない白いエプロンは二例、羽織様のもの着用が二例となっている。胸当てのある白いエプロン姿が女給の典型イメージであるが、実際には女給ファッションに多様性があったことが示されている。

一九二〇年代半ばになると、東京では、着物に白いエプロンという標準パターンが広く受け入れられつつ、その枠内でこのように多様な女給ファッションが見られるようになっていた。多様化のポイントの一つは、胸当てのある白いエプロンの代わりに別なものをはおるという形式だった。

ところで、ほぼ同時期に、関西ではカフェーに大きな変動が生じていた。その変動の一つの表れとして、女給ファッションの変容も進んでいたのである。図像でその点を確かめておこう。次の写真を見てもらいたい。

一九二七年六月二二日号の『アサヒグラフ』に掲載されたものだ（図22）。大阪で進行しているとされた「カフェーの大衆化」を報じるルポで使われている。女給六〇人体制で運営されていたカフェー「赤玉食堂」の写真だ。女性客もいるが、立っている二人は、給仕するしぐさなどから考えて「女給」と判断できる。

この二人、よく見るとエプロンをしていない。

これはどういうことなのだろうか。

このことについては、その二年後、一九二九年末に書かれる村嶋歸之《よりゆき》の「大阪カフェー弾圧史」が教えてくれる。村嶋によると、ある時から「大阪

図22『アサヒグラフ』1927年6月22日号

の女給は女給の象徴と見るべきエプロンを着けずに、単に一個の「女」として客に対する」形式をとった。これは「営業者の方針」であり、最初にこれを実行に移したのは、カフェーユニオン（ユニオン食堂）の社長・小堀勝蔵であったという。小堀は、一九二三年ごろ、道頓堀の自社カフェーで、白いエプロンを廃止し、お召の着物に着替えさせ、頭髪や化粧も念入りにさせた上で、女給をサービスに出した。「このやり方が、ついに全大阪を風靡し、今もそれが継続している」と村嶋は一九二九年時点で振り返った。

その一年前、『食道楽』の「カフエーの巻」[10]で企画された「食道楽漫談会」も見ておきたい。宗田千燈が大阪を中心とするカフェーの変遷を分析している。彼はその変遷で起きた脱エプロンの意味を論じた。傾聴に値する語りだ。

> ここ数年前迄のカフエーの女給なるものは、唯単に食事の給仕にとどまり、云ふ迄も無く純白のエプロンには明らかに給仕女なる姿容を整へて居ると認められたのであります。然るに二三年以前より多くあるカフエーの内の主なるものが所謂エプロンを捨て、衣服の艶麗美を露骨に現したが為に、忽ちにして衣装の競争となり…

宗田によれば、一九二五年ころから、大阪の主なカフェーでエプロンが捨てられ（脱エプロン化して）着物の良さや美しさを前面に出し、外見・姿形の華美さや高級さの競争が起きた、というのである。清潔な着物であればいい、という時代は終焉を迎え、同時に白いエプロンも退却を余儀なくされた、ということであろう。

また、着物の華麗化や脱エプロン化前後には、野球のユニホームや乗馬服で統一した店や、「支那服、洋服、ロシア服」の女給が勤める店もあったという証言は残されている。ただ、警察による禁止などもあり長続きはしなかったという。[11]

『食道楽』「カフエーの巻」と同じ年の五月に発行された『柳屋』「カフエーの巻」[12]には、大阪のカフエーマージャンの「支那服」の女給の写真がある（図23-a・図23-b）。

同じ『柳屋』には、大阪のカフェー美人茶屋の女給の写真も載っている（図24）。

この写真では、右側の女給は、振袖で、髪はかなり短い。左側の女給は、洋服で、おそらく洋髪であろう。自前と思われる洋服姿の女給写真としては最古のものである。美人茶屋には、洋装（自前）の女給が働いていたことが読み取れるし、『食道楽』での宗田の発言を裏付けている。

翌一九二九年六月三日に、『京都日出新聞』に連載された「近代京都風景」では第四回に「カフエー」が取り上げられた（図25）。そこで使われているコラージュ写真の女給は、髪も短めの洋髪で、エプロンをしていない。おそらく大阪での女給ファッションの変容動向が、京都にも伝わったということではあるまい

a

b

図23-a・図23-b『柳屋』35号
1928年5月発行

美人茶屋の柏さん　夏川さん

図24『柳屋』35号　1928年5月発行

図25『京都日出新聞』1929年6月3日

図26『読売新聞』1929年8月24日

図27『読売新聞』1929年9月25日

か。

脱エプロンに関しては、東京でも二〇年代の終わりには事例が見られるようになっていた。

同じ一九二九年の、『読売新聞』を見よう。八月二四日には「バアの女給」という記事で写真が使われた（図26）。東京の例である。また、折からの取締まりに対して女給側の意見を記事にした「浄化の渦中から／ウエイトレス・ダンサーの言ひ分」に登場した「バーセレクト」の女給も写真が載った（図27）。こちらも東京である。いずれもエプロンはしていない。

二〇年代の半ばに大阪のカフェーユニオンで開始された「脱エプロン化」は、はじめ大阪で広まり、やがて、二〇年代終わりには、東京や、例えば京都などの都市部のカフェーで採用されるようになったのである。

図28『京都日日新聞』1929年6月16日

図29『京都日日新聞』1929年6月28日

ところで、洋装はどうだろうか。少数だが、洋装の制服を採用していたカフェーやレストランの例は知られている。制服的でない、自前による洋装としては、大阪の美人茶屋の女給の写真をすでに見たが、京都の祇園会館の柳咲子の写真も残されている（図28・図29）。

新聞記事によれば、女給長である柳咲子（本名：赤井よし子）は、断髪に青い洋装だった。数年前から、新聞や雑誌をにぎわしていた「モダンガール」を意識した可能性もある。

さて、ここまで見てきたように、一九二〇年代の女給のファッションでは、一九二〇年代の前期に、白いエプロンの女給という標準パターンが実際に広く浸透していた。その時、ファッションの主流は、和装であり、少ないが洋服の制服も都市部では採用されてもいた。また、二〇年代半ばには、この標準パターンのほぼ枠内での女給ファッションの多様化が都市部で起きていた。

しかし、標準パターンを崩し、女給ファッションにおいて変動が進む出来事も、二〇年代中期に大阪ですすんでいた。その変動はやがて関西を中心に広く進行していった。

女給ファッションのこの変動には三つの側面がある。第一には、脱エプロン化である。また、第二には、女給ファッションの華美化・高級化であった。第三点として、あまり強力ではないが、脱和装／脱着物の流れも同時に出現した。このうち特に重要なのは、「女給といえば白いエプロン」というイメージから離脱する脱エプロンの流れということができるだろう。

こうして、次の三〇年代は、イメージとしての白いエプロンは残存するが、実際には「脱エプロン」女給が、カフェーの中で客の隣に座ることになるのである。

4. 一九三〇年代のイメージと実際

では、一九三〇年代の図像などを見てみよう。ただ、女給のファッションに焦点を当てる前に、この前後での、カフェーの状況について簡単な整理を行っておかなければなるまい。

一九二〇年代から三〇年代初期にかけて、カフェージャンルでは大きな変動が生じていた。その要点は、次の三つにまとめられる。

一つは、カフェージャンルの分解と外縁の明瞭化・可視化である。

一九一一年にカフェージャンルが形成された時、洋風が基本であると受け取られていた。そのため、それ以前に存在していた例えば西洋料理店やビアホールやバーも、洋風というくくりで、カフェーとしても把握されるようになった。「再定義」というプロセスが起きた、と読むことができる。

このことは、カフェージャンルが、厳密に定義された上で共有化されていた、ということではなかったことを意味する。銀座に生まれたプランタン・ライオン・パウリスタが、それぞれ料理酒場・ビアホール・コーヒー店といった傾向を持っていたにもかかわらず、別ジャンルとはされずに同種のカフェーとして認知されていたという点でもこの「蒙昧」性は確認できる。

　このかなり漠然としたジャンルとしてのカフェーが、二〇年代に入ると、珈琲を主力とする喫茶店、料理を中心とするレストラン、酒場機能に重きが置かれた小空間であるバーなどといったものに分解分岐していく。その時カフェーの特色として浮上したのが、女給のサービスであり、カフェーは女給によってそのジャンル外縁がはっきりしたものになっていく。

　二つ目は、女給の仕事の重心の移動である。初期から、カフェーの魅力としてカフェーの女の存在、つまり、女給のチャームが語られ、認知されていた。しかし、女給の主な仕事はあくまでも飲食の注文取・運搬・給仕におかれていた。チャームの発揮や会話の交換は、副次的な機能であり暗黙の仕事であった。

　しかし、例えば脱エプロンを始めたとされる小堀勝蔵は、カフェー経営者としてそこを商品化することをすすめたのである。女給の仕事の重心は、給仕から身体接触を含んだ接客・接待へと移行していった。カフェーが、他のジャンルと差異化されるとき、これが一つの基準点とされるようになっていくのである[13]。

　三つ目として、三つの重要な歴史的出来事が起きたことをあげておきたい。

　一つは、カフェーにおける多店舗化・支店展開である。特に複数の繁華街や複数の都市で、同一資本のカフェーが複数店舗で開業していくという状況の出現である。都市間での展開は、一九二九年、大阪資本カフェーの京都進出、一九三〇年の東京進出という「事件」として記録されている。後者は、通常、大阪エロカフェーの東漸・銀座侵略とされているが、より本質的には、カフェー経営が企業化され多店舗化されていったということだろう。企業化に伴い、カフェーの大型化とシステム化、そして、高級化もすすんだ。ただ、残念ながら、この出来事とその周辺に関する包括的な記述や研究はまだない(14)。

二つ目はすでに言及しているが、女給の仕事内容の重心の移動、あるいは接客・接待という仕事内容の浮上という側面である。これは、現在わかるところでは、大阪のカフェーを震源として、関東大震災前後にスタートしている。女給の身体や女性性の意識的意図的な商品化ということができよう（名古屋のカフェーの動向も実は重要である可能性があるが、残念ながら、現在までのところそうした側面での実証的研究はない）。

三つ目の歴史的出来事は、先に引用した村嶋歸之の「大阪カフエー弾圧史」が語ったところの大阪における「カフエー征伐」である。これは、大阪商工会議所が、一九二九年七月、その総会に提出し採決したところ満場一致で可決となった「カフエー取締に関する建議」とその波紋である。「建議」の影響で、大阪府では、「カフエー、バー取締ニ関スル件（昭和四年十月十日親保第一五三号／大阪府警察部長ヨリ各警察署長）」が発出され「カフエー弾圧」あるいは「カフエー征伐」が展開した。この出来事に関しても、同じく包括的な記述や研究はまだ見当たらない。

このように、①カフェージャンルの分岐分解、②女給の仕事の接客・接待化（女給の商品化）、③大阪カフェーの企業化・支店展開と大阪からはじめられた弾圧征伐取締が、二〇年代半ばから三〇年代初頭にカフェージャンルで生じた変動とそれに関係する事柄であった(15)。

これらの変動は、当然女給ファッションへも影響した。例えば次の写真を見てもらいたい。一九三〇年一〇月ごろの撮影である（図30）。

これは、店舗名は不詳であるが、大阪のカフェーを写したものである。不景気のため客がいない状況が

図30『アサヒグラフ』1930年10月8日号

図31『アサヒグラフ』1931年4月22日号

示されている。注目してほしいのは、前のテーブルを囲んでいる六人の女給のファッションだ。

誰もエプロンをしていない。着物・和装が四人、洋装が二人である。髪型では、束髪も見られるが、パーマを当てているものや、短髪に見えるものもある。一九二六年秋の今と吉田による「銀座のカフェー服装採集」（図21）から四年でははるかに遠くへ来たということがわかるであろう。

店の大型化や高級化に伴うファッションの変容も観察される。

一九三一年四月二二日の『アサヒグラフ』に掲載された大阪資本の大きなカフェー「銀座会館」の写真（図31）を見ると、髪型と着物の柄や着付けに多様性がみられるものの、洋装の女給はいない。着物や帯からは、高級感が見て取れる。

別なカフェーの事例をみよう。「サロン春」である。『銀座細見』で大阪カフェーの銀座進出を「私は大阪が嫌いである。そこには何もない。あるものはエロと金ばかりだ。こんな文化が文化なら、我らは一日も早くブチ壊してしまわなければならぬ」と怒りまくった安藤更生も、このカフェーは高く評価した。安藤は、「サロン春」の経営者が大阪出身であることには気づいておらず、「グロテスク味がなく、まことに気持ちがいい」と感じていた。「サロン春」の写真には、一九三〇年も三一年も少数の女給しか映ってはいないが、全員和装だ（図32・33）。特に三一年の写真では、高級感のある着物・帯が観察できる。
一九三三年の「銀座パレス」の写真も残されている（図34-a、図34-b）。一九三二年開業で、「世界的大社交場」を標榜しており、キャバレーといってもいい大規模なカフェーとして、有名になった。

aの写真では、ドレス風の洋装女給が一人写っている。bの写真を見ると、ドレス風洋装の女給が四人と、その後ろに一人少し変わった洋装に身を包む女給らしき人物が見える。洋装自体も、高級化していたことがわかる。

一九三六年の『読売新聞』には「グランド銀座」の写真が残されている（図35）。この「グランド銀座」も「銀座パレス」と同様にキャバレー的な大カフェーであった。

写真を見てみよう。大勢の女給がいる中、

図32『アサヒグラフ』1930年8月20日

図33『アサヒグラフ』1931年4月22日

a

b

図34-a・図34-b『フォトタイムス』1933年2月号

図35『読売新聞』1936年3月31日

階段を下りてきているのは、藤田嗣治である。階上からはその様子を見ている人々がいる。女給のファッションに注目すれば、判読できる女給はみな和装だ。洋装はいない。もちろんエプロンも消滅している。女給の着物であるが、もしかすると藤田嗣治の図案かもしれない。「グランド銀座」は、女給募集の広告で、「藤田嗣治画伯・デザインの素晴らしいもの」を支給すると宣言していた。

一九三〇年代の半ば過ぎまで、女給のファッションは、高級化し美装化する方向へとすすんでいったことがわかる。藤田嗣治によるデザインの衣装／着物というのは、実現していないかもしれないし、例外的なものであったかもしれない。しかし、三〇年代の女給ファッションの極致を象徴するものであった、と意味づけることができそうだ。

ここにいたると、エプロンは、カフェー女給のリアルなファッションとしてはフェードアウトしていた。白いエプロンは、大衆を家族的にもひきつけていたデパートの大食堂などのウェートレスなどをニッチとするようになっていった。

5．おわりに（一九三八年から四五年）

最後に、カフェーを取り巻く政治社会状況へと目を転じてみよう。

一九三〇年代には、世界的に、また、アジア的に、軍事や政治が大きく動いていた。その動きは、歓楽に重心を移していたカフェージャンルをも当然のこととして巻き込んでゆく。大きな転機となったのは、一九三七年七月七日である。この日、日本軍は、北京近郊の盧溝橋で、中国軍と衝突した。この衝突から一九四五年の八月まで、日本は本格的な戦争を遂行することになった。

翌一九三八年四月一日に、国家総動員法が公布され、五月五日に施行される。日本にいる人々や物資・資源は、国防／戦争の目的達成のため、政府によって統制運用できることになる。

三七年、三八年を境として、カフェー女給のファッションを考える時の素材である写真や図像が激減する。おそらくそうした写真や図像自体が、「時局」に沿わず、国防／戦争の目的の達成に寄与しないと見なされたからだろう。[16]

a

b

図36-a・図36-b　『アサヒグラフ』1940年9月25日号

女給関連で時局に沿う写真として『アサヒグラフ』に残されていたのは「働く部隊の新体制」というキャプションのものだ。札幌のカフェーで働く全女給四五〇名あまりからなる「札幌カフヱー女子青年団」結団式の光景（図36-a・図36-b）である。

女給たちは軍服に模した国防色のコート状制服をまとい制帽の野戦帽をかぶっている。コートの下は、それぞれ自前の服のようだ。ほぼ全員が和装で、洋服と推定できる例もないわけではない。神社の鳥居の下を行進する女給たちは、「新しい一歩を踏出し」た者たちで「でれ男どもの心臓を寒からしめた」と解説された。果たしてこの格好で接客したのか、また、戦時の男たちはそこにチャームを感じたのか、不明である。

とはいえ、女給とそのファッションが公式に消え去ったのは、一九四四年二月二九日、高級享楽停止に関する非常措置（決戦非常措置要綱）が閣議決定されて以降、ということができよう。高級享楽と認定されていたカフェーの営業は停止／禁止となったのである。[17]

ある記録によると、カフェージャンルの、スタートを飾った、カフェープランタンは、一九四五年三月二〇日に、戦時建物強制疎開で取り壊されたらしい。[18] ただ、このことについての確実な証言や証拠は見つかっていない。

この論考では、主に、新聞雑誌に掲載された図像をもとに戦前の日本語文化圏での「カフェー／女給」「女給／白いエプロン」というイメージと実際の変遷をたどってきた。

実際のあり方でいえば、一九一一年にカフェーライオンからスタートした「白いエプロン」の「カフェーの女」というあり方は、一九二〇年前後には「白いエプロン女給」として標準化していた。やがて二〇年代半ば、大阪を震源とする脱エプロン化は、カフェージャンル分解などを背景としながら都市部を中心に影響力を行使していく。そのため、三〇年代に入ると、尖端のカフェーでは「白いエプロン」は完全に姿を消し、高級キモノや高級ドレス着用の女給が接客する場としてのカフェーが成立するのだ。その後、戦時体制が、社会のすみずみに侵入していく中、図像としての女給は急速に姿を消していくことになる。

しかし、おそらくだが、戦時体制下でも、イメージにおける「女給／白いエプロン」は、そのまま残存していたのではなかろうか。そのイメージは「作られた記憶」として、戦後へも持ち越され、現在にまで至っているといえそうだ。最古のカフェー女給写真（一九一三、「京橋銀座カヘー、ライオンの給仕女」）は、この「女給／白いエプロン」イメージを支える物資的存在として、今でもしばしば召喚されている。

〈文献および註〉

（1）この論文は、国際日本文化研究センターでの共同研究「近代東アジアの風俗史」での以下の報告をもとにしている。

①「カフェー研究の枠組みとカフェー表象――京都における初期のカフェー展開の事例を参照しつつ」二〇一八年六月二四日報告。

②「東アジアの「カフエー」や「カフエー関連文化現象」をいかに捉え比較・分析・記述していけるか?」二〇一九年一二月二二日報告。

③「日本語文化圏のカフエー再考――「女給スタイル」を考えたい」二〇二〇年七月一一日報告。

④「日本語文化圏の「カフエー」とは何だったか」二〇二〇年一二月二六日報告。

また、二〇二〇年に執筆出版した『幻の「カフェー」時代　夜の京都のモダニズム』（淡交社）の第七章「女給のファッションとカフェー建築」の「白いエプロンのイメージ」（一八四―一九三ページ）の記述を加筆修正している部分がある。

なお今回は、東アジア全体のカフェー女給に関して、そのあり方や図像を検討することはできなかった。

（2）ジャンルとしてカフェーを考えるという方向については以下を参照のこと。

斎藤光「ジャンル「カフェー」の成立と普及（1）」『京都精華大学紀要』三九号　二〇一一年　一三七―一六三ページ

斎藤光「ジャンル「カフェー」の成立と普及（2）」『京都精華大学紀要』四〇号　二〇一二年　九五―一三一ページ

斎藤光『幻の「カフェー」時代　夜の京都のモダニズム』淡交社　二〇二〇年

（3）斎藤光「第二七講 カフェーの展開と女給の成立」筒井清忠編『大正史講義【文化篇】』筑摩書房（ちくま新書） 二〇二一年　四六七―四八八ページ
ここでは、「女給」概念が成立していない段階のプレ女給的存在についても「カフェーの女」あるいは「女給」という言葉で統一的に論じていく。

（4）大食漢（松崎天民）「カッフエー」『東京朝日新聞』一九一一年八月二七日号、八月二八日号、八月二九日号、八月三〇日号、九月五日号、九月六日号。

（5）松崎天民『銀座』中央公論社（中公文庫）、一九九二年（原著、銀ぶらガイド社　一九二七年）。

（6）勧業博覧会にさかのぼることについては、ライオンのスタート時点では、それなりに知られていたようだ。例えば、国立国会図書館デジタルライブラリーで見ることができる『変装探訪世態の様々』（知久桟雲峡雨生著、一誠堂書店、一九一四年）には以下の記述がある。これは、カフェーライオンの客で「カフエー通の一人」の語りとされている。
「明治四十年の博覧会の時、不忍池畔にカフエー式のバアを築地の精養軒が出したのが抑々此店の初りで、当時新聞広告で女給仕を募集したのも此店独特のウエーターの元祖を為した、訳さ。それから博覧会が終つた後ウエーターは皆新橋カフエーに移され更に此店の開店とゝもに此所に転じて来たんだ。」（八〇ページ）

（7）一九一四年の初め、『京都日出新聞』では、当時勃興しつつあった京都市内のカフェーをルポする記事「カフェー巡」が14回にわたり連載された。一九一一年に開業した西洋料理店「萬養軒」（麩屋町錦上る）の支店「川端萬養軒」も京都のカフェーとして取り上げられている。

（8）絵葉書の通信文記載可能部の面積が全体の三分の一であるので、一九一八年三月以前に発売されたものであることがわかる。

（9）いずれの図版も、以下のものからの引用である。
藤本韶三編（織田一磨画）『織田一磨石版画全作品集』三彩社　一九七四年。

（10）『食道楽』「カフエーの巻」
『食道楽』第一三号　一九二八年八月一日発行。

ただし、この号は、丸善雄松堂から出された「復刻版上方食道楽食通」の付録である。

(11) 東京の場合も、ロシアカフェーというのがあり、写真が残されている。
『読売新聞』一九二六年一月五日号、「さァ、評判評判／「異国情調の女」／銀座のカフエーロシアに／現われた別嬪さん」

(12)『柳屋』第三五号「カフエーの巻」一九二八年五月一〇日発行。
なお、本論考との関係では、この雑誌の「編集前記」に以下のような記述がある。
「表紙の絵もヱプロン　松崎氏の文章にもヱプロンとカフヱー女給はヱプロンに依つて現はされますが現在の東京はまだその程度でも大阪のそれは最早や過去のもので僅かに喫茶店かテンインバー　サラリーカフの二三流所に其の名残を留てゐる現状です。」(五ページ)
東京では、エプロン女給であるが、大阪では、喫茶店や二流三流のカフェーにしかエプロン女給はいない、ということの語りは、当時(一九二八年前半時点)の女給ファッションについての貴重な証言である。

(13) この問題はさらに別の視点からの考察が必要になると思われる。芸者と女給の関係がどのようにあり、どのように捉えられていたのか、ということや、特に警察が懸念する「買売春」とどのように「女給」がつなげられ、あるいは、つながっていたのか、ということなどと関わる。

(14) 大阪資本のカフェーの東京進出は、ユニオンの人形町におけるカフェーとダンスホールの開店から始まる。これは一九二八年とされる。次に、サロン春が一九二九年に銀座に開店する。ただしサロン春の場合は、関西地方に店舗を持っていなかったので、「進出」と表現・把握できるかどうかはわからない。その後、一九三〇年になると、大阪に店舗を持つ美人座が六月に、日輪が一〇月に、そして、一一月に赤玉が「進出」する。いずれも大阪に店舗を持っていた。特に、三〇年の大阪新カフェーの出現が、当初は、エロカフェーの銀座進出ととらえられたと考えられる。

(15) 主に一九三〇年代に入ってからのことであるが、大きなカフェーに関係する専門的雑誌や、カフェー自体が自らを宣伝する書籍や雑誌が出版されるようになる。これらは、一九一〇年代や二〇年代にカフェーを拠点として発行された「文化系」雑誌とは性質を異にしている。三〇年代に発行されたものは、主に宣伝広告が目的であり、各カフェーの女給の写真が載せられていた。今回は、そうしたタイプの写真や図像についてはほぼ取り上げていない。

(16) 例えば、藤田嗣治がデザインなども含めてかかわった可能性もあるグランド銀座の場合、一九三八年一月三〇日に突然閉店となっている。それを報じた新聞記事では、「事変はこの種の営業の統制強化に拍車をかけてゐるので一先づ退却」するのである、と解説されている。

また、実際に大きなカフェーでどのような営業が一九三七年あたり以降なされていたのか、実ははっきりしていない。

大阪では、遅くとも一九四一年の春までは、「慰安」という概念の下、カフェーの営業がなされていたことは文献上確認できる。一九四一年三月二〇日発行の『大阪案内』（東出清光編、大阪商品研究会、一九四一年）を、国立国会図書館デジタルライブラリーで見てみると、「道頓堀」の紹介では、芝居の劇場や映画館と並んで、カフェーや喫茶店も解説されている。例えば「キャバレー・グランドパレス」については「…女給百数十名を擁する大キャバレーで、ステーヂを設備しダンスその他の催を繰返して客を呼んでゐる。」と述べている。これ以外にも「キャバレー赤玉」「キャバレー丸玉」「ニュー大阪」の紹介がある。

「天満宮付近」や「天六」の解説にも「キャバレー」や「カフェー」への言及が見られる。

カフェー営業がその時点（一九四一年三月）までなされた証拠と見て良いだろう。

(17) 谷崎潤一郎の「疎開日記」には、このあたりの状況が記録されている。

「疎開日記」の一九四四年二月二六日の記述は、次のように書かれている。

「二月廿六日、晴

高級興行物禁止、旅行の徹底的制限、高級料理屋、待合等の禁令出づ（向ふ一年間）三月一日より徐々実施する由なり」

また、谷崎は、同年二月二八日に、友人の笹沼から、「一席御馳走」の手紙を受け取り、三月三日、帝国ホテルで「最後の御馳走」の宴会に参加した。三月五日から導入される「高級演劇料理屋等休業」の実施直前の宴会であった。

谷崎潤一郎『疎開日記——谷崎潤一郎終戦日記』中央公論新社（中公文庫）二〇二二年。

(18) 銀座社交料飲協会編『銀座社交料飲協会八十年史』銀座社交料飲協会　二〇〇五年　八二ページ。

近代中国女性の婚礼衣裳における洋風化
——ベールの受容を中心に

劉　玲芳

（りゅう　れいほう）

一九九〇年、中国・湖南省生まれ。日本学術振興会特別研究員（ＰＤ）。大阪大学言語文化研究科日本語・日本文化専攻博士課程修了、博士号取得。日本学術振興会特別研究員（ＤＣ）、大阪大学日本語日本文化教育センター特任助教を経て現在、東京大学東洋文化研究所に所属。著書に『近代日本と中国の装いの交流史』。主な論文に、「中国における学生服の誕生と変遷」『風俗史学』第67号など。

はじめに

結婚式は一生一度の晴れの儀式だと我々は思っている。婚礼は何れの国、民族にとっても人生最大の祝典であるように、婚礼衣裳は我々にとって、人生の中で最も重要な服装である。二〇世紀の初頭の東アジアの結婚写真において、一つ面白い現象が現れた。たとえば、日本の結婚写真に、洋装の花婿に和装の花嫁という組み合わせがよく見られる。同時期、中国の結婚写真にも、洋装の花婿と伝統風の衣裳を身に纏っている花嫁の姿が現れている。日本と中国では、いわゆる和洋折衷と中洋折衷の新郎新婦が存在していたのである。しかも、日中両国の花婿の間では洋服がいち早く受け入れられたのに対し、花嫁衣裳の洋装化は遅れている。しかしそれらの写真をよく見てみると、日中両国の花嫁のコーディネートには一見、伝統風に見えるかもしれないが、実は髪型、髪飾り、服装のデザイン・模様などに若干の違いが見える。つまり花婿の洋装に遅れているものの、二〇世紀の花嫁衣裳において洋装化は実は少しずつ進んでいる。

先行研究には、近代中国の婚礼の変遷に関するものは少なくないが、それに関連して花嫁衣裳に関する若干の指摘もある。[1] たとえば張競瓊（二〇〇九年）は、文明婚礼[2]の場合、花嫁がよく頭に洋風のベールと花の飾りをかぶったり、旗袍《チーパオ》（チャイナドレス）にベールをかぶったりしていたとベールのことについて簡略的に述べている。[3] 李婧晗・賀陽の論文（二〇一二年）は中華民国時期の婚礼衣裳である旗袍に合わせる髪飾りについて考察したものであり、ベールのような中国の花嫁の髪飾りの由来とデザインについて分析している。[4] これらの記述を通じて、中華民国時代の花嫁衣裳に洋風の影響を受けていることがわかるが、ベールはどのように中国人に受け入れられ、実際にどのように用いられたのかなどといった疑問点が残っている。一方、東アジアの婚礼衣裳における洋装化を検討する際に、日中両国の共通点として、女性の頭から始まった洋風化は注目されるが、その点を明らかにする必要がある。そこで本稿は、中華民国時代の花嫁を中心に、当時の新聞と雑誌の記事を考察することによって、西洋からの舶来品であるベールが中国で受容されていた過程と実態について解明する。中国における結婚式の変容に伴い、婚礼衣裳にも大きな変化が起きた。中国の花嫁衣裳の洋装化においてベールを受容していった背景と理由についても考察する。

一　メディアに登場した三種の花嫁姿

中華民国時代に人気があった女性雑誌の『玲瓏』は、一九三四年に刊行された第百三十一号と第百三十四号において、連続で北京において被災者救済のために行なっていた奉仕公演の様子を報道した。この奉仕公演は一九三三年の夏秋頃に黄河で発生した大洪水の被災者のための公益的な活動であった。当時の奉仕公演に登場した女性には、セレブや有名人を含んでおり、彼女たちによりファッションショーや花嫁衣裳の変遷を示すショーが行われ、そのことは『玲瓏』に掲載されている多数の写真から当時の様子が窺える。第百三十一号に載せている三人の花嫁の姿（図1）に注目すると、他の古い伝統式の花嫁衣裳姿の写真と比べて、図1の中の花嫁のモデルたちのコーディネートはなんだか中国スタイルと西洋風と混合している

図1　『玲瓏』第百三十一号の挿絵写真（1934年2月）

雰囲気が味わえる。具体的に、左から右へという順番で見ていくと、旗袍風のワンピースの女性（左）と洋風のワンピースの女性（中）と伝統式の上衣下裙（上着とスカートのツーピースの衣服）スタイルの女性（右）が見られる。それに、三人とも洋風の長いベールをかぶっている。この三種類の花嫁のコーディネートは当時の人から見れば、非常におしゃれなスタイルだったと思われる。だが、この中の洋風のドレスに洋風のベールという組み合わせを除き、ベールはなぜ中国人女性の民族衣裳と融合できるようになったのだろうかという疑問が残る。

一方、中華民国時代の服装研究家が、同時代の花嫁衣裳について紹介した文献資料がある。一九三五年五月二五日付の『大公報』の第一一面には、許地山(5)という中華民国時代の大学教授・服装研究家により書かれた記事を掲載している。「近三百年来底中国女装」（続二）を標題とする記事には、三百年来の中国人女性の礼服を中心に紹介している。(6) 記事の中の三枚の写真（図2）は中華民国時代の婚礼衣裳を代表できるものだと紹介している。真ん中の写真は民国一五、六（一九二六〜一九二七）年の間で、中国の北方にある新郎新婦が清王朝

図2　許地山「近三百年来底中国女装」（続二、『大公報』1935年5月25日、第11面）

時代の伝統衣裳を着ている様子を映したものである。左側の写真は民国一五（一九二六）年頃、北京で撮影された新郎新婦のものである。新郎は洋服っぽい服装を着ており、新婦は当時流行りの上着と伝統式のロングスカートを着用している。頭には長いベールをかぶっている。最後の右側の写真の横にある許地山の説明文によれば、新郎新婦が着ている衣裳は一九二〇年以来最も流行っていた婚礼衣裳であった。この写真の中で、新郎は洋風の礼服を着ており、新婦は伝統風の上衣下裙を改良したものを着用しているが、地面に引きずるような長いベールをかぶっている。一見、一九二〇年代の婚礼衣裳はバラバラであるように見えるが、真ん中の伝統式の婚礼衣裳を除き、左側と右側の写真をよく比べてみると、花嫁衣裳のある共通点を見出すことができる。それは、花嫁の衣裳は異なっていても、必ずベールのようなものをかぶっていることである。

以上のことからわかるように、中華民国時代、つまり一九一〇～一九三〇年代において、中国には四種の花嫁スタイルが存在していたのである。だが、本稿では古い伝統式の花嫁衣裳は考察対象としない。一九一〇～一九三〇年代の中国に新たに現れた花嫁のコーディネートは簡単に言えば、「上衣下裙にベール」「旗袍にベール」「西洋風ドレスにベール」という三種のものであることがわかった。

さて、この三種の花嫁スタイルは中国の女性雑誌ではどのように紹介されていたのだろうか。筆者は中華民国時代の主流の女性雑誌である『婦女時報』（一九一一～一九一七）、『婦女雑誌』（一九一五～一九三一）と『玲瓏』（一九三一～一九三七）（以下、三誌と称す）の中の口絵写真と挿絵写真について考察を行った。一九一〇～一九三〇年代の女性雑誌における結婚写真を収集、分析することによって、花嫁衣裳の概況を把握できた。その結果は次頁の表1の通りである。

雑誌名（刊行期間）	中国新式婚礼衣裳		西洋風婚礼衣裳
	上衣下裳＋ベール	旗袍＋ベール	西洋風ドレス＋ベール
『婦女時報』（1911-1917）	28 枚	0 枚	3 枚
『婦女雑誌』（1915-1931）	0 枚	5 枚	1 枚
『玲瓏』（1931-1937）	2 枚	1 枚	11 枚
合計	**30 枚**	**6 枚**	**15 枚**

表１：1910～1930年代の中国に現れた新しい花嫁スタイル

表1の結果を分析してみよう。一九一〇～一九三〇年代の女性雑誌の結婚写真において、全身のコーディネートを西洋風の婚礼衣裳にする花嫁と、中国の伝統衣裳と洋風のベールと組み合わせる花嫁と比べれば、前者より後者のほうは二倍以上多かったことはわかる。中国の新式の花嫁衣裳には、漢民族式の上衣下裳と満民族の旗袍を改良したチャイナドレスの二種類がある。だが、一九一〇年代の『婦女時報』において、最も人気があった花嫁衣裳は中国漢民族式の上衣下裳にベールをかぶるスタイルであった。ここから、「ベール」という西洋の花嫁が結婚式で頭にかぶる飾り物は、一九一〇年代という時点ですでに中国人女性の間で受け入れられていたことが推測できる。また、旗袍とベールの花嫁スタイルは筆者が調査した女性雑誌から見れば数少なかったものの、実は一九三〇年代の新聞ではしばしば取り上げられていた。この点について、第三節で詳しく述べる。

以上、一九一〇～一九三〇年代の中国の女性雑誌における花嫁衣裳の全体的な状況を概観的に見てきた。もちろん、主流として伝統風の結婚衣裳が依然として多くの女性に着られていると思われるが、都市部では一部の女性たちには西洋風のベールと洋風の影響を受けた伝統衣裳を受容する傾向が見られるのも事実である。

次に、このような西洋化の影響を受けつつある花嫁衣裳において、ベールはどのように中国人の女性に受容されていったのか、そして、結婚式の変化に伴って花嫁衣裳はどのように変化していくのか、などの疑問を解消するために、次の内容を見ていこう。

二　ベールと文明結婚

管見の及ぶ限り、三誌において、最も早く伝統式の花嫁衣裳の一部としてベールが使われたのは一九一一年七月の頃、『婦女時報』（第二号）に掲載されている写真である。その写真は劉吉生と陳定貞という新婚夫婦の結婚記念写真である（図3）。二人は一九一一年四月二三日に新式結婚を行う際に撮影されたそうだ。

図3　劉吉生と陳定貞の新式結婚記念写真（『婦女時報』第二号　1911年7月の口絵写真）

写真の中で花婿の劉氏は白いシャツの上に大礼服を着て、下にズボンをはき、革靴を履いている。完全に洋風化された花婿に対し、花嫁の陳氏は改良したような漢民族式の上衣下裙の格好であった。一見、彼女は伝統的な花嫁ではないかと思われるかもしれない。だが、実は、彼女が着ている服装は従来の花嫁の伝統衣裳（全身が赤色で刺繍などが施されている豪華な衣裳、鳳冠霞帔と呼ばれるもの）ではなく、当時の女性の常服を改良したものだと考えられる。たとえば、高い襟と裾の部分はレース風のものであり、服装の色も赤ではなく、白のような浅い色であった。さらに、一番気になるのは、彼女の頭の上に西洋の花嫁が用いるベールをかぶっているのである。一九一一年といえば、ちょうど清王朝と中華民国の交代の時期である。しかし、中国人にとって最も重んじる伝統的な場――結婚儀礼において花嫁が改良した伝統服に西洋のベールを用いることはいかにも大胆なことであろう。ただ、残念ながら、新郎新婦の出身と身分について情報がなかったため、どういう経緯で斬新な婚礼衣裳を選んだのかはわからない。

『婦女時報』の掲載写真のキャプションに「文明結婚」という言葉が初めて現れたのは一九一二年七月頃であった。『婦女時報』（第七号）の中に掲載されている一枚の結婚記念写真に注目する。写真の真ん中に伝統風の上衣下裙にベールをかぶっている花嫁と洋風の礼服を着ている新郎が立っている。二人は家族と友人のような人たちに囲まれている様子であった。若い男性たちが洋服を着ている以外、他の女性と年寄りの男性はほとんど伝統衣裳を着ている。新郎は趙月潭、新婦は張愛墨という名前で、写真の下にあるキャプションには二人の結婚は「文明結婚」と明確に記している。ここに、一九一二年七月という時点で、「文明結婚」という言葉は本稿で取り上げている三誌の結婚写真のキャプションに初めて出てきたことがまず確認できる。だが、この「文明結婚」というのは伝統的な結婚式とどう違うのか。服装という視点から言えば、新郎は洋風の衣裳を着用し、新婦は伝統風の衣裳にベールをかぶるという特徴がわかった。ところが、このような新式結婚を挙げる人は一体どんな人なのかという疑問が残る。キャプションによれば、花嫁の張愛墨は清朝末期に上海の有名な実業家である張叔和の六番目の令嬢である。そこで、『婦女時報』に掲載されているこの結婚記念写真は実は裕福な家庭のお嬢様の新式的な（中洋折衷の）結婚式を示すものであった。当時、自分たちの結婚が文明的な結婚だとアピールするために、表面から新郎新婦の衣裳を変える必要が生じたのではないかと筆者は考えている。しかし、男性ほど完全に洋装化するのは難しかった時代において、ベールを用いること、つまり洋風的な要素を花嫁衣裳に取り入れることは文明結婚として認められるには十分な効果があったと言えよう。

一九一二年以降、つまり中華民国の時代に入ってから、『婦女時報』にはベールをかぶって撮影された花嫁の写真は少しずつ増えた。表1で述べたように、『婦女時報』には伝統風の上衣下裙にベールをかぶる花嫁の写真は合計二八枚があった。その中に、最も多く掲載された時期は一九一三～一九一五年の三年間であった。

図4　唐紹儀と四人目の若い奥様の結婚記念写真（『婦女時報』第十号、1913年5月　9頁）

この間、『婦女時報』に取り上げている有名人や政治家などの結婚式に花嫁がベールを用いる事例が増えた。具体的な例を挙げると、一九一三年の『婦女時報』には同時に親娘二人のそれぞれの結婚写真を掲載している。父親の唐紹儀（初代中華民国国務総理に任命された政治家・実業家）が四人目の若い奥様を迎える際の結婚写真には、花嫁の呉氏は派手な伝統風の上衣下裙に地面に長く引いているベールをかぶっている[7]（図4）。娘の唐宝玥（唐紹儀の五番目の令嬢）が顧維鈞（後の中華民国の有名な政治家）と結婚する際にも、洋装姿の新郎に対し、新婦は伝統風の上衣下裙を改良した服装を着用し、頭の上にベールをかぶっている。(8) また、河南省軍政長官の息子・田章燕の結婚写真にも、新郎の洋装に対し、新婦は伝統風の上衣下裳にベールをかぶっていることが確認できる。(9)

以上の事例を通じて、一九一〇年代以降、『婦女時報』に紹介している文明結婚の記念写真は、新郎新婦の身分が裕福な家庭の出身の上流階級の人たちと政治家などの有名人に集中していることがわかった。そして、文明結婚という新式の結婚式を挙げる場合、女性の婚礼衣裳にとって、ベールは欠かせない装飾品だったと言えよう。

図5「男子択妻図」の部分拡大（『家庭萬寶全書』第三巻　中華図書集成公司　1918年12月　75頁）

ベールが中国の婚礼衣装に登場した最初期の頃、上流階級の花嫁に独占されていたと思われるかもしれないが、面白いのは、他の一般の書籍にもベールをかぶっている花嫁姿が見られる。一九一八年一二月に出版された『家庭萬寶全書』（第三巻、中華図書集成公司）には、「男子択妻図」という挿絵に描かれている花嫁の衣裳はまだ伝統式な上衣下裙であるが、頭の上に洋風のベールをかぶっている様子が目立つ（図5）。それに、花婿は相変わらず洋風の礼服のようなものを着ている。また、同書の第六巻には、「新婦之指導」というタイトルの挿絵の中に、同様に伝統衣裳にベールをかぶっている花嫁姿が見られる。上述した『婦女時報』は、女性の思想、恋愛、生活、婚姻など様々な分野の記事と写真を掲載している女性向けの雑誌である。ところが、『家庭萬寶全書』は女性雑誌ではなく、男性と女性を含む家族全員に対し、生活のあらゆる方面から参考できる情報を提供しているガイドブックのような本であった。『家庭萬寶全書』の挿絵として書かれた花嫁の姿を通じて、「伝統衣裳に洋風のベールをかぶっている花嫁」というイメージはもはやまれな事例ではなくなり、ある程度で社会の中で知られて、しかも家庭の中で徐々に浸透していく傾向が見られる。

以上、全体的に見てきたように、一九一〇〜一九二〇年代の間、とりわけ中華民国初期において、今まででなかった新式結婚（文明結婚）を挙げる場合、洋装姿の花婿に対し、ほとんどの花嫁は中洋折衷風のコーディネートの姿であった。具体的には、花嫁は伝統風あるいは改良した上下二部式、ツーピースの上衣下裙を着用し、それに、頭部には必ずベールをかぶっていた。だが、一九二〇年代末から、花嫁衣裳には大きな変化が起きた。

一九二〇年代末からツーピースの上衣下裙とベールの組み合わせだけでなく、チャイナドレスとベールの組み合わせの花嫁の写真も現れた。たとえば、『婦女雑誌』（第一五巻第一〇号、一九二九年九月）の口絵写真[10]には、掲載されている四組の新郎新婦の結婚記念写真の中に、三組の花嫁は旗袍を着用しており、残りの一組の花嫁は改良された上衣下裙を着ている。四人の花嫁の衣裳には若干の違いがあるが、四人ともベールをかぶっている様子がわかる。

要するに、一九二〇年代後半から、ほとんどの花婿の洋装に対し、花嫁衣裳の選択肢には従来の上衣下裙のツーピース以外、ワンピースの形の旗袍も登場したのである。さて、時代の変化に伴ってベールはどのように変わっていくのか、次の節で見てみよう。

三　集団結婚に必須なアイテム――ベール

一九一〇年代から一九二〇年代まで、三誌の中で掲載された花嫁の新しいコーディネートには、確かに上衣下裙とベールの組み合わせは最も多かった。だが、上述したように、一九二〇年代末から旗袍とベールの組み合わせをしていた花嫁の写真も増えてきた。その背景には、一九三〇年代に入ると、旗袍が都市部の女性の間でその黄金期を迎えるようになったのである。それに伴い、花嫁の衣裳にも大きな変化が起きた。それは、上衣下裙という中国伝統風のツーピースのスタイルが旗袍に取り替えられ、徐々に旗袍とベールの組み合わせは定番になっていくのである（図6）。この過程の中で、「旗袍・ベール」と関連する「集団結婚」というキーワードが自然に浮かび上がってくる。

図6　旗袍とベールの花嫁の組み合わせ（『婦女雑誌』第十五巻第十号　1929年9月の口絵写真）

集団結婚に関する資料は少なくないが、一般的に中国において最初に集団結婚を行ったのは上海だと言われている。[11] 中華民国時代以降、西洋から恋愛自由の思想と風潮の影響を受けて、男女が自由に恋愛をして文明結婚をしようと考える人は徐々に増えてきた。[12] さらに一九三〇年代以降、伝統的な結婚式の不経済、煩わしい儀礼などの欠点を改善するために、倹約合理的な結婚式を求める需要が生じた。複数のカップルが集まって同時に新しい形式の結婚式を挙げる、いわゆる「集団結婚」はこのような社会背景の下で誕生したのである。

中国における最初の集団結婚は上海市社会局に主導され、一九三五年四月三日に上海の市役所ホールにて開催した。[13] 五七組の新郎新婦が参加し、当時の上海市の市長までも会場に出席して講演を行った盛大な婚礼であったそうだ。初回の集団結婚から、参加者のカップルの婚礼衣裳について詳しいルールを規定した。一九三四年一二月九日付の『申報』の第一面に載せている「新生活　集団結婚規定」という記事を参考にして、その中に、ベールに関して、「六、不用嬪相、但新娘如用軽紗、可酌帯提紗児童、但至多不得過二人」と記載している。大意は、花嫁が介添え人を使うことは不可だと強調した後、ベールを使うことは可能だとしている。しかも、ベールを引きずらないように持ち上げ、花嫁をサポートするベールガールを連れてくることも許された。ただし、子供の人数は二人までだった。この集団結婚の目的は無駄なお金を使わず、より経済的合理的な結婚式を挙げようと一般の若いカップルにアピールしていることはすでに述べた。だが、介添え人の利用を反対したのに、ベールの使用、しかもベールガールの参加までも許された。このことにより、ベールは一九三〇年代以降、もはや一九一〇～一九二〇年代のように上流階級の奢侈品ではなくなり、一般の花嫁にとってもごく普通の装飾品になったことがわかった。それに加えて、一九三〇年代以降、一般人の花嫁にとってもベールは欠かせないアイテムであったことを読み取れる。だが、同じ記事に、新郎新婦の服装がすべて礼装で統一すると指示しているが、具体的な形、色などに関する記載はなかった。

ところが、翌年の一九三五年二月一六日、つまり正式の集団結婚式の一カ月半ほど前に、『申報』に「集団結婚規定礼服式様」を標題とする記事があり、初回の集団結婚式に参加する新郎新婦の礼服について詳細に指示している。その中の一部の内容を見てみよう。

特規定集団結婚之礼服式様、新郎則藍袍黒褂、新婦則妃色旗袍、刻已與本埠美亜織綢厂商妥、令其承製該項以真糸製成之礼服材料、規定甲種男礼服袍褂衣料十五元、乙種十二元、女甲種五元六角、乙種四元二角、価目均限一律、下月十日即可織就、凡参加集団結婚者、均須衣該厂製定之礼服、唯如有貧困無力購備此綢料之礼服者、亦可用布料、但須向該局索取礼服顔色、照様製就、始為合格規定之兜紗、亦須向該厂定租、租費毎件一元五角、礼服衣料規定須如此価廉者、蓋欲符合提倡集団結婚倹約之本意。[14]

この一文の中で、主催者側が集団結婚に参加希望の新郎新婦の服装の種類をまず事前に決めたことがわかった。具体的には、新郎の場合は青色の長袍《チャンパオ》（清朝時代の男性の常服、ワンピースの形）に黒色の馬褂《マーグア》（清朝男性の礼服、長袍の上に羽織るコート）、新婦の場合はピンク色の旗袍の着用を指定している（図７）。ここでは、集団結婚、つまり節約の結婚式を挙げる場合、男女ともに伝統風の衣裳を着用させる意図が読み取れる。また、伝統風の長袍馬褂と旗袍は安価な値段で購入できるものなので、倹約を提唱している集団結婚の主旨と一致する。さらに、婚礼衣裳の入手の方法、値段などに関して、上の文章の中でも詳しく述べている。その中に、購入先が限定されている。主催者の上海市社会局と美亜織綢厂という婚礼衣裳の生地を販売している会社と合意して、集団結婚の参加者の新郎新婦が美亜

図７　節約集団結婚（『申報』1938年10月11日、第12面）

織綢厂から婚礼衣裳の生地を購入しなければならないことを決めたのである。新郎用と新婦用の生地の値段は種類によって異なっている。たとえば、新郎用の婚礼衣裳は二種類があり、値段はそれぞれ一五元と一二元である。新婦用のものも同じように二種類があるが、値段はだいぶ安い。それぞれは五元六角と四元二角であり、新郎の生地の値段の三分の一程度である。ただ、新婦の場合、ベールが必要なので、一元五角で美亜織綢厂からレンタルできるという。

ところが、集団結婚の婚礼衣裳を提供するには、なぜ美亜織綢厂が唯一の会社として選ばれたかというと、一九三五年三月一〇日付の『申報』の記事から理由がわかる。[15] その理由は、上海市社会局が色んな情報を調べた後、美亜織綢厂の商品が一番安価でお得なものだと認めたからだ。それに加えて、美亜織綢厂が国産の生糸を使用していることも重要なポイントだったようだ。ここから、一九三〇年代の後半になった時点で、国貨、つまり国産のものを支持する風潮の中で、集団結婚の婚礼衣裳に大きな影響を及ぼしたと考えられる。

ここに、一つ見逃してはならない重要な情報がある。一九三〇年代以降、集団結婚に参加する場合、新郎新婦の標準式の礼服に関して、男性は「藍袍・黒褂」、女性は「旗袍・ベール」という情報がまず読み取れる。ところが、一九一〇～一九二〇年代の間、実際に雑誌、新聞紙に掲載している結婚写真を見れば、花婿は洋服、花嫁は基本的に上衣下裙のツーピースを着用していたことは前の節ですでに述べた。なぜ、一九三〇年代以降、新郎新婦の服装の様式にはこのような巨大な変化が起きたのだろうか。

理由には一九二九年、南京国民政府により新しい『服制条例』が発布され、男女の服装に新たな規則を定めたことに関わっていると推測できる。一九二九年に新たに発布された『服制条例』の中に、具体的に、男性の伝統式の藍袍黒褂は再び礼服として採用される一方、西洋人を模倣した洋服（礼服）の推奨は停止するようになった。女性の場合は、上衣下裙の伝統様式に旗袍のような形のワンピースのものも加えられたが、当時はそのワンピースをまだ旗袍と呼ばれなかった(16)。こうして、制度上から藍袍黒褂と旗袍を礼服として位置づけたのである。一歩進んで、より深く考えると、女性の場合はともかく、男性の礼服の場合までも洋服を廃止し、中国風のものを重視するようになったのは、何らかの理由があるはずであろう。一九二〇年代後半から一九三〇年代の新聞紙には、「国貨提唱」という言葉が頻繁に取り上げられていることから、両者の間にある関係を持っているかもしれない。一九三五年三月二一日付の記事は、集団結婚を利用し、新郎新婦に国産の生地で作られた伝統風の安価な礼服を購入することによって、節約結婚の目的を満たすとともに、国貨（国産品）を支持することにつながっていると指摘している(17)。ここに、国産品を支持することはどのような意味を持つかというと、中国銀行の外貨を増加させ、中国の経済を救済する効果があるからだ。新郎新婦の衣裳の話から中国の経済まで論じるのはどう考えても大げさな話ではないかと思われるかもしれないが、一九三〇年代前後の中国の経済に大きな影響を及ぼしたのは服飾関連の紡績業であったことは事実である。中華民国時代の有名な服装研究家の許地山によれば、民国初年は西洋の服装を推奨していたため、洋服を作るのに、国産の生地を使わず、ほとんど外国の輸入に頼らざるを得なかった。そうすると、中国銀行の外貨は大量に減少し、結果的に経済の不況に及んでいた。中国民族紡績業の全体が最も大きなダメージを受けていたにも関わらず、他の装身具や雑貨類のもの、たとえばメガネ、ネクタイ、携帯用鏡など外国からの輸入は大量に増加し、国内の経済に大きな悪影響を与えたという(18)。こうした中で、当時の中国の経済を救済しようとするために、注目度が高い集団結婚の社会への影響力を利用して、新郎新婦の衣裳に意図的に国産品を採用した一面が窺える。

初回の集団結婚を行なった後、世間からの反応はよかったようだが「集団結婚規定」によれば、毎月の一回目の水曜日は集団結婚の日とされて、上海の市役所のホールにて行なうことになった[19]。一九三五年四月三日に上海市社会局が主導する最初の集団結婚の儀式が行なわれて以来、上海で行なわれた集団結婚の回数と参加者の人数は李凱鴻の研究結果を参照すれば合計一三回程度行われ、一二三三組の新郎新婦は参加した[20]。具体的には、「一九三五年に五回程度で行われて、四〇八組の新郎新婦が参加した。一九三五年に六回ほど行われ、参加した新郎新婦は六二〇組、一九三七年に二回しか行われなかったが、二〇五組の新郎新婦が参加した」という[21]。このデータから当時上海における集団結婚の人気ぶりを想像できるだろう。

集団結婚の人気ぶりはたちまち上海近隣の地域、さらに農村までにも影響を及ぼしていった。上海市社会局が主導した最初の集団結婚が行われた七カ月後、江蘇省にある無錫市では一回目の集団結婚を開催した。一九三五年一一月一日付の『大公報』の記事によれば、当日、合計一七組の新郎新婦が参加し、にぎやかな様子だったようだ。新郎新婦の衣裳を見てみると、新郎は藍袍黒褂の格好であり、新婦はピンク色の旗袍に白いベールのコーディネートで統一されていることがわかった[22]。また、同じ記事には「新婦たちが白い手袋をつけて、花嫁ブーケ（花束）を手で持ち、非常にきれいで質素な印象であった」と称賛している。こうして、無錫と上海の集団結婚における参加者の婚礼衣裳がほぼ同じものであることは確認できる。同様に、上海近隣の農村でも集団結婚の影響を受け始めた。一九三七年頃、上海の近くにある高橋（現上海市浦東新区に所属する町）という農村で初めて集団結婚を行なった。経済的にあまり余裕がない農村の新郎新婦であるが、意外にも上海の集団結婚と同じような形で行なった。花嫁衣裳としてあめ色の旗袍が指定され、ベール、花嫁ブーケなどの小物も使われたという(23)。

以上のことからわかることは、上海を中心とする大都市や上海近隣の都市、農村において、集団結婚の影響に伴い、イメージとして「新郎の場合＝藍袍・黒褂、新婦の場合＝旗袍・ベール」という組み合わせが一九三〇年代以降徐々に定着していったということである。一方、男女の結婚衣裳には伝統へ復帰する傾向が見られるものの、本来舶来品であったベールはかえって中国の結婚儀式の文化に溶け込んでいたように見える。言い換えれば、一九三〇年代以降、ベールはもはや一九一〇〜一九二〇年代の一部上流階級あるいは先進的な知識人の専有するものではなく、節約的な婚礼を求める一般の大衆の間でも受け入れられたのである。これにはベールの販売状況と価格の低下という要因が関わっていると思うが、次の節で詳しく述べる。とにかく、一九一〇〜一九三〇年代の中国において、ベールは新しいスタイルの結婚式を求める花嫁にとって欠かせないアイテムの一つとなったことが言えよう。また、不思議なのは花嫁の服装として、上衣下裙から旗袍へと変わっても、洋風のベールの使用が花嫁衣裳の中でほとんど変わらなかった。舶来品であったベールが中国人女性の伝統風の服装に合っていたという考え方は少なくとも当時の人たちが持っていたのだろう。

四　ベールの広告とその人気

女性雑誌には一九一一年頃からベールを使用した花嫁の写真を掲載し始めたが、新聞紙に載せているべールの広告はそれより十年ほど遅れている。以下、当時、中国の最大の影響力を持っていた新聞紙の『申報』と『大公報』におけるベールの広告について見てみよう。

管見の及ぶ限り、『申報』と『大公報』の中で、ベールは「兜紗」、「頭紗」、「白紗」という三つの呼び方が用いられた。ベールの広告として最も早く掲載されたのは一九二三年八月五日付の『申報』にある先施公司の広告である。「近数十年来中国各大都会男女装飾之異同」の執筆者である屈半農によれば、当時、中国では唯一の大規模を誇るデパートメントの先施公司が世界から輸入した最先端の流行品を販売し、上海を拠点として最新のファッションを中国全国に発信する力を持っていた[24]。一九二三年、先施公司の夏の広告に、「結婚兜紗」というものが初めて出てきた。説明文によれば、先施公司で販売しているベールは上質な生地で作られたものであり、生地の上に当時流行っている花模様の刺繍が施されているという。そして、ベールの色は緑と白の二色から選べる[25]。さらに、値段も明確に記されており、一枚で七元半から一三元半くらいである。同じ広告に載せている子供の夏用の洋服が一着（上下を含む）で三元七角半であるのに対し、一番安いベールの金額でもほぼ二着の子供の洋服を買えるほどであった。ここから、当時、有名な百貨店で売っている花嫁用のベールは非常に高価なものだったことがわかった。さらに、翌年の二月一二日の『申報』の記事には、同じ先施公司において新しく入荷した「結婚兜紗」の値段は一層高くなり、一枚で九元七角半から一四元半七角半となった[26]。半年の間でベールがよく売れたのだろうか、値段が上がっても販売の心配はなかったようだ。

先施公司より少し遅れてベールを商品として扱っていたのは上海南京路と四川路のあたりにある恵羅公司であった。一九二四年一一月三〇日付の『申報』の広告において、「女界結婚兜紗時式美麗」という標題

図8　恵羅公司のベールの広告（「女界結婚兜紗時式美麗」『申報』1924年11月30日、第8面）

で自社のベールをアピールしている。(27) 先施公司のように、品質の一番よい生地を使って流行の花模様を刺繍していると書かれているほか、浅い赤と白色の二色がある。しかも、三種のサイズによって、値段は一二元半から一八元半である。同じ広告には、当時、男性用の洋服のコート（冬物）が一着で一五元に対し、一枚のベールの値段がどれほど高かったかを窺える。他に、恵羅公司のベールの広告には、女性モデルが透けているベールを頭にかぶっているイラスト（図8）を通じて、視覚的に消費者に新しい花嫁のイメージを伝えようとしたのだろう。

　こうして、百貨店で高価な商品として販売しているベールがある一方、一九二六年頃からレンタル用のベールも登場した。管見の及ぶ限り、『申報』と『大公報』において、最も早くベールのレンタルを扱いはじめたのは亨利西服号という洋服屋であった。この店はそもそも洋服の製作、販売、レンタルを中心に扱っており、上海西華徳路外白大橋虹口滙豊銀行の隣に店舗があるという。レンタルできるものは、男女用の結婚衣裳、男性用の燕尾服、女性のベールなどであった。(28) 広告には、安価な値段でレンタルできると書かれているが、残念ながら実際の値段はわからない。

　この後、ベールを取り扱う服飾の会社と洋服屋はますます増え、徐々にベールの購入よりレンタルのほうが主流となっていった。例を挙げると一九二八年、中国において唯一の女性の服飾を専門的に扱い有名だった雲裳公司の広告には、花嫁衣裳とベールのレンタルを宣伝している。(29) また、一九三〇年四月二二日に時新昌綢緞局（生地を販売する店）、一九三一年三月二九日に天福洋服公司、そして、一九三三年九月九日に華新公司が次々と『申報』においてベールのレンタルの広告を出している。いずれも安い価格で提供しているとアピールしているが、残念ながら、いずれも具体的な金額を提示していない。他に、面白いことは、先述した高価なベールを販売していた恵羅公司は一九三〇年頃の広告では、提示しているベールの金額には変化があった(30)。新しく入荷した三ヤード程度のピンク色のベールは約一元半であり、白の場合は五元半～九元半となる。しかし、長さは四ヤードになると、なんと四二元半になる。やはり、大衆に受け入れやすいピンク色のベールに対し値段を抑えて、他のライバルの店と抵抗していたのだろう。ただ、四ヤード程度の特に長いベールの値段は相変わらず非常に高かった。

　一九三五年以降、新聞の広告には、非常に長いベールが出現した。一九三五年一〇月一二日付の華新公司の広告において、八ヤードのベールのレンタル費用はなんと三五元と記載している(31)。同じ広告には、上等の女性用コートの一着で販売価格は二五元だったのに対し、八ヤードのレンタル費用はコートの販売価格をだいぶ上回っている。ここから、長いベールはどれほど高価なものだったのかがわかる。一年後、八ヤードのベールのレンタル価格には安い値段のものもあるが、たとえば、華新公司の場合、秋のセールの際に、レンタル費用は一〇元であった(32)。ところが、同じセールの商品の中で、オーダーメイドで一着の礼服の販売価格の三五元と比べたら、八ヤードのベールのレンタル費用は決して安いものではないと思う。八ヤードは現在通用の長さに換算すれば、約七・三メートルに相当する。よほど大きな結婚式場でないと、花嫁が使う機会はほとんどないだろう。

　ここまで、新聞紙に載せているベールの広告を通じて、一九二〇年代から一九三〇年代におけるベールの販売と消費の状況について確認した。一方、中国の花嫁の間で、どのようなベールが使われていたのか、その点から解明できる資料も発見した。上述した有名な服装研究家の許地山が『大公報』に投稿した記事（「民国一世：三十年来我国礼俗変遷底簡略的回観」）によれば、文明婚礼を行う場合、中国の花嫁が使うベールは最初期の頃、真っ白ではなく赤であり、徐々に濃い桃色あるいはピンク色に変わって、最後に欧米のように真っ白となったという経緯がわかった(33)。ところが、ベールが完全に白色になると、婚礼儀式の中でタブー視される色となり、中国の葬儀の中での規範を逸脱するという意味もあり、かなり批判されたそうだ。たとえば、同じ許地山の話によれば、当時のお婆さんが「現在の花嫁を見てみなさい。夫がまだ死んでいないのに、喪服（白のベールをかぶっている姿）を着ているなんて！」と叫びながら、洋風の影響を受けた新しい花嫁の格好を厳しく批判している。ベールは花嫁のおしゃれなコーディネートに欠かせないアイテムとして受け入れられたことはわかったが、問題になるのは、ベールの色と形が中国の婚礼の伝統文化に背く点であった。『婦女雑誌』に掲載されている中華民国時代の各地の伝統婚礼に関する多数の記事(34)の中に、赤はめでたい色であり、吉を意味しているため、結婚式を挙げる日、新郎新婦のみならず、婚礼に直接関わるすべての人、物にも赤色を用いる習慣がある。それと反対に、喪の色として白が一般的で、不吉と視されるため、婚礼に使われるのがタブーであった。

　そこで、新聞紙に載せているベール広告からわかるように、中国で販売されていたベールの色は実は緑から桃色あるいはピンク色に変わってゆき、最後に西洋の花嫁と同じような真っ白の色となったのである。この点は服装研究家である許地山の指摘と一致している。色の変化に関して、上述した伝統文化と婚礼風俗の根強い影響のため、西洋風の真っ白なベールを受容するには時間がかかったと考えられる。

終わりに

以上の考察によって、一九一〇〜一九三〇年代の間、文明結婚と集団結婚のような新しい結婚形式の誕生と変遷に伴い、花嫁衣裳において服装の変化、そして、ベールの受容の過程が明確になったと思う。具体的に言えば、一九一〇年代から一九二〇年代後半に至るまで、最新の中洋折衷の花嫁衣裳は改良したツーピースの上衣下裙にベールをかぶるというスタイルであった。だが、一九三〇年代以降、集団結婚の影響とワンピース形の旗袍が大流行になったため、花嫁衣裳として、上衣下裙の代わりに、旗袍にベールというスタイルが定着した。要するに、一九一〇〜一九三〇年代の中国において、ベールは新しいスタイルの花嫁にとって欠かせないアイテムであったと思う。

西洋文化の影響の下、中華民国時代の女性たちの髪型には著しい変化が起きた。たとえば、断髪、パーマなど新しい洋風の髪型が中国女性の間でも現れた。しかし、本稿では、結婚式という最も伝統を重んじる儀式の場においても、頭を飾る道具である西洋の花嫁のベールがいち早く中国の花嫁に受け入れられたことがわかった。ベールの使用によって、当時の新しい女性たちは中国の古い伝統的な花嫁と一線を画すことができたと考えられる。

一方、同じ東アジアにある日本では、いち早く西洋文化の影響を受けて洋服の着用も推奨していたが、管見の及ぶ限り、日本人花嫁のファッションにはベールの受容と影響は意外と少なかったようだ。大正、昭

図9　着物にベールをかぶっている日本の花嫁姿（「新案の花嫁姿」『婦人倶楽部』第十巻第十一号　講談社　1929年11月）

和前期において髪型の洋風化は非常に進んでおり、着物に洋風の束髪、耳隠しなどをする女性は当時の女性雑誌やポスターからよく見かける。だが、筆者が調べていた日本の女性雑誌（『婦人倶楽部』、『主婦の友』、『婦女界』）と、有名な百貨店が刊行したカタログ（『三越』）には、伝統服とベールのコーディネートの写真はただ四枚しかなかった（たとえば、図9）。面白いことに、婚礼衣裳の一部となるベールではないが、一種の「三越ベール」と称するものが現れて、一時的に女性の間で流行っていた。『時好』（第六巻第三号）に掲載している文章によれば、三越ベールは、女性のかぶりもので、色合いや形には様々な種類があるし、砂塵を除ける機能があり、髪型を崩さず、さらに、女性の容姿の美を添えるという効果があるため、女性たちの好評を博したようだ。といっても、三越ベールと花嫁用のベールとは全く異質のものであり、当然、同じように語ることができない。それに加えて、当時、和装の花嫁のコーディネートとして、伝統風の文金高島田以外、洋髪（束髪）にボア（白い毛）とフラワーなどで飾るスタイルは大正時代から昭和初期において流行っていた。ところが、当時の女性たちにとって、和を象徴する着物に洋風なベールをかぶることはいかにも不自然で、違和感を感じたかもしれない。この点から、日本の花嫁に対し、中国の花嫁が比較的にベールを受容しやすかった理由として、上衣下裙と旗袍は西洋の影響を受けて洋風に近づくために改良したケースが多かったか、意外とベールと合わせやすい部分があって、中国の花嫁にそれほど違和感を感じさせなかったのだろう。それに加えて、本来、清末民初の中国において、花嫁が結婚式の日に赤色の布をかぶる習慣があった。そこで、頭にかぶって、伝統的な赤い布と似ているような役割を果たすベールはそういう意味で受け入れやすかったのではないかと筆者は考えている。

また、ひとくちに「ベール」と言っても、実は、中国の花嫁に使われたものは統一したものではなく、色、形、長さの違いによって色んな種類があった。新聞の記事と服装研究家が提供した情報によれば、色には、赤、ピンク、緑、白などといった色があった。そして、ベールの形も実は様々であった。たとえば、マントのような形状で透けているレース素材のものがあれば、頭の上に大きな花のような冠と白っぽく少し厚みがある布の組み合わせのものもあった。そして、長さから言えば、花嫁の身長よりかなり長く、地面に引いているものがあれば、花嫁の脛のところまでのやや短いものもあった。それは、花嫁の愛好、結婚式の日に着ていた衣裳とのコーディネートによるものだったと考えられる。

一方、対照的な視点から、日本の花嫁衣裳の洋装化についても少し調べていたが、中国の花嫁と同様に、服装より、頭からの変化は早かったことに気がついた。だが、近代日本の花嫁衣裳の実態はどのようなものであったか、頭の上からどのような変化があったのだろう。これらを今後の研究課題とし、稿を閉じたい。

〈註〉

（1）袁仄・胡月『百年衣裳』三聯書店　二〇一〇年　二三七―二三八ページ。

（2）「文明婚礼」とは近代的、洋風の影響を受けた新式の中国の婚礼のことである。具体的には親の取り決めた婚姻を批判し、古い婚姻儀式の習俗を破り、簡素化を求めた婚礼である。

(3) 張競瓊『従一元到二元・近代中国服装的伝承経脈』中国紡績出版社　二〇〇九年　八三ページ。

(4) 李婧晗・賀陽「浅談民国時期婚礼旗袍的頭飾」『芸術設計研究』二〇一二年四月。

(5) 許地山　一八九三年生まれ。一九二七年～一九三五年の間、燕京大学で教鞭を執った後、香港大学の教授となった人物である。生徒には張愛玲のような近代中国の著名な女性作家がいる。張競瓊・許暁敏『近代服装新思潮研究』中国紡績出版社　二〇一八年　一一七―一二二ページ。

(6) 許地山「近三百年来底中国女装」（続二）『大公報』一九三五年五月二十五日　第一一面。

(7) 『婦女時報』第十号　一九一三年五月　九ページ。

(8) 『婦女時報』第十号　一九一三年五月　一〇ページ。

(9) 『婦女時報』第十五号　一九一四年十一月　一二ページ。

(10) 『婦女雑誌』第十五巻第十号　一九二九年九月　口絵写真。

(11) 李凱鴻「『集団結婚』の由来」『民国春秋』一九九四年六月十五日　二六―二九ページ、「近代中国第一次集体婚礼」『文史精華』一九九六年三月六日　四六―四九ページ。

(12) 袁仄・胡月『百年衣裳』三聯書店　二〇一〇年　二三七ページ。

(13) 「首届集団結婚」『申報』一九三五年四月三日　第一一面。

(14) 「集団結婚規定礼服式様」『申報』一九三五年二月十六日　第一五面。

(15) 「上海市社会局布告」『申報』一九三五年三月十日　第五面。

(16) 袁仄・胡月『百年衣裳』三聯書店、二〇一〇年　一四九ページ。

(17) 「集団結婚與推銷国貨」『申報』一九三五年三月二十一日　第一六面。

(18) 許地山「民国一世：三十年来我国礼俗変遷底簡略的回観」『大公報』（香港版）一九四一年一月一日　第九面。

(19) 「上海市社会局布告」『申報』一九三五年二月七日　第九面。

(20) 李凱鴻「『集団結婚』の由来」『民国春秋』一九九四年六月十五日　三〇ページ。

(21) 渝文「民国時期上海的集体婚礼」『歴史潮汐』二〇一七年三月　四二ページ。

(22) 「無錫初回集団結婚盛況」『大公報』一九三五年十一月一日　第一〇面。

(23) 「第一回郷村集団結婚」『大公報』一九三七年一月二十一日　第一五面。

(24) 屈半農「近数十年来中国各大都会男女装飾之異同」『清末民初中国各大都会男女装飾論集』中国政経研究所　一九七二年　三九ページ。

(25) 広告『申報』一九二三年八月五日、第二〇面。

(26) 「新到花帯及結婚紗」『申報』一九二四年二月十二日　第一九面。

(27) 広告『申報』一九二四年十一月三十日　第八面。

(28) 広告『申報』一九二四年九月二日　第二三面。

(29) 広告『申報』一九二八年十二月十日　第一面。

(30) 広告『申報』一九三〇年九月二十一日　第二八面。

(31) 広告『申報』一九三五年十月十二日　第二五面。

(32) 広告『申報』一九三六年九月三日　第二三面。

(33) 許地山「民国一世：三十年来我国礼俗変遷底簡略的回観」『大公報』（香港版）一九四一年一月一日　第九面。

(34) 「天津婚嫁風俗」『婦女雑誌』第二号　一九二一年二月　九一ページ。「浙江瑞安婚嫁礼俗談」『婦女雑誌』第四号　一九二一年四月　八四ページ。「雲南婚俗談」『婦女雑誌』第六号　一九二一年六月　九〇―九一ページ。「広東合浦風俗誌」『婦女雑誌』第七号　一九二一年七月　九〇ページ。

モダン都市「京城」を洋傘（日傘）が歩く
——朝鮮の写真絵ハガキで見る日傘を差す新女性

申　昌浩（しん　ちゃんほう）

一九六七年、韓国、ソウル生まれ。生活宗教学・風俗史研究者。博士（学術）。総合研究大学院大学文化科学研究科国際日本研究専攻後期課程を修了。現在、京都精華大学人文学研究科教授。著書に『都市歴史博覧—都市文化のなりたち・しくみ・たのしみ』（共著）、『性欲の研究—エロティック・アジア』（共著）、『大衆文化とナショナリズム』（共著）。

はじめに

朝鮮に登場した「新女性」や「モダンガール」は、誰だったのか。彼女たちはどんな存在だったのだろうか、何を着て、何を持って街を歩いたのだろう。彼女たちは、近代的な都市文化や西欧文物を積極的に受け入れ、消費していたのだろうか。果たして彼女たちは、東アジアの西洋化を牽引していた存在だろうか。といった疑問がいつも付きまとっている。

「新女性（モダンガール）」は、東アジアの近代性のアイコンとも言える存在である。近代性のアイコンたちは、断髪・洋装・スカーフ・腕時計・ハンドバック・ハイヒール・日傘（洋傘）などを身にまとい、街に出没した。本稿では、「新女性」のアイテムの一つであった「日傘」を通して、近代東アジアの風俗における西洋化を捉えようとする試みから始める。

筆者は東アジアの中でも、近代朝鮮を映している写真絵ハガキに写っている女性たちの姿を中心に考察を行なっている。近代を迎える以前の朝鮮の女性たちに無縁のものが洋傘の日傘である。それが新女性たちのアイテムとして「양산（ヤンサン）」で、「陽傘」も「洋傘」とも読んで「日傘」を指している。

朝鮮の新女性の持ち物であった「양산（ヤンサン、陽傘・洋傘・日傘）」は、旧女性たちが顔を隠す「장옷（ジャンオッ、長衣、藏衣）」との共通点がある。旧女性たちは顔を隠すために衣服や布を被っていたが、新女性たちは布をあてて作られた洋傘の日傘を差して街を歩いていた。顔を隠すものは異なっていたが、顔

を隠すという目的は同じであった。これまであまり注目を浴びることのなかった洋傘の日傘を携帯して外出している女性たちを近代朝鮮の写真絵ハガキを通して追いかけてみた。

本稿を通しては新女性やモダンガールの定義やその存在意義を問うものではなく、本当にどのような女性たちが洋傘の日傘を持って、モダン都市へと変貌していく京城の街を歩いていたのか明らかにしようとする試みの一つである。

本稿では、写真を元にして制作されているハガキのみを取り扱っている。その写真に、ハガキに収められている女性たちは、自然な風景の一部として、街の景観として、街を歩いている姿がそのまま収まっている。また写真のハガキには、ブロマイド写真のようにスタジオで撮影されたものや、明確な意図のもとで演出され、制作されたものもかなり存在している。

本稿で借用し、使用しているハガキは国際日本文化研究センター（京都市、以下「日文研」と表記）がデータベース化している「朝鮮写真絵はがきデータベース」からのものであり、整理番号をそのまま記載している。[1] そのほかにも、絵葉書集や書籍、インターネット上に公開している各機関のデータベースを参考・参照している。

このようなハガキを取り扱う背景には、写真という記録媒体が持つ面白さにある。ここで言うまでもないが、写真には写真を撮る人の意図だけでなく、思わぬ真実が映し出されているのである。写真には写真家の演出による狙った被写体だけでなく、周りに漂う被写体も写し出されている。時が流れ、当時の写真を見ている私たちに「隠れている真実」を見つけるヒントを与えてくれる。

1　朝鮮女子の外出と「新女性」の登場

一八九四年七月から一八九五年七月にかけて朝鮮政府が展開した「甲午改革（갑오개혁）」という社会の制度改革があった。その主要な改革の内容は、以下のようなものがあった[2]。

①文武官吏差別廃止、②身分制（奴卑制）の廃止、③銀本位制、④租税の金納統一、⑤人身売買禁止、⑥早婚禁止、⑦寡婦再婚許容、⑧拷問と縁罪法廃止や警察の一元化、⑨近代的な各種学校の設置と新教育制度の実施、⑩太陽暦の使用、⑪近代的な郵便制の開始、⑫断髪令など、封建的な社会の問題を解決しようとした試みであり、近代への起点となるものが多かった。

この近代的な改革は、自らの力では実現出来ず、日本の植民地になって多くが実現された。特に、家中に閉じこもって生活していた女性たちの外出も、外での活動も増えるようになった。それまでの朝鮮の女性たちが外出の際には、儒教的な規範や伝統的な男女観の下、顔を隠しており、顔を隠すための布服や笠を被って街を歩いていた。

このような旧女性とは異なる新しい女性が登場した。〝新女性〟である。新女性は、一九世紀末ヨーロッパとアメリカで始まり、二〇世紀初め、日本と他のアジアにも現れた。新たに登場した〝新女性〟に対する共通認識は、独立した人間としての女性、いわゆる〝自立〟した女性であった。〝新女性〟は、社会的・政治的・制度的な不平等に問題を提示し、自律的な人間として、自由と開放を追求する女性を意味していた。そのため、近代的な教育を受け、教養を積んでいることも〝新女性〟の条件となっていた。
日本では一八八六年に創刊された『日本新婦人』が、新女性と初めて表現したのである。これはイギリスで紹介された〝New Woman〟が「新女性」に翻訳され、自由恋愛・男女平等・性差別の撤廃を主張する女性たちを指していた。一九一〇年から一九二〇年になると、知識階層の新女性から大衆的な意味を持つ、モダーンガールという用語を北澤秀一が一九二四年、雑誌『女性』で初めて言及し、一九二六年から大衆化された。この頃から、モダーンガールは近代的な教育を受けた女性だけでなく、労働者階級の女性たちも指す広範囲に用いられるようになった。

「新女性」という言葉が朝鮮で広まったのは、一九二三年に「開闢社」が刊行し、一九三四年まで続いた雑誌『新女性』によるものであった[3]。この「開闢社」の設立の背景には、日本の植民地政策の変化によるものがあった。一九一九年の三・一独立万歳運動後、朝鮮総督府の政策が「武断統治」から「文化統治」へと転換し、少ないが朝鮮系資本の出版社が現れ始めた。その一つが、一九二〇年六月「開闢社」だった[4]。「開闢社」は一九世紀中葉、東学運動を指揮した崔濟禹（一八二四―六四）によって作られた新興宗教「天道教（以前の「東学」）」の出版社であった。「天道教」は、〝人は即ち天である〟という「人乃天」を根本思想とし、人はみんな平等であるという倫理を提示し、古い社会の因習を打破する試みを実践していた近代宗教団体であった[5]。

男女平等を重視していた「天道教」は、女性問題に関心を持ち、生活の革新と新女性像の作り上げる新文化運動を展開していた。その一環として近代教育を受けることのできない女性を対象とする雑誌『婦人』を一九二二年六月から一九二三年九月まで発行した[6]。一九二三年九月からは『婦人』の代わりに近代的な教育を受けた女性を対象とする『新女性』を再創刊した。[7]

雑誌の新用語だけでなく、一九二〇年代初め、日本留学の経験者たちを通して「新女子」という用語の理念も定着するようになった。一般的に「新女子」とは女性解放運動を追求し、自由恋愛と結婚を主張する意味を強く内包した形で朝鮮に広まった。この「新女子」という言葉は、「新女性」に移動・拡張され、集約されるようになった。「新女性」は、次第に女子日本留学生や女性解放主義者を超え、朝鮮社会を文明化させる女学生及び知識人層の女性たちを指す広い意味でも使われた。それ以来、当時の新しい女性を指す言葉として流行し、定着した。[8]

一九三〇年代になると、近代的な教育制度の確立や女子学校が年々増え、[9]そのためか、新しい教育を受けた女性を指す「新女性」という用語は次第に消えていた。その代わりに、近代的な消費文化を主導し、流行に敏感な女性たちを「モダンガール」と呼ぶようになった。[10]一九一〇年前後からの先進的な「新女性」から大衆消費文化をリードする存在として定着していた。

新女性たちの断髪は、すでに一九二〇年代に始まっていたが、一九三〇年以後の日本から輸入された「モダンガール（毛斷傑：modern girl）」と称していた。この「モダンガール」という用語は、朝鮮でいつ、誰によって最初に使われたのかは、明確ではない。おおむね、日本の植民地下に置かれた一九二〇年代の後半から広く使われていた。朝鮮での断髪の流行は、女流文士、女優、医師、社会主義者などで、都市の一部の新女性たちに流行ったものだった。当時の朝鮮社会では、儒教的「孝の思想」を背景に男女とも圧倒的に断髪を否定しており、女性の断髪などは一般的なものとは言えない。

朝鮮のモダンガールの外的容姿を見る限り、アメリカや日本の洋装・断髪・露出などを借用しているが、同一視することはできない。朝鮮のモダンガールは、韓服のチョゴリや筒系チマを着ている女性もモダンガールと描写している。朝鮮のモダンガールは、日本の新中間層（いわゆる職業婦人）のような新女性の登場が遅れている。

「モダンガール」が朝鮮で初めて登場したのは、一九二五年『新女性』六月号であり、本格的に新聞や雑誌に登場するのは、一九二七年からである。同年に雑誌『別乾坤』（一九二六年—一九三四年）一二月号にモダンボーイ・モダンガールの特集が載ることで広く使われるようになった。[11] おおむね、日本のモダンガールを模倣していた女性たちであった。

一九二〇年代半ばから一九三〇年代にかけて、日本から輸入された「モダンガール（モガ）」の他に「モダンボーイ（モボ）」も存在していた。[12] 彼女や彼らは、都市の街角で見られる西洋的な志向で、外向的な姿で洋装をし、消費欲求に満ちており、伝統的な規範や価値観を否定する存在と見られていた。[13] 特に「モダンガール」は、新女性よりも堕落した「悪い女性」のイメージと近代的な教育を受け、啓蒙思想を持っている新しい女性という二つの側面で捉えることができる。

朝鮮の「モダンガール」が「悪い女性」と評されたのは、時代的に二つの理由を挙げられる。まず、朝鮮が置かれていた政治的な状況、いわゆる日本の植民地下に置かれていて日本のモダンガールを真似ながら、街を歩く姿に対する反感。もう一つは一九二〇年代初期から一九三〇年代末まで続いた民族の経済的な自立を目指す「朝鮮物産奨励運動」[14] に反する存在だった。全国的に展開された様々な啓蒙運動により当時の新聞や雑誌などでは、モダンガールが街を歩いている姿そのものが、贅沢と虚栄に満ちた姿だったのである。

一九一九年から一九三九年までの両大戦間期の朝鮮の「新女性」や「モダンガール」とは、以下のように捉えることができる。

①洋装をした女性を指すわけでない。
②日本の新中間層の女性たちのように経済的な独立性があったわけでもない。
③挑戦的な言動や性的な積極性を持っていた女性を意味するわけでもない。

そうすると、朝鮮の「新女性」や「モダンガール」とは誰かという問題が生じると言える。本稿では、このように決めておきたい。朝鮮の「新女性」や「モダンガール」とは、「有産階級出身の女性」、近代的な教育を受けた「新知識層」などを始め、政治的な権力がある家の子女、職業婦人層及び近代的なサービス業に従事していた妓生《キーセン》（妓女）、芸能関係者などである。

一九三〇年代前半までの朝鮮における近代的な事務サービスに従事している女性はきわめて少数であった。一方、雑誌や新聞に頻繁に紹介された職業婦人としての女性は、バスガール、ショップガール（百貨店販売人）、タイピスト、エレベータガール、電話交換手（ハローガール）などや事務職（銀行）、サービス職、教師などその職業も次第に多様化したのは確かである。中でも妓生は、経済的な自立を目指す先端的な新女性へと変化していた。

一九三〇年代、最も給与の高い職業の一つが、男性を相手にするモダンなカフェで働く女給や歌舞芸術の教育を受けた券番出身の妓生[15]であった。女給の場合、平均給与が七〇—八〇圓ほどであったが、妓生はそれより遥かに高く、女給の十倍以上の七〇〇—八〇〇圓以上の給与を得ている妓生もいた。この高収入をもとに、事業を始めた妓生も現われた[16]。

当時のハガキや雑誌や新聞の写真もしくは挿絵を見ると、新女性やモダンガールを表象する際、断髪をし、洋服を着て、足にはハイヒールを履き、頭に帽子を被り、肩にストールを掛け、腕には時計をし、手にはハンドバックを持ち、洋傘の日傘を差しながら街を歩く姿で描いていた。特に社会的な身分に比べて収入の多かった妓生や女給などは、洋装を初め、ファッション性のある洋傘の日傘を輸入洋品店で買い、京城の街を歩いていたことになる。

2　旧女性たちの顔を隠す文化とヤンサン（양산＝洋傘・陽傘）・日傘

古くから人の姿を隠す「傘」そのものが、象徴的な意味をもつ特別なものであった[17]。人が傘を用いることで顔を「隠す」、「籠る」ことで、身分や正体がわからなくなる。顔を隠す道具には「傘」のほかに「笠」や「帽子」もある。頭に乗せて被る笠や帽子は、両手が使え、実用的なものであり、身分階級・職業によっていろんな形のものがあった[18]。また、「笠」もしくは「帽子」を被ることで外からの日差しや人々の眼差しを遮ることもできる。一方、「傘」は手で持つもので、長く持って歩くと疲れてしまう。そのため、「傘」は身分の高い人が自ら持つものではなかった。

この「傘」が日本で庶民大衆のものになったのは江戸時代以後のことであるという。さらに、洋傘の日傘が普及したのは、近代国家の道を歩み始めた明治時代であったという。ごく僅かな女性たちが、西洋のアールヌーボースタイルの影響を受けて、Sカーブラインのドレスの外出着を着用する際、刺繍やレースが飾られた洋傘の日傘を持って歩いたという。いわゆる、西洋人を真似た風習の一つであったが、一九世紀末頃、日本を経由して朝鮮にも入ってきた。

洋傘の日傘が入る前、朝鮮に日傘がなかったわけではない。ただ、その使用目的や使う人に明確な区分があった。韓国語では「日傘」を「ヤンサン（양산）」と呼び、「洋傘」もしくは、「陽傘」も同じ読み方をしている。ここで朝鮮の「傘」に関する用語を整理しておきたい。

「洋傘（양산・ヤンサン）」とは[19]、西洋式の布の傘を指しており、日差しを遮るために差すのを「陽傘（양산・ヤンサン）」ともいう。主に、女性たちが使用する傘を指す。一方、日本語で表記する「日傘」は、「일산（イルサン・日傘）」と呼び、二つの使用目的に分けられる[20]。

「日傘（일산・イルサン）」は、まず日差しを遮るために立てる大きい洋傘いわゆるパラソルで、雨傘よりも大きく、遊ぶ時、外に立てて置くものを指している。また、歴史的に「イルサン（일산）」という傘は、王を初め、王世子や王族たちが、行列をする際に用いた儀仗の一つとして、持ち手が長く、黄色・赤色・黒色の絹で作られたものである。中央の官吏である監事、留守、守令たちが地方に赴任する際[21]、用いた陽傘で持ち手が長く、白地に青い線を描いたものなどがあった。この「日傘」は、身分や階級を示す色や形が異なるものであった。

主に「傘」とは、雨を避けるために用いる「雨傘」を指し、朝鮮では「우산（ウサン）」と呼んでいる。洋傘の日傘もそうであるが、「雨傘（우산）」も近代期に黒色の「コウモリ（蝙蝠）傘」が入ってくる前まで雨の日に差す一般的な日用品ではなかった。

古くから「陽傘」と「雨傘」は、官僚たちだけが外出時に使用しており、雨の日、朝鮮の庶民階級の男

性たちは日本の合羽と同じ〝ドロンイ(22)(도롱이)〟いう雨衣と〝ガルモ(23)(갈모)〟という油紙でできている円柱形のものを笠の上に被せ雨を避けながら労働をしていた。女性用の雨具はもっと少なく油紙で出来た長衣のスゲチマのようなものがあった(24)。そのため、今日よく見るような手で持つ雨傘の文化を朝鮮の風俗では見ることができないのである。

不思議と朝鮮半島にも竹のうちわや竹籠、頭に被る笠など工芸品が多くあるが、日本で見るような雨具の和傘が普及していないのである。特に、日本の浮世絵に描かれている歌舞伎俳優のアイテムのような鮮やかな色をした竹で出来ている和傘(雨傘や日傘)などを見ることはできない。

そのため、洋傘の日傘が登場するまで、朝鮮時代を通して、女性たちは外出をする際、顔を隠すために様々なアイテムを用いていた。そのためか、ハガキに写っている街を歩いている女性たちの中には、顔を隠して歩いている姿が多く、朝鮮の風俗として写していた。

図1　12-66（朝鮮風俗）
婦人の外出姿（俗119）

図2　30-164
朝鮮婦人ノ外出

図1と図2は、顔を隠す伝統的な方法で、代表的なものが「長衣(장옷・장의/ジャンオッ)」もしくは、「羅兀(너울/ノウル)」といい朝鮮王朝時代中期以後、両班層の婦女子が使用していた「쓰개치마(スゲチマ)」などがある。特にこの「쓰개치마(スゲチマ)」の意味は、「쓰개(スゲ)」は隠す、もしくは覆う意味で、

「치마（チマ）」はみんなが知っているスカートをさしている。

これらの朝鮮の女性たちの風俗について、朝鮮総督府が朝鮮の風俗全般に関する調査をし、昭和三（一九二八）年に発行（昭和九年に改訂）した「朝鮮の衣服」の中に、朝鮮の女性たちが顔を隠すために用いていた「長衣（장옷・장의／ジャンオッ）」に関する説明がある。そこには、朝鮮の女性たちが古くから用いていた「長衣」と「長衣」の代わりに使用している日傘との関係を以下のように説明している。

> 長衣（ジャンオッ）[25]
>
> これは、古い時代和装の外出用に用ゐた被衣（かつぎ）に似たもので、外出時顔面を覆ふ為に使用し、緑色木綿又は絹で作った周衣に類したものである。これは京城では已に廃って、この代わりにパラソルを使用して居るが、田舎に行けば相當之を用ゐて居る者を見受ける。茲に一寸面白いことはパラソルが長衣即ち被衣の代りとして用ゐ出された事であって、パラソルが單に日光の直射を避ける為でなく、顔を覆ふて人目に見えぬようにする作きあるものと考へらただけに、朝鮮婦人はパラソルを夜中でもさして居るのである。

上記の朝鮮の風俗を紹介するような内容のハガキも相当数にのぼる。図3と図4は、上半身を覆い隠すような大きな笠を手にしている写真絵ハガキである。上記の二枚のハガキで見るように大きな笠を両手で持ち、身体全体を覆い隠すように歩いている姿が収められている。これを見ると圧倒されるのであるが、このような大きな笠を持ち、顔を隠すのは、二つの意味があるようである。一つは、外出の際に顔を隠した

図3　14-b-66（朝鮮風俗）婦人の外出

図4　7-大-16　大邱元町一丁目通り（韓服を着た二人の女性が笠を被って歩いている）

めであり、もう一つは、喪に服している女性が外出の際に用いたものである。親を亡くした子供は罪人であり、その罪を背負っている人がお天道様の前を堂々と顔を晒しながら街を歩くことは考えられないのである。[26] このような儒教的な「孝の思想」による風俗も写真絵ハガキで見ることができる。

一九一〇年以後、長衣、もしくはスゲチマを廃止する運動があり、その余波を洋傘の輸入額で確認することができる。長衣、もしくはスゲチマの代用品として洋傘が急速に普及されるのである。一九一一年五月中、釜山の貿易輸入額九〇万八千二四五圓であったが、その内洋傘の輸入額は、一万三千四〇五圓であった。これは如何に朝鮮で洋傘の需要が高かったかを示している。[27]

日本の植民地統治下になる以前からの写真絵ハガキを見ると、当時の朝鮮の女性たちは、本当に白い色のチマとチョゴリの韓服を着ている。その韓服を着て街を歩いていた女性の中に洋傘の日傘をさしている人が想像以上に多いことに驚いた。

むろん、男性たちの中にも洋傘を用い歩いていたが、日本で言う蝙蝠《こうもり》傘で、色は黒がほとんどである。一方、朝鮮の女性たちが差す日傘は、黒色もあるが、白っぽいものやレースが付いているようなものもあった。何よりも、男性が持ち歩いていた傘よりは、小さめであることが判別できる。

洋傘が導入されたのは、最初から雨から身を守るための傘としての役割でもなく、太陽の光を隠すための日傘でもなかった。いわゆる、伝統的な「内外法」に縛られていた女性たちが、他者の目、それも親族縁者でない男性たちの視線から身を守るための目的によるものであった。この洋傘の日傘が朝鮮の女性たちに愛用されたのは洋装であれ、韓服であれ、外出する際に手に持つ必需品とも言うべき存在になっていたと言える。

一九三〇年代ごろの洋傘は、モダンな女性が日差しを遮る道具として外来語の「パラソル」とも呼ばれるようになった。一九一〇年代初期の洋傘は、黒一色の蝙蝠傘だった。次第に洋傘の色は、黒色の他にも白色、紅色、黄色などのカラフルな色の布を使って作られた輸入洋傘が販売されることとなった。洋傘は、贅沢な奢侈品としてレースや刺繍が施され、ファッション性が富んだものや外国での流行デザインなども流行していた。

朝鮮の女性が外出する際は、おおむね顔を隠しており、その際に用いたのが洋傘の日傘であった。これには、伝統的な行動の刷新や断絶を意味するものではなく、更なる儒教的な精神風土に包まれていた女性たちの外出文化を継承する新しいアイテムなのである。

そのため、決して女性たちの洋傘の日傘が、近代的な消費文化を象徴するものではないと言うべきである。いわゆる、朝鮮の女性たちに洋傘の日傘が普及したのは、伝統的な価値観の表出もしくは、彼女たちが持っていた伝統的な価値観を象徴するものであった。それは、いかに多くの朝鮮の女性たちが洋傘の日傘を持っていたかをハガキに写っている彼女たちの姿を通して知ることができるからである。

3　モダン都市「京城」を洋傘（ヤンサン・日傘）が歩く

新女性が出没していた場所は、モダンな「京城（現・ソウル）」を中心とした大都会であった。「京城」の街には、近代的な西洋建築が集中している場所でもある。近代的な建物の官公庁所を中心に、学校、病院、百貨店などある商店街、映画館、カフェ、料亭・洋食、洋品店（靴＝ハイヒール、腕時計、ヤンサン（日傘）、ストッキング）などが集まる場所がモダン都市京城の姿であった[28]。

「京城」がモダンな近代都市へと変貌したのは、一九一〇年の「日韓併合」を機に、日本の植民地として、植民統治をするために日本人の手によって近代的な建造物が次々と建設された。そのため、日本の都市的な要素がそのまま移転・移植されたことは否めない事実である。街づくりそのものが、植民地朝鮮を統治するためのものであり、朝鮮王朝の宮殿を朝鮮の人々の目から遮るように朝鮮総督府（一九二六年）が建造されていた。交通網の確立のため釜山駅（一九一〇年）から京城駅（一九二五年）、そして平壌（ピョンヤン）につなげる近代的な建造物の鉄道の駅が造られた。

また、京城の市中には各行政機関の建物や京城府庁（一九二四年）や朝鮮銀行（一九一二年）、京城郵便局（一九一五年）そのすぐ近くに朝鮮ホテル（一九一四年）、第一銀行第一支店の隣に三越百貨店京城支店（一九三〇年）などなどの近代的な建築物が立ち並んだ形の近代都市が作られた[29]。一九二〇年代中盤に京城の南村を行き交う道路が整備され、日本人街の本町、大和町の道路の上を自動車や一九二八年からはバスが走り、路面電車の線路が敷かれた。この一帯を中心に商店街が形成され[30]、呉服屋、日用雑貨屋、映画館やダンスホール、カフェや茶房なども立ち並ぶようになった。

そのほかに、京城帝国大学（一九二四年）、京城日報（一九二三年）・東亜日報（一九二〇年）や京城放送局(JODK、一九二七年)、それから京城監獄（西大門刑務所、一九二二年）のような近代建築物によるいわゆるモダン都市京城が誕生したのである[31]。さらに、日本人街が形成されていた本町と呼ばれていた今日の明洞や忠武路一帯を撮り収めていた写真絵ハガキの数は相当数にのぼる。本町の商店街が写っているハガキには、洋傘の日傘を売っている店も写っている。

当時の物価から考えてみると輸入品の洋傘の日傘はそんなに安いものでないと言える。そのような高価なものを朝鮮の女性たちの多くが所持していたことは、ハガキに写っている様子を見るだけでも容易に想像できる。実際に、近代都市へと変身して行く京城の様子も洋傘の日傘を持って歩いている女性たちの姿が多く写真絵ハガキに収められている。このモダンな街並みと新しい日常品や西欧からの洋品が並ぶ商店と商店の間を新しい女性たちやモダンガールが洋傘の日傘を持ちながら歩き回っていたのである。

一方、ハガキに写っている朝鮮の風俗を紹介する朝鮮名所の写真絵ハガキや朝鮮人街の風景は、近代的な要素がほとんど写っていない。主に写真絵ハガキに収められている場所は、例えば、南大門、景福宮、光化門、動物・植物園が設けられていた昌慶苑などであった。一九一〇年以後に制作されたハガキの役割として、日本の植民地下におかれている朝鮮を支配していることを証明する象徴的なものとも言える。そのようなハガキの中にも、顔を隠し、洋傘の日傘を差して歩いている女性が写っている。

朝鮮名所の写真絵ハガキの中、最も多く登場する場所が、景福宮と光化門である。景福宮は朝鮮王朝の宮殿であり、その宮殿の正面正門が光化門である。この場所が、最も多く写真絵ハガキの背景になっていた。それは、朝鮮を植民地として支配している証しであり、それを象徴するモチーフとして使われたのである（図5・図6）。

日文研のデータベースに収められている八三八二件の「朝鮮写真絵はがきデータベース」から「景福宮」と「光化門」を検索ワードで検索して、それぞれがタイトルとなっているハガキの数を調べると、景福宮は二四八件がヒットし、そのうち写真絵ハガキが二一九枚で、光化門は六五件のうち、写真絵ハガキは六一枚であった。タイトル付けされてないハガキを加えるとその数はもっと増えるのであろう。一方、検索ワードを「総督府」に変えて検索すると四六〇件のうち写真絵ハガキは三七六枚であり、ハガキの多くを占めていることがわかる。

図5　3-京-55-2　景福光化門

図6　31-171　朝鮮京城景福宮（洋傘の日傘を手に景福宮の「慶会楼」）

図7は、京城光化門の前を四〇名以上の少女たちが列を成して歩いている写真絵ハガキ（3-京-51）である。そのうち、一二名の少女たちが洋傘の日傘をさして歩いている。驚きの姿である。

図7　3-京-51（朝鮮名所）　京城景福宮光化門及高麗狗

その写真の後ろには、景福宮前の光化門が聳え立っている。この門の後ろには、一九二六（大正一五）年に朝鮮総督府が建造されるが、このハガキの写真はそれ以前に撮られているものである。ましてや、路面電車の線路も敷かれていない。もう一つ特筆すべきは、四〇名以上の少女たちが列をなして歩いている前方に、伝統的な韓服の姿をしている女性が、長衣（ジャンオッ）で顔を隠して歩いている。

図5の3-京-55-2の写真絵ハガキを見ると、すでに朝鮮総督府が建造されており、路面電車の線路も敷かれている。路面電車が通る横を真っ白いチマチョゴリの韓服を着た婦人が日傘をさして歩いている。それだけでない。光化門前を同じく、真っ白いチマチョゴリの韓服を着た婦人が日傘をさして歩いている。

この二枚の絵ハガキを見ながら朝鮮総督府の意味よりも、写真絵ハガキの風景に溶け込んでいる女性たちのことを思う。一〇年や二〇年以上の時間の差があるはずの二枚のハガキに写っている女性たちの姿を見つめると、なんの変化も見つけることができない。ただ、二枚の写真には同じ洋傘の日傘を差して歩いている女性が写っている。

4 洋傘の日傘で顔を隠す新女性

一九一〇年前後に、京城の街を歩いていた朝鮮の女性には、二つのタイプが存在していた。古くからの韓服(朝鮮服)を着用している女性と「韓服改良運動」[32]により改良された新しい韓服スタイルで歩いていた女性たちである。この改良された韓服スタイルの女性たちはおおむね女学生と見られる人々である。一九二〇年代に入ると、新女性たちの中から、積極的に韓服の改良の取り組みを実践していた。これまで、脇腹や胸が見えていた韓服のチョゴリを長くし、チマには着やすいように肩紐を付け、歩きやすいように短くする改良を加えたのである。[33]白と黒の単純な一色から様々な色合いの韓服を着るようになった。

何よりも、これまで韓服には用いることのなかった洋裁の部品であるボタンを使い、より実用的な服へ変えていた。それだけでなく、この韓服改良運動を通して、これまで顔を隠すために用いた長衣、もしくはスゲチマを廃止する運動も展開されたのである。[34]ここで一つ特筆すべきことがある。それは、この改良韓服を着ていた女性たちは、かなりの頻度で洋傘の日傘を持っており、それらがハガキにも収められている。女学生の制服も一九一〇年代の韓服から、一九三〇年代には急速に洋装の学生服が普及していた。いわゆる、学校制度の整備と共に西洋的な制服が浸透し、洋装化のきっかけになっていた。[35]その変化の過程において、洋装をせず、長い髪は刈らずとも、ハイヒールを履き、洋傘の日傘を手に持って京城の街を歩く女学生がハガキに収められている。

エピソードとして一つ、キリスト教の伝播と女性教育を目的にアメリカ南監理教会から派遣された女性宣教師キャンベル[36]（Josephine P. Campbell：一八五二―一九二〇）が、一八九八年一〇月に京城に「培花學堂[37]」を設立した。一九一一年「培花學堂」は、学則をもって、女学生の長衣を禁止しようとした。しかし、父母たちの反対に合い、長衣の代わりに黒い洋傘（日傘）を一つずつ与え、顔を隠すような措置を取ったのである。一九〇八年設立した京畿女子高等学校[38]は、白いチョゴリに黒いチマを制服とし、黒い洋傘を指定していた[39]。

次第に、日傘にも流行色や新しいデザインが登場した。一九二〇年代の日傘は、傘のへりや縁に刺繍がされたものが流行し、一九三〇年代は白色に黒いレースや線で囲まれたもの、表面は白く、内側は黒い二枚で出来ている日傘が流行っていたようである。一九三〇年代後半の日傘は、濃い色で、一枚でできている色合いとデザインが大胆な形態の日傘も流行した[40]。

これらの洋傘の日傘の流行と女学生との関係に関しては、なかなかはっきりと断定できるようなものはあまりない。一九二〇年代半ばから中等教育を受けている女学生の数は一千名ほどで、一九二七年には、二千名ほどで、一九二九年には四千名ほど、一九三八年には約八千名で、一九四二年には一万二千名までに持続的に増加していた。しかし、学校の数と学生数の変動を見ても[41]、植民地から解放される直前の一九四四年に中等教育を受けている女性は〇・三%で、高等教育を受けている人は、〇・〇二%であった[42]。

このことを考えると、女学生に朝鮮のモダンガール、もしくは新女性の別称を与えるには物足りないとしか言えない。何よりも、経済的な自立が伴っていない女学生を新女性として、最先端のファッションリーダーと捉えるのは難しいと言える。この時代の新たな消費者としての意味を考慮しなければならないのである。
それは、当時の朝鮮の婦人たちは、上・下が白いチマ・チョゴリの韓服を着ており、若い女性たちは、白色で上着に当たるチョゴリを着用し、チマと言うスカートは黒色を着用している姿が写っている。洋装をしている朝鮮の婦女子を見つけるのは大変難しい。洋装をしている朝鮮の女性の絵ハガキは限られている。これは日文研のデータベースだけでなく、これまで見た写真・絵ハガキ集や図録にも共通するものである。

図8　48-P-5［妓生　生写真］4.張蓮紅（韓服に洋傘の日傘を差している妓生・張蓮紅の写真）

図9　37-100-11　張蓮紅（洋装、洋傘の日傘、帽子の妓生）

では、どのような女性が新女性と言えるのか、わかりやすく言うと職業婦人たちか、日本留学を経験したモダンガールであろう。ここでは職業婦人としての妓生を取り上げておきたい。

新女性としての妓生と洋傘の日傘の関係は非常に深いものがある。ほとんどの女学生が黒色か白色レースが飾られてある洋傘の日傘を持っていたが、妓生たちは黒色の洋傘だけでなく、黄色や紅色などの洋傘の日傘を差して歩いていたようである（図8・図9）。

朝鮮王朝時代の「教坊」[43]から「券番」に属する朝鮮の

近代妓生たちは、一牌（일패）、二牌（이패）、三牌（삼패）と言う明確な序列で分けられていた。一牌（일패）は官妓であり、二牌（이패）は、秘密裏に身を売る妓生で、三牌（삼패）は、売淫をする娼妓を指していたのである。[44]そのためか、洋傘が入り始めたころは、一牌（일패）の妓生が濃い紅色の洋傘、二牌（이패）が薄い紅色の洋傘、三牌（삼패）がそのほかの色の洋傘を使用していた。

しかし、次第に収入のある妓生は同じ色の洋傘の日傘を持つことに上位に位置する妓生一牌（일패）が不満を持つようになった。上位の妓生たちは、洋傘の日傘の色による差別化を図ろうとしたが、反対する声が多く実現はしてなかったようである。その代わり、足で履く靴の違いによる区別をしようとしていた様子も新聞記事を通してうかがうことができる。[45]もっとも人物を区別しやすい頭周辺に用いる洋傘の日傘は、やはり見た目からも自他を区別する、もしくは差別化する証しであったことがわかる。

このような当時の出来事が一九一〇年八月に廃刊になった『皇城新聞』の新聞記事にも掲載されていた。これは「新女性（New Woman）」という言葉の登場する前に、すでに洋傘の日傘が一部の朝鮮の女性たちのあいだで普及していたことを示していると考えると、洋傘の普及が意外と早かったことになる。

図10　金英月　20-5-4

図10のように妓生金英月は、ハンドバックを手にもち、足にはハイヒールを履いて、髪を上げた上、ワンピースを着て洋装をしている。洋装をする経済的な余裕のある朝鮮の女性を代表的する職業婦が妓生である。彼女らのブロマイド写真が数多くハガキになっている。その中から、私がこれこそ新女性の洋装、モダンガールの服装であるいえる一枚のハガキを見つけた。

図11は、平壌の妓生学校に集まる妓生たちが収まっている写真絵ハガキである。このハガキの右下に先端的なモダンガールの全ての条件が揃っており、際立つ存在として写っている妓生を見つけることができた。

図12や図13は、日本人が多く住んでいる京城の中心地・本町の日本人街を紹介する写真絵ハガキである。ハガキには本町の商店街を、日傘を差して歩いている和服の女性が多く写っている。その横に雑貨を売る商店があり、日傘が陳列されている。日本人街を往来している写真絵ハガキには洋装をしている人も多く写っていたが、大半が男性か、子供であった。おおむね、いや、ほとんどの女性たちは和服を着て街を歩

図11　6-3-1（平壌名勝）妓生養成所（右は右下の拡大）

図12　4-京-129（京城）繁華なる商店街、本町の街景

図13　4-京-172（朝鮮・京城）殷盛を極めて

いていた。

ハガキの中に写っている日本の女性の姿からは近代的でモダンな要素を見つけるのは、非常に稀である。朝鮮の写真絵ハガキに近代日本の姿を写しながらも、京城の街を歩いている日本の女性からはモダンガールや新女性と呼べるべき外見をしている人を見つけることが出来なかった。なぜだろうと言う疑問をまた一つ残すことになった。

にもかかわらず、日差しが強い日と思われる時に撮られ、写真絵ハガキの中には、多くの和服姿の女性たちは和傘ではなく、洋傘の日傘をさして街を歩いている。一方、韓服を着て街を歩いている女性たちが写っているハガキを見る限り、和傘を日傘として用いているのを見ることはできなかった。ここまで洋傘の日傘と言い続けたのは、植民地下に置かれている朝鮮の女性たちは、日本の和傘を使用していないからである。

5　おわりに

朝鮮で最初の公式葉書は一九〇〇年、大韓帝国の農商工部印刷局から発行された一銭の葉書であった[46]。これは郵便葉書であって、朝鮮の風俗や観光、広報を目的とする写真絵ハガキを指すものではなかった。ハガキが朝鮮で大衆化され、流行したのは、一九一〇年代以後のことである。主に、朝鮮に進出した関係機関による写真絵ハガキの発行や日本人が経営する写真館が制作したハガキが普及したのであった[47]。そのため、ハガキの多くには、韓服を来ている妓生や朝鮮の生活習慣を表す風俗を含め、近代化していくモダン都市京城の姿が多く収められていた。

一九二〇年代に入ると、日本人を中心とする写真界が朝鮮的な写真文化を確立することを目的とする集まりが形成されることになった。一九二六年に創立した「京城写真社協会」である。一九三〇年代には廉価で携帯に便利な小型カメラが輸入されることで本格的に普及が始まり、専門知識がなくても多様な写真を追求するアマチュアたちも登場するようになった[48]。

朝鮮も近代期に入り、上流層の女性と新女性を中心に西洋服式が普及されると同時に、洋傘の日傘を使用するようになったという認識が一般的なものである。近代期の朝鮮女性たちは、以前よりも外出が増えたけれど、相変わらず顔を露出して歩くことはなかった。顔を隠す面倒臭い長衣の代わりに洋傘の日傘を受け入れたのである。

日文研データベースの七一二五枚におよぶ「朝鮮の写真絵ハガキ」や多くの当時の葉書集を見る限り、上流層の女性や新女性たちの持ち物であったと言うよりも、より伝統的な儒教の思想や価値規範に縛られていた女性たちの持ち物であったと言うべきである。

ハガキの中に写っている洋傘の日傘を持って登場している朝鮮の女性たちはほとんどが韓服を着ており、洋服を着ている人は非常に稀である。もう一つ、日本の和傘の日傘を持っている女性を見ることはできなかった。

当然ながら写真絵ハガキの中には、一九一〇年の日韓併合後から一九四五年までの朝鮮の街でも、日本人街を歩いていた日本人の女性も、風景の一つとして収められていた。日本人街本町を歩いている日本人の女性たちはほとんどが和服の姿であった。これは日本が内地と呼んでいた日本国内にいる女性たちが街を歩いている姿と何も変わらない様子であった。日本を離れて暮らしている日本の女性はそれほど洋装が進んでないということを朝鮮の写真絵ハガキを通して確認することができる。

新女性もしくは、モダンガールのアイテムとしての日傘に関する話題は、日本と朝鮮のあいだにおいては同時性の関係を持つものでありながら大きな違う意味を持つ存在であることが確認できたと言える。顔を隠す伝統的な儒教精神による朝鮮の女性たちの服飾文化の代用品として洋傘が日傘として朝鮮の多くの女性が使用していた反面、日本ではモダンガールのアイテムの一つとしての側面が重視されていたと言える。朝鮮において洋装をして街を歩いていた女性は少数派に過ぎないが、一方、洋傘の日傘を持参して街を歩いていた女性は多数派であったと言える。また、これらのことも写真絵ハガキを通して確認することができる。

本稿の最初では、朝鮮における新女性とは誰か、モダンガールはどんな意味を持つ存在かについて、多くの論文や書物を取り上げ、新女性やモダンガールに関する言説やその概念などを色々と説明をした。その中でも、新女性やモダンガールのアイテムの一つとして紹介されていた洋傘の日傘を持つ存在であることがしばしば論じられていた。

しかし、朝鮮の写真絵ハガキに収められている洋傘の日傘を持ち、京城の街を歩いていた朝鮮の女性たちは、新女性やモダンガールの姿ではない。多くのハガキの写真に写っている女性たちは帽子も、ハイヒールも、断髪もしておらず、洋装よりもチマとチョゴリを着て、知らない男性に顔を晒すのが嫌いな朝鮮の女性たちの姿であったのである。

〈参考文献及びインターネットサイト〉

国際日本文化研究センター（日文研）がデータベース化している「朝鮮写真絵はがきデータベース」【https://kutsukake.nichibun.ac.jp/CHO/index.html?page=1】 二〇一〇年五月二一日現在。

学習院大学データベース「東アジアの都市における歴史遺産の保護と破壊――古写真と旅行記が語る近代」【https://www.gakushuin.ac.jp/univ/geore/research/2015a/seoul.html】

絵葉書資料館【https://www.ehagaki.org/】

高麗美術館編集『「写真絵はがき」の中の朝鮮民俗 100年前への時空の旅［1900-1945年］』高麗美術館特別企画展 1910年日韓併合から100年 高麗美術館 二〇一〇年。

水野直樹編『図録 植民地朝鮮に生きる』岩波書店 二〇一二年。

郡司正勝他編著『傘』INAX出版 一九九五年。

鄭雲鉉著・武井一訳『ソウルに刻まれた日本』桐書房 一九九九年。

中野茂樹『植民地朝鮮の残影を撮る』岩波ブックレットNO.165 一九九〇年。

国立現代美術館『신여성 도착하다』바르토매우 마리 二〇一八年。

부산근대역사관『사진엽서로 떠나는 근대기행』재판（한국근대시각문화 아카이브：3） 민속원 二〇〇九年。

부산박물관『사진엽서로 보는 근대풍경』(1)-(8)。―（한국근대시각문화 아카이브：4） 민속원 二〇〇九年。

권혁희『조선에서 온 사진엽서』민음사 二〇〇五年。

조범래 편집『엽서로 보는 일제의 식민통치와 한국인의 삶』（독립기념관 소장 사진자료집：2） 독립기념관 二〇一二年。

고부자「우리생활 100년・옷」『한국문화예술총서』14 현암사 二〇〇一年。

김 명환 김 중식『서울의 밤 문화』생각의 나무 二〇〇六年。

경기여자고등학교『근대직물100년』경운박물관 二〇一三年。

전 우용『서울은 깊다』돌베개 二〇〇八年。

박 영순『한국문화론』한국문화사　二〇〇二年。
韓国教育学術情報院（KERIS）【http://www.keris.or.kr/index.jsp】
韓国文化コンテンツ振興院（KOCCA）【http://www.kocca.kr/cop/main.do】
国会図書館【https://www.nanet.go.kr/main.do】
検索サイトNAVER【https://www.naver.com】
「Pinterest」【https://www.pinterest.jp】

〈註〉

（1）日文研が構築している「朝鮮写真絵はがきデータベース」（二〇二一年五月二一日現在）には、朝鮮写真絵ハガキのデータの件数が八三八二件で、そのうちハガキは七一二五枚である。その中から「人物あり」で検索すると、六二〇一件がヒットし、そのうち、五三七四枚のハガキがあり、さらに「女性」と入れてみると、二八七六件でそのうち、二四〇二枚がハガキで、「妓生」と入れると、一〇三九件のうち、八五八枚のハガキがある。しかし、かなりの枚数のハガキは重複している。全く同じものであっても色合いの違うハガキや色をつけたものや、同じ構図のハガキであっても被写体の大きさが異なるものや収集経路が異なる場合のものをそのままデータ化している。その他にも、朝鮮関連のハガキを多数参照しているが、本稿で用いているハガキは全て日文研のデータベースから借用している。そのため、借用しているハガキには日文研の整理番号がついており、朝鮮の風景や新女性（モダンガール）に興味のある誰もが探し、見ることができる。国際日本文化研究センター（日文研）データベース「朝鮮写真絵はがきデータベース」【https://kutsukake.nichibun.ac.jp/CHO/index.html?page=1】（二〇二一年六月二一日現在）。

（2）李光麟・慎鏞廈編著『韓国文化史』一志社　一九九六年　一六一―一七〇ページ参照、慎鏞廈「19世紀開花派의 自主的 近代化 思想의 構造」『韓国史學』6　韓国精神文化研究院　一九八五年　一一五―一六六ページ参照、『朝鮮を知る事典』平凡社　一九九八年を参照。

（３）雑誌『新女性』は、一九三四年八月まで七三巻前後が発刊されていた。

（４）下記のリンクに「開闢社」の創立に関する新聞記事が掲載されているので参照。【https://blog.naver.com/simahm/221569389772】

（５）李懋静『１９２０年代　新聞에 실린 女性관련 連載記事　分析』同徳女子大学校大学院　二〇〇五年　七―八ページを参照。

（６）고일영『１９２０年代 天道의 近代的　女性觀研究：『開闢』・『新女性』・『別乾坤』을 中心으로』祥明大學校 教育大學院　學位論文（碩士）――一九九九年を参照。

（７）婦人開闢社が刊行した雑誌『婦人』や『新女性』に関しては、『국민족문화대백과사전』【http://encykorea.aks.ac.kr/Contents/SearchNavi?keyword=%EA%B0%9C%EB%B2%BD%EC%82%AC%20&ridx=0&tot=3】と【http://encykorea.aks.ac.kr/Contents/SearchNavi?keyword=%EC%8B%A0%EC%97%AC%EC%84%B1&ridx=1&tot=14#self】を参照。

（８）新女性の登場と女性雑誌の刊行については、이 현정「１９２０－１９３０년대 여성잡지에 나타난 신여성의 여성문제 인식」한국교원 대학교 석사논문　二〇〇八年」を参照。

（９）官立、私立、ミッション系の女学校及び女学生の増加推移や教育課程、卒業後の進路に関しては、全彦厚『일제시기 여학생 의식의 변화』梨花女子大学校大学院碩士学位請求論文　二〇〇〇年を参照。

（10）조 희진［근대적 복식 유행의 출현과 사회적 수용」고려대학교 대학원 박사학위논문 2008 pp.191-213を参照。

（11）김 수진「식민지 근대의 만화경、신여성」『신여성 도착하다』바르토매우 마리　二〇一八年　二〇一ページ。

（12）日本では「新女性」や「モダンガール」について非常に早い時期から色々論じられていた。特に「モダンガール」に関しては、初期の先行研究としてよく知られている雑誌『女性』に「モダーンガール」を寄稿している北澤秀一（一九二三年）を先頭に、新居格の「モダンガールの輪郭」（『婦人公論』一九二五年）、清沢洌の「モダンガール」（一九二六年）、片岡鉄兵の「モダンガールの研究」（一九二七年）など多くの研究が現在も続いていることを踏まえ、本稿では日本での「モダンガール」の定義などを省略している。

（13）김 명환 김 중식『서울의 밤 문화』생각의 나무　二〇〇六年　四七ページ。

（14）「조선물산장려운동（朝鮮物産奬勵運動）」『한국민족문화대백과사전』
【http://encykorea.aks.ac.kr/Contents/SearchNavi?keyword=%EC%A1%B0%EC%84%A0%EB%AC%BC%EC%82%B0%EC%9E%A5%EB%A0%A4%EC%9A%B4%EB%8F%99&ridx=0&tot=8780】

（15）손 유주『개화기 기생들의 예술 활동 연구』단국대학교 대학원 석사학위 논문　二〇〇五年を参照。

（16）禹枝賢『1920－30년대 여성의 직업 진출과 사회적 갈등』明知大学校教育大学院碩士論文　二〇〇九年を参照。

（17）日本ナショナルが一九八五年に発行した季刊『自然と文化』の夏号「かぶる」を参照。

（18）郡司正勝他編著『傘』　INAX出版　一九九六年　六ページ。

（19）「양산（洋傘）」『한국민족문화대백과사전』
【http://encykorea.aks.ac.kr/Contents/SearchNavi?keyword=陽傘&ridx=2&tot=716】

（20）「일산（日傘）」『한국민족문화대백과사전』
【http://encykorea.aks.ac.kr/Contents/SearchNavi?keyword=%EC%9D%BC%EC%82%B0&ridx=0&tot=30】、백 영자「우리 나라 노부의장（鹵簿儀仗）에 관한 연구」이화여자대학교박사학위청구논문、一九八五年を参照。

（21）「왕세자（王世子）」、「수령（守令）」、「유수（柳洙）」、「감사（監事）」などは『한국민족문화대백과사전』【http://encykorea.aks.ac.kr】を参照。

（22）「도롱이」のイメージを『한국민족문화대백과사전』で参照。
【http://encykorea.aks.ac.kr/Contents/SearchNavi?keyword=도롱이&ridx=0&tot=2】

（23）「갈모」のイメージを『한국민족문화대백과사전』で参照。
【http://encykorea.aks.ac.kr/Contents/SearchNavi?keyword=갈모&ridx=0&tot=1】

（24）류희경『한국복식사연구』이화여자대학교출판부、一九八〇年を参照。
「우산（雨傘）」『한국민족문화대백과사전』
【http://encykorea.aks.ac.kr/Contents/SearchNavi?keyword=陽傘&ridx=1&tot=716】

(25)『韓国地理風俗誌叢書』(42)「大京城」 景仁文化社(影印) 二〇〇五年 三四—三七ページ。

(26) 주혜나『19세기 조선시대 여자 일반복식에 관한 연구』이화여자대학교 대학원 석사학위 청구논문 二〇〇四年 四五—五九ページ参照。

(27) 고부자「우리생활 １００년・옷」『한국문화예술총서』14 현암사 二〇〇一年 八四、一九九ページ。

(28) 김 은정『１９２０－３０년대 한국 여성 패션과 소비 문화의 변화』延世大学校博士請求論文 二〇一三年 一九ページ。

(29) 京城市中の大衆の消費や流行を牽引している空間である百貨店や商店街、茶房・カフェなどを含め近代的な服飾文化に関する内容や国産品愛用を促す「朝鮮物産奨励運動」の中、服飾改良や近代化に関わる啓蒙運動については、조 희진[근대적 복식 유행의 출현과 사회적 수용] 고려대학교 대학원 박사학위논문 二〇〇八年を参照。

(30) 남용협『서울 명동 도시조직 변화에 관한 연구：제1중앙토지구획정리사업 충무로지구를 중심으로』학위논문(석사) 경기대학교건축대학원 二〇一〇年を参照。

(31) 鄭雲鉉著、武井一訳『ソウルに刻まれた日本』 桐書房 一九九九年を参照。

(32) 홍 나영「한복 개량 운동에 관한 고찰」『服飾』一五号 一九九〇年 一四四—一四八ページ参照。

(33) 李松姫『開花期 服飾의 変遷과 그 要因』梨花女子大学校大学院 一九八三年 四九—六二ページ参照。

(34) 고부자「우리생활 １００년・옷」『한국문화예술총서』14 현암사 二〇〇一年 八〇—八四ページ。

(35) 朝鮮の女性たちの衣服の変化が最も大きかった韓服改良運動や女学生の制服の普及とその服装の変化に関しては、兪水敬『韓國 女性洋裝의 變遷에 관한 硏究』이화여자대학교 대학원 학위논문(박사) 一九八九年を参照。

(36) キャンベル(Josephine P. Campbell, 1852～1920)については、基督教大韓監理会の【https://kmc.or.kr/dic-search/dictionary?mod=document&uid=43359】参照。

(37)「배화학당(培花學堂)」『한국민족문화대백과사전』【http://encykorea.aks.ac.kr/Contents/SearchNavi?keyword=%E5%9F%B9%E8%8A%B1%E5%AD%B8%E5%A0%82&ridx=0&tot=4730】

（38）「京畿女子高等学校」【http://encykorea.aks.ac.kr/Contents/Item/E0002330】

（39）金潤『해방 이전 여학생 교복에 관한 연구――1886년~1945년을 중심으로――』成均館大學校 一般大學院 碩士學位 請求論文 二〇一四年 一一―一四ページ、三三、五八―六〇ページを参照。

（40）김 은정『1920-39년대 한국 여성 패션과 소비문화의 변화』연세대학교대학원 박사학위논문 二〇一三年を参照。

（41）一九三二年、一九三三年、一九三八年、一九四二年に発行された朝鮮総督府の『統計・年報』のデータを用いている。【http://contents.history.go.kr/front/km/view.do?levelId=km_002_0060_0020_0030】

（42）김 수진「식민지 근대의 만화경、신여성」『신여성 도착하다』바르토매우 마리 二〇一八年 二〇六ページ、また一九一二年から一九四二年まで朝鮮総督府が発行した『朝鮮総督府統計年報』の中、女子高等普通学校数と学生の数をも参照している。

（43）高麗時代から存在していた娼妓が所属し、俗楽を学ぶ機関を指す。

（44）妓生に関しては、李能和『朝鮮解語花史』서울：동문선 一九九二年、川村湊『妓生――「もの言う花」の文化誌』作品社 二〇〇一年を参照のほか、藤永壯「植民地朝鮮における公娼制度の確立過程――1910年代のソウルを中心に――」『二十世紀研究』第五号、二〇〇四年【http://www.dce.osaka-sandai.ac.jp/~funtak/papers/seoul/seoul2.html】（二〇二一年六月二五日現在）

（45）공 승연『근대 기생 복식에 관한 연구』이화여자대학교대학원 석사논문 二〇〇五年 五四―五七ページ。

（46）「郵便葉書」『한국민족문화대백과사전』【http://encykorea.aks.ac.kr/Contents/SearchNavi?keyword=%EC%97%BD%EC%84%9C&ridx=0&tot=2】

（47）朴宣智『복식을 통해 고찰한 한국의 근대적 여성성』成均館大学校一般大学院博士請求論文 二〇一四年 四九―五一ページを参照。

（48）「写真」『한국민족문화대백과사전』【http://encykorea.aks.ac.kr/Contents/SearchNavi?keyword=%E5%AF%AB%E7%9C%9E%E9%A4%A8&ridx=0&tot=875】

3部

空間

大多数の日本人は、家の中で靴をぬぐ、この点は、韓国人も変わらない。ながらく、土足ですごしてきた中国人とのあいだには、溝がある。あるいは、欧米とも。まあ、近年は中国や欧州の都市部でも、居室の脱土足化がすすみだしているのだが。

炬燵もふくむ床暖房が普及しているのは、国際的に見れば、韓国と日本である。家の中では履物をうけいれず、暖房が不用になるほど暑くない。けっこう、冬は寒くなり、かつ日常的に足の裏を床の上へ直接ふれさせている。あるいは床に腰をおとし、また寝そべることもありうる。そんな文化圏、つまり韓国と日本でひろがったのだと、みなしうる。

韓国そして朝鮮のオンドルと日本の床暖房は、別物としてながめられやすい。だが、両国は上下足分離の文化を共有する。そこを背景に、床暖房とオンドルの往還はあったと考える。

戦前に大陸へおもむいた日本人は、しばしばダンスホールに出没した。現地でくりひろげられた「西洋化」と内地のそれは、けっこうおもしろい偏差をもつ。そこに、今のべた土足の問題もかかわらないわけではない。長崎を起点として、南蛮的、中国風とされた麺料理が上方、さらに江戸へと伝播する。食の歴史はとらえがたく、だからこそおもしろい。

［井上章一］

ダンスホールの「植民地」
――日本の「西洋化」と日本をとおした「西洋化」

永井良和（ながい　よしかず）

一九六〇年、兵庫県生まれ。関西大学社会学部教授。京都大学大学院文学研究科博士後期課程学修退学。京都大学文学部助手、大阪教育大学教育学部助教授などを経て、現職。都市社会学・大衆文化史専攻。おもな著作に『社交ダンスと日本人』（晶文社）、『にっぽんダンス物語』（リブロポート）、『ホークスの70年』（ソフトバンククリエイティブ）、『定本　風俗営業取締り』（河出書房新社）など。

一　和装のダンサー

本稿では、男女が組んで踊る社交ダンスを楽しむ場、洋楽にあわせて踊る機会を金銭によって提供する商業的ダンスホールの普及過程を考察する。

欧米から日本に社交ダンスがもちこまれたのは、幕末のことだ。ただし、一般には、その習慣はひろがらない。鹿鳴館時代に象徴されるとおり、外交官をはじめとする政府高官や紳商たちの閉じた交際の場の楽しみにすぎなかった。ホテルに舞踏場が開かれ、クラブ組織がつくられるようになり、一般の人びとにも愛好者があらわれる。それでも女性の参加は少なく、それを補うために対価を受けてダンスのパートナーをつとめる職業的ダンサーが誕生した。ダンサーをおく商業的ダンスホールは一九一〇年代にアメリカ西海岸で生まれ、まもなく北米大陸の各都市に拡大。やがて、航路でつながる世界の各都市にひろがっていく[1]。

東南アジア、東アジアでは、マニラやシンガポール、香港、上海、そして神戸や横浜などの都市に早くからダンス場が存在した。当初は欧米人や欧米人と交際する人たちのあいだにとどまったが、一九二〇年代以降、ジャズ音楽にあわせた舞踏と、職業的ダンサーの登場とがあいまって爆発的な流行現象となる。日本での普及過程については、これまでになんどか書いたので省略する[2]。ここで注目したいのは、日本の商業的なダンスホールでは、ある時期まで多くの女性たちが和装で踊っていたという事実だ。男性は洋装への転換が早く、キモノで踊る男性は一般的ではなかった。いっぽう女性にドレスを着用する人がいないわけではなかったが、当初は少数派だ。一九二〇年代後半から一九三〇年代にかけて、すなわち昭和になって洋装で踊る女性が増える。昭和のモダン・ガールのイメージは断髪洋装であり、またダンサーのファッションこそが尖端的な女性の風俗と見なされてきた。しかし、それは初期のダンサーを撮影した写真がほとんど残されていないからで、ある種の錯覚といえる。大正時代にはダンサーの多くが和装で、昭和になってからでも和装を貫くダンサーは一定数みられた。ダンスホールという西洋的な場でさえ「西洋化」には濃淡があって、男性の着衣はほぼ洋風になったものの、女性の和装や日本髪が駆逐されるまでにはいたっていなかった(3)。

「内地」でのダンスホールの隆盛を受け、日本が植民地や租界としていた地域や、軍事的、経済的に大きな力をにぎった都市など、「外地」と呼ばれたところには日本人の手でダンスホールがつくられた。上海のように、日本が関与するより前から社交ダンスを踊る場が設けられていた都市も、もちろんある。しかし、一九三〇年代以降は、日本の支配をとおしてダンスホールが移植された。それらのホールでは、西洋起源の音楽やダンスを楽しむ機会が、日本人だけでなく、現地の人びとにも与えられた。

機械的なふりわけをすると、この時期の東南アジア、東アジアでの「西洋化」にはいくつかのパターンを想定できる。「西洋化」一般について論じると話が散漫になるので、洋楽洋舞の輸入にかぎって考えよう。

まず、早い時期に欧米の植民地になったか、租界や居留地がおかれて洋楽洋舞がはいった地域や都市。たとえばフィリピンや香港、上海。日本では横浜や神戸などが該当する。欧米の植民地にはならなかったものの通商や雑居などを経て欧米との交流がすすみ、洋楽洋舞が紹介された地域、都市もある。日本では京都がその例だろう。さらに、日本の支配下におかれたことで洋楽洋舞がはいったケースとして、台湾や旧満洲の諸都市があげられる。いっぽう、朝鮮半島は日本の統治のもと洋楽洋舞の導入が制限された。

二　外地のダンスホールとダンサー

1　台湾

内地から渡台した人びとによって社交ダンスが紹介されたのは一九二七年ごろとみられる。きっかけとなったのは、関西でダンスホール規制が強化されたことだ。神戸でKNKホールを経営していた片山光児と妻のとし子が、台北の林樹枝という人物に招かれ小さな踊り場で教えはじめる。ホールの営業は許されなかったが、片山夫妻の動向は台湾日日新報にも紹介され、台北の人びとの話題になった[4]。やや時間があって、一九三一年一月、台北に欣踏倶楽部が開かれる。日本家屋で蓄音機を鳴らし、畳の間で靴下を履いて踊った。この組織が移転。向かいに島都随一のカフエー美人座があったので、客は女給たちを同伴して欣踏倶楽部に向かった。ホールが公認されるまでの台湾には同好会組織のみがあり、特殊女性会員をおいてパートナーにあてた。しかし、一九三二年二月に台北州が取締規則を制定。それでも女性パートナーの数が増えず、女給を無料で入場させ男性客の相手をさせるかたちがつづいたようだ[5]。

同年一一月に台北州がダンスホール二件の営業を認める。西門町の羽衣会館は七万円を費やした建物と内装で評判となり、バンドも内地から招聘。支配人で教授部代表の福澤文華は大阪毎日新聞の記者だったが、欣踏倶楽部でも教えた経歴をもつ。ダンサーは、福澤がみずから阪神間のホールに出かけてスカウトした。羽衣会館は、欣踏倶楽部が発展的に営業ホールへと転換したものといえる。[6]

いっぽう日新町の同聲倶楽部は会員制時代からの「本島人」女性パートナーをそのままダンサーとして雇用。どちらのホールも客の多くは本島人だった。[7] のちに同地を訪れたダンス教師・姫野宏亮は、羽衣と同聲をそれぞれ「内地人町」のホール、「本島人町」のホールと区別している。同聲の広告では経営者にもバンド・マスターにも本島人と思われる名が記載され、本島人の関与が高いホールだったとみられる（図1）。いっぽうの羽衣には神戸や尼崎のホールで馴染んだダンサーの姿があった。けれども、内地人と本島人が互いに排他的だったわけではない。日本人ダンサーと本島人ダンサーの比率はホールによって異なるが、客は混在しており、本島人もダンスを踊った。東京からもどってきた留学生と、上海帰りのモダンボーイとが、それぞれちがう踊りかたで楽しむかたちだと、姫野は記している。[8]

ホールは盛況だったが、一九三三年一一月には風紀取締りが厳格化される。同居家族がいないダンサーは合宿させ、市外に旅行するときは所轄署長に届け出させた。挑発的な服

図1　台北・日新町の同聲ダンスホール。ダンサーはドレス姿が多いものの、和服、チャイナ・ドレスも見える。（『舞踏公論』1935年2月号）

装や踊りかた、客との飲食や同伴外出も厳禁されている。[9] 抱きあって踊る社交ダンスは、亜熱帯から熱帯にまたがる島には不向きな娯楽だが、夏枯れもあまりなかったようだ。動きがゆっくりしたタンゴやワルツが歓迎されると思いきや、人気はフォックストロット。ダブルのスーツを着てきた客も、上着を脱ぎ、シャツのボタンもはずし、汗だくになって踊る。本島人ダンサーの上海服が涼しそうでいい、というのが内地出身のダンサーの感想だ。[10] それでも、台湾のダンスホールのムードは、基本的にはのんびりとしたものだったらしい。

内地ではしだいに戦時色が濃くなり、ダンスホールの営業成績も悪化。東京や阪神間のホールに見切りをつけて大陸や台湾に渡るダンサーや関係者も少なくなかった。だが、台湾のホールでも国防や慰問のための献金行事が展開され、非常時の窮屈さは内地とあまりかわらない[11]（図2）。

図2　1938年10月8日、第二回愛国デー海軍飛行将士慰問献金の夕で。台湾第一ダンスホールのダンサーたち。手前に積み上げられているのは慰問袋。（『ダンス時代』1938年1月号）

台湾ではほかに、台南、高雄に公認、非公認の踊り場があり、基隆《キールン》にも開設したいとの要望はあった。けれども、一九三八年一〇月の新たな取締方針以後、存続はむずかしくなる。婦人客や一八歳未満の者あるいは学生の入場が禁じられ、客は名簿に職業、姓名、年齢を記載しなければならず、営業時間前に宮城や神宮を遥拝することが課され、閉場は夜一一時とされた。ダンサー、バンドとも新たな採用や追加が認められず、ホールの新設、拡張、増改築、移転もすべて不許可となる。名簿記載の義務化で客足は遠のいた。ダンサーはカフエーの女給に転職するか、あるいは厦門《アモイ》に渡ろうか、と悩んだ。[12]

内地のダンスホールが閉鎖された一九四〇年。台湾のホールも順次、閉鎖されていく。八月末に台南のホールが閉鎖され、台北でも一〇月末での閉鎖が通達される。最後まで残った第一もけっきょく八月末での自主廃業に応じた。[13] 日本の統治が長かった台湾では、その分、取締りの様相や経緯も内地にちかかった。

2 中国大陸

(1) 大連

中国大陸の都市で日本人を受けいれる玄関口となったのは大連だった。もともとロシアが「東洋のパリ」にしようとした街を、日本が継承。ロシア時代にすでに「西洋化」ははじまっているし、日本が支配して以降も欧米から直接、大連に来る人、もたらされる文物があった。並行して、日本をとおしての「西洋化」がすすむという複雑な変化が生じる。中国東北地区の都市でも、一九三二年の「満洲国」建国をはさみ、長期にわたって大連と同様の複線的な文化の受容や変容がすすんだ。

大連では、欧米人の邸宅や宿泊施設、それに飲食店でダンスが踊られた。大連にはダンスを踊るロシア人が在留しており、なかにはダンスを教えたりパートナーをつとめたりして生計を立てる人がいた。監部通にあったロシア人経営のビクトリアは、ダンスのできる店として名がとおっていた。けれども、飲食店などの働き口はかぎられ、一部のロシア人は生活に困窮する。気の毒に思い、日本人理髪店主がダンスを教わることで支援しようとしたものの、無許可のダンス営業として警察に禁止された挿話もある。[14]

一九二〇年代のなかば、神戸や大阪、京都、横浜、東京でダンスが流行の兆しをみせる。内地と呼応するように、大連にもいくつかの踊り場が生まれた。ただ、公的な取締りが始まる前の段階だったので、さまざまな形態がある。そのひとつが、日本人だけでなく現地の中国人をもまきこんだ楽しみかただ。一九三〇年一〇月には中央舞踏研究倶楽部〔中央舞踊倶楽部とも〕という団体が「日支両文で印刷した」勧誘ビラを配布。小崗子警察署で調査したところ、ビラを配ったのは中国人青年だった。青年は、横浜で貿易商を営む広東出身の両親のもとに生まれた。この中国人青年にダンスを教えていたのが、やはり横浜で生まれ育った日本人女性。さらに、この女性と内縁関係にある青年がいて、彼も父が中国人、母が日本人という生育環境にあった。このような三人が横浜から渡連し、社交ダンス研究団体をつくったのだった。会員の詳細は不明だが、二〇名ほどのうち約半数が日本人で、残りは中国人だった[15]。

日本人が踊り場で他の民族とどのように接したのか。それは都市や時代ごとにさまざまでありえた。台湾では、客もダンサーも、またミュージシャンや経営者も内地人と本島人とが混在するかたちがあり、それが継続した。対して大陸の都市では、そういった交流の可能性はひろがらない。「日支親善」をめざした大連の中央舞踏研究倶楽部は、即刻、解散に追いこまれている。小崗子警察署高等係が担当したところをみると、諜報活動などと関連づけられる可能性が高かったのだろう[16]。

関東庁令によってダンスホール営業、ダンサー営業が公認されると報じられたのは一九三一年七月。晴れてダンスホール営業は可能になったが、飲食店、とりわけカフエーや遊廓でのダンスは黙認から一転、厳しい取締りを受けた[17]。芸妓がダンスの相手をすることも禁じられる。大連、奉天（瀋陽）などでは多くの業者から申請が出されたが、当局はなかなか認めず、開業は九月までずれこんだ。まずは外国人観光客が利用するホテルなど三件が先行許可される。世評を気にしてか、その後半年をかけて一般の営業ダンスホールの審査が慎重にすすめられ、大連、奉天などに踊り場が開かれたのは翌一九三二年四月のことだった。[18]

大連ではヤマトホテルや遼東ホテルをはじめ、ペロケ、東亜会館、ローヤルなど一般のホールにくわえ、キャバレーから転業した大連会館や、いちどは禁止された遊廓のホール営業も認められた。ただし芸妓は三業組合のホールのみでダンスができるとされ、他のホールで踊ることは禁じられる。[19] 紆余曲折はあったものの、大連の踊り場は一定の規制のもとにかたちを整えた。一九三二年のクリスマスから一九三三年正月にかけては、ホテルや市内各ホールで多くの人びとが踊った。客には裕福な中国人もふくまれていたようだ。音楽のジャンルは内地とほぼ同じで、ジャズとタンゴ。ダンスではフォックストロットやクイックステップ、ワルツ、タンゴが踊られたようだ。新聞には社交ダンスの教則本、ダンス・レコードや蓄音機の広告をはじめ、教授所やホールの広告、ダンサーの求人広告も数多くみられるようになる。和装女性のためのダンス用のキモノや草履に関する情報もある。この時期には内地の新聞やダンス雑誌の求人欄に日本人女性をリクルートする広告が散見される。一九三三年二月に開業したペロケには、東京から選りすぐりのダンサー二〇名が送られた。[20] ダンスの専門誌は、外地に編集部の支局や販売の出張所をおいた。

このころの模様を伝える記事は、「ジヤズ時代　続々出来る！　ダンスホール」との見出しで、以下のように書く。「ダンス熱は世を風靡して伝統を誇る色街まで新思潮の渦に捲き込まれ〔中略〕大連署の取締り方針も時代の流れに添ふて変化を余儀なくされ閉鎖主義から開放主義へと一廻転しまさにジヤズ時代をつくりつゝある」と。[21] ホテルでは土曜の夜、日曜の昼に定期的なパーティが催され、一般のホールでも仮装舞踏会や模範舞踏などのイベントが開催された。大連に関していえば、ホール営業の許可から一年くらいで、ほぼ内地なみのダンス文化がひろがったといえる。社交ダンスだけでなく、高田せい子や河合澄子らステージ・ダンサーの公演も催された。[22]

一九三二年、満洲日報社が詞を公募する企画で、懸賞当選歌「大連行進曲」と「大連シャンソン」のレコードが発売された（コロムビア二七一一三番）。内地では一九二八年ごろから都市名や繁華街の地名を冠した行進曲のブームが起こっていたので、その余波が外地に到達したということだ。カップリングされた「大連シャンソン」の作曲は佐々紅華、歌唱は新橋喜代三。鹿児島出身の喜代三は一〇代で台湾に渡り、台南で芸妓づとめを経験する。のち東京で歌手となり、作曲家・中山晋平の後添えに迎えられた女性だ。[23] 一一月二三日には大連劇場で「大検秋の踊り」のレビュー公演があり、ジャズバンドと三味線の伴奏で芸妓たちが新舞踊「大連シャンソン」を披露した。[24]「大連シャンソン」はさらに、翌一九三三年一月、ダンス・レコードとして再発（コロムビア二七二八二番）[25]。東京のダンスホール・フロリダに来演していたフランスの巴里ムーランルージュ楽団のヴァイオリン奏者シャール・パクナデルとアコーディオン奏者のモーリス・デュフールが編曲を担当、ワンステップを踊るための音楽に改作された。演奏も同楽員による。この盤でカップリングされたのは、同じ巴里ムーランルージュ楽員吹込の「ふるさと」だった。

日本が植民地化した中国大陸の都市で、日本人が作曲した曲を、フランス出身で東京在住のミュージシャンがダンス曲にアレンジし演奏したレコードが売れる。あるいは、検番所属の芸妓たちが、ステージ・ダンスとして踊ってみせる。人や文化の複雑な混交が、ここにはある。

しかしながら、その後の一年で社交ダンスを見る世間のまなざしが大きく変わった。ダンスの教師たちは、内地の団体とも連携しながら愛好者たちの技術の向上をめざす。ダンスの質が下がると風紀が乱れる、だからこそ「正則」ダンスを教授できる教師や技量の高いダンサーが必要だという理屈をつけ、内地の業界団体も大陸のダンスにかかわった。そこには、内地ではもはや拡大できそうにないダンス市場のさらなる開拓という思惑もあっただろう。けれども、教師たちの啓蒙だけで享楽的な娯楽のありようをただせるとの見通しは甘かった。一九三三年二月に一一九名だったダンサーは九月末に二三六名を数え、半年余りで倍増(26)。カフエーなど他の業種は、ダンスホールに完全に圧倒されたかっこうだ。

　過当競争のせいもあるだろうし、流行が沈静化したということもあろう。勢いのあったダンスホール営業はすこしずつ失速。有閑マダムをめぐる殺人事件や、ダンサーをめぐる醜聞、さらにホールにかかわる人びとの道徳の乱れが新聞記事で書きたてられるにつれ、排撃論も強まる(27)。作曲家で教育者の村岡祥太郎（楽童）が創立にかかわり、南里文雄がバンドマンとして活躍したことで知られるペロケでも、ダンサーや元教師たちの不品行が新聞沙汰になった。ホール内でドイツ人とユダヤ人との乱闘騒ぎも起きている(28)。大連警察署では酒類提供の禁止やダンス教師の身元確認の厳格化などを検討し、関東庁もきびしい姿勢を見せた。ホール側も対応せざるをえず、おもだった経営者たちが相談し警察の担当者ともども風紀浄化にとりくむ(29)。ただ、のちの記録に大連のホールではビールの販売がつづいたとあるので、泥酔者を排除するていどですんだものとみられる。一九三三年一〇月には東京から米田貞子がペロケに招かれダンサー監督をつとめる(30)。上海、東京で長くダンス教師、ダンサーとして働いた経験をもつ米田は、ダンス界で敬意をはらわれる立場にあった。

　大連ではこのあと、経営面で不安定だった東亜会館がメリーダンスホールに改組、さらに尼崎のタイガーの辣腕経営者・高橋虎男によって買収されニュータイガーに衣替えした。大連ダンスホールもハピノスに改称。一九三八年まで生き残ったのは大連会館、ペロケ、ニュータイガー、ハピノスだけとなり、多くの教授所が廃業していった。大連会館はこの年の暮れにビルを新築して移転したが、時勢はホールの存在を許さなかった（図3）。一九三九年七月には関東州庁による歓楽街の風紀粛正を受け、学生・未成年、婦人客の入場が禁じられる[31]。ホール営業は内地より一年あとの一九四一年一〇月末に終わったとされるが、ほとんどのホールはその期限を待たず映画館などに転業した[32]。

（2）奉天・新京・哈爾濱・青島・天津・北京

大連から南満洲鉄道に沿って邦人経営のダンスホールは北上する。そのひとつは大連・遼東ホテルの経営者、山田三平による奉天での事業展開だった。山田は遼東ホテルの踊り場を一新、第七天国として多くの愛好者を受けいれた。山田はその後、ダンサーをおいたホール営業に着手する。奉天に明星ダンスホールを開業したのが一九三二年のクリスマス。同地にはすでに奉天会館やブロードウエイなどがあったが、山田は果敢に参入した。一九三四年には鞍山にオリオンを開業、奉天のオリエントを傘下に収め、明星と姉妹ホールとし、その手腕を発揮した。舞踏場組合長もつとめるなど業界発展に貢献したが、一九三七年六月に亡くなる。

奉天では一九三八年からホールの営業時間が短縮され、飲食物を販売することも禁じられた。ダンサーの数も、フロアの床面積一坪あたり一名との定員が設定される[33]。内地のホールが閉鎖される一九四〇年、奉天には明星、スター、ブロードウエイの三ホールだけが残っており、閉鎖は翌一九四一年春まで猶予され

図3　1934年11月16日から開催された「第二回カントリー祭」で賑わう大連会館。万国旗が飾られている。（梅原陽子さん旧蔵）

た。ブロードウエイと明星は映画館に転換されたとの記事がある(34)。

一九三〇年代、日本の社交ダンス界では、イングリッシュ・スタイルと呼ばれる踏法がほぼ標準となっていた。イギリスで体系化され理論づけられたボールルーム・ダンスを教則本から学びとる、いわゆる「ブック・ダンス」だ。来日した欧米出身者は、それぞれが身につけていた踊りかたで楽しんだだろうし、欧米に滞在した経験のある日本人は帰国後もその踏法をたもっただろう。しかし、内地で初めてダンスに親しんだ日本人にとっては、テキストがあり、また教師について学ぶことが可能なイングリッシュ・スタイルが導きとなった。そして、その踏法が、日本のダンス界を経由して外地にももたらされたことになる。

当時のボールルーム・ダンスの世界的権威はイギリスのヴィクター・シルヴェスターという人物だった。

図4　1934年6月29日、奉天のオリエントで開催された模範舞踏大会。山市太平がゲスト。(『ザ・モダンダンス』1934年10月号)

輸入される本や雑誌の情報だけでは限界があると痛感した日本のダンス関係者は、若いダンス教師・山市太平をシルヴェスターのもとに派遣しイングリッシュ・スタイルのダンスを習得させる。一九三四年の帰国に際し、山市は東京にもどる前に、先に大連、奉天のホールでデモンストレーションを行なった（図4）。帰国当初は引っ張り凧の山市だったが、やがて実地に身に着けてきたはずの技術に対して疑問が投げかけられるようになる。それでも後援する教師たちに支えられ、山市はシルヴェスター流のダンスの普及に邁進した。その彼が新京（長春）のホール・モンテカルロに請われて渡満したのが一九三五年一一月。いったん帰国後、ふたたび踏んだ新京の地で病を得た。一九三六年五月に入院し、秋には内地に戻ったが急逝。三四歳だった[35]。ロンドンで学んだ踏法は、山市の身体を器として、日本に、そして新京にまでもたらされたことになる。また一九三七年の暮れには東京で選抜されたダンサーたちが新京のキャピトルに派遣される。旅の途中、彼女たちが大阪に立ち寄った際の新聞記事には、「インチキダンスを蹴飛ばしてダンゼン満洲のダンス界をリードしやうと意気込みすさまじく」と書き添えられている。イングリッシュ・スタイルは日本人ダンサーによっても中国大陸に届けられた[36]。

一九三五年一二月、新京に扇芳会館がオープンする。翌年の、このホールのバンドの情報を確認しておこう。ジャズは七人編成の「オカモトス・ジャズ・マニアーズ」で、バンド・マスターはトランペットの岡本武雄、ピアノ、ドラム、バス、トロンボーンの五名。これにくわえ、アルト・サックスとテナー・サックス、ハワイアン・ギターを演奏し、ヴォーカルも受けもつメンバーが二名。うちひとりは外国人のようだが国籍は不明だ。交互にステージをつとめるタンゴ・バンド「イナガキ・エ・ソン・タンゴ・アンサムブル」は五人編成。ピアノとバンドネオンの稲垣正彦がマスターで、他の四名がドラム、バス、フルート、ギター、アコーディオン、ピアノ、ヴァイオリン、ヴォーカルを担当した[37]。ドイツで生みだされ、アルゼンチンでタンゴと結びついたバンドネオンという楽器も、この時点で中国大陸のかなり北までたどりついていたことがわかる。日本人が経営し、日本人客が利用した施設の影響力がおよぶのはせいぜい日本人とその周辺にとどまっただろう。それでも、日本のダンスホールは植民地に西洋文化を伝える窓口のひとつであった。

タンゴは南米アルゼンチンからひろがった音楽・ダンスだが、当初はフランスやスペイン、イギリスから日本にもたらされた。いわゆる「コンチネンタル・タンゴ」である。一九二〇年代の前半にパリの社交界でヨーロッパのタンゴ・ブームを体験し、踊り手としても評価された男爵・目賀田綱美が帰国、日本にもタンゴ愛好者が生まれる。ただ、日本のダンスホールではイギリスで標準化されたタンゴが優勢となり、イギリスのダンス教師団体が定めた標準テンポで演奏される楽曲で踊られることが多かった。日本がオリジナルに近いタンゴに触れるのは一九三〇年代なかば以降で、アルゼンチンから楽譜やレコードが輸入されるようになってからだ。一九三四年から翌年にかけて中南米を訪問した加藤兵次郎がチリのクエッカやアルゼンチン・タンゴをもちかえって直接的な輸入の魁となる。その後は高橋忠雄による貢献が大きい。高橋忠雄は高橋義雄（箒庵）の息子で、大学生時代にタンゴに親しみ、目賀田に触発されてこの音楽にのめりこんだ。高橋は一九三七年にアルゼンチンを訪問し、現地から楽曲を伝える。戦前戦後をつうじて中南米音楽の紹介、普及につとめた。

けれども、これより前の段階で日本を経由して台湾や中国大陸に伝えられたタンゴは、オリジナルのタンゴとはいささかちがった。もちろん、タンゴだけがそういう伝わりかたをしたのではなく、ジャズ化されてから導入されたルンバなども同様だ。鎖国時代とはくらべものにならないほど、世界の多様な文化を受けいれた日本。しかし、音楽やダンスについていえば、イギリスやアメリカによって編集されたものを輸入し、それをいくらか日本化したうえで近隣地域に輸出していたことになる。ただし、のちにふれる上海には、わざわざ日本を経由せずとも欧米や他の国とじかに交流する回路があった。そういった国際都市にあっては、日本人が身につけた西洋的なモノやふるまい、習慣などは、日本化された、すなわちその分「劣化」したものと評価された可能性もあろう。

新京では一九三七年になるとダンサーが関東軍に献金したとの報道があらわれる。ホールの閉鎖は内地よりややあとの一九四一年二月末だった。(38)

中国大陸の、その他の都市の事情については簡単にふれておく。

ロシア人が暮らし、ドイツからのがれてきたユダヤ系の人たちも多かった哈爾濱《ハルピン》は、ヨーロッパ音楽、ダンスが東アジアにひろがる際の中継地だった。日本人経営のホールも早くから開かれ、ダンサーも内地から移り住んでいる。しかし、一九三八年には閉鎖の噂が立つ。けっきょく一九四一年一月末で廃業と決まったが、ロシア人に配慮し、キャバレー式舞踏場のうち「外人露人」を対象とした店の存続を許容。ヨーロッパ出身者からダンスや音楽までを奪い去ることはできなかったようだ。ただし、「日鮮満」のダンサーは働くことができないとされた。(39)斉斉哈爾《チチハル》や佳木斯《チャムス》、吉林にもダンスをさせる飲食店やキャバレーがあった。斉斉哈爾では一九三五年にホールが開かれたが、一九四〇年八月末で閉鎖され映画館に転業。熱河でも同年一〇月に閉じられている。(40)

第一次世界大戦後、日本の影響力が強まった青島《チンタオ》。のちに東京・フロリダの「ナンバー・ワン」ダンサーとなるチェリーこと田辺静江も、青島で暮らした少女時代に教養としての社交ダンスを「外人教師」から習得している。(41)青島にはスター、ダッキー、プリンスなどのダンスホールが存在し、いずれも日本人の利用客が多く、ダンサーも内地から渡っている。ホールの閉鎖は一九四一年三月末だった。(42)

天津には一九三一年ごろに創業した金船（ゴールデンシップ）舞踏場があった。日本租界で暮らす日本人のためのホールで、盛況を呈した。好景気に目をつけたのが大阪のキャバレー・マルタマで、一九三七年に三階建てのビル天津会館をつくる。一階がキャバレー、二階がダンスホール、三階に和洋宴会場という

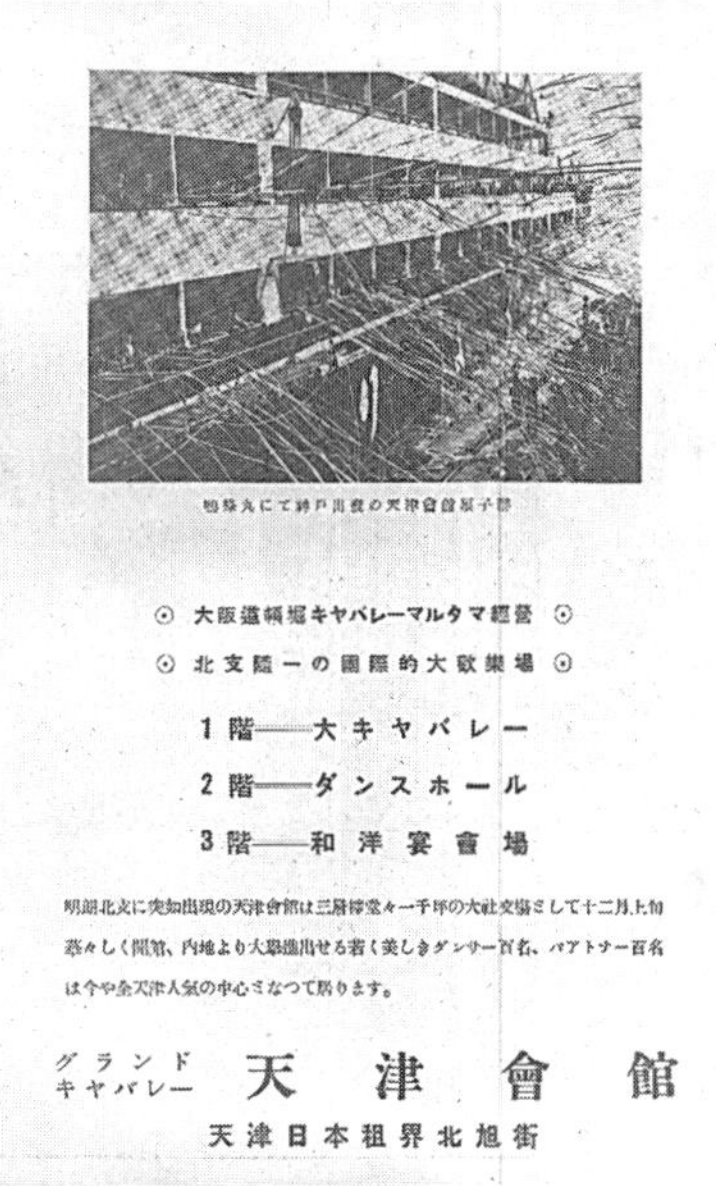

図5　大陸に旅立つ大阪のキャバレー・マルタマの女給とダンサー200名が神戸港で見送られた。(『ダンス時代』1938年1月号)

大規模なもので、内地から女給やダンサー約二〇〇名を送りこみ話題となった(43)(図5)。東京・銀座を席巻した大阪カフェーの勢いは、「道頓堀そのまゝ」の姿を大陸でも見せて衆目を集める。マルタマは北京進出も企図、ビルの建設に着手したことが報じられている(44)。しかしながら、当局による取締りは順次強化され、一九三八年には営業時間の短縮やダンサー数の削減がなされ、同年一一月末で天津のすべてのホールが閉鎖された。金船や天津会館など半数ほどのホールはカフェーなどに転業。日本租界のホールにとどまらず、日本人ダンサー、中国人ダンサーを雇用していた中国人経営のホールも歩調をそろえ、「日本人関係から遂にヂヤズの音が絶える」ことになった(45)。

北京では金扇、白宮の二ホールが日本人の手によって経営されていた。一九三七年に白宮を訪問した記者は、「日鮮露支とりまぜたダンサー国際市場」という表現で印象を書きとめている。客も中国人が多く、次いで朝鮮人で、日本人は少なかった。邦人経営のホールとしては国際性が高い。いっぽうの金扇は日本人のみを相手にしており、客の入りが悪かったようだ(46)。北京の邦人ホールは、大使館の命により一九三八年八月から九月にかけて閉鎖されカフェーに転業。外国人経営のホールに日本人客が出入りすることも許されなかった。同様の措置は南京でもとられ、総領事館がホール営業を禁止、カフエーでの類似行為も不可とし、日本人のダンスホール利用を禁じた。[47]

（3）上海

上海のダンスホールについては多くの文献があり、相当数の資料が残されている。紙幅の関係もあり、ここでは簡単な記述にとどめる。

留意が必要な点は、上海と、他の都市・地域とでは「西洋化」に関する先後関係が逆になることだ。内地と外地とを比較したとき、多くの日本人は、外地は内地にくらべて「西洋化」がすすんでいない、いいかえれば遅れているというイメージをいだいた。しかし、上海は別である。上海の「西洋化」は日本の開国以前からはじまっており、日本が近代化の緒についた時点では見習うべき手本が豊かに蓄積されていた。音楽の領域ではいっそう顕著で、租界の先進性は一九三〇年代でもなお優位をたもった。「西洋化」を水の流れに見立てたとすれば、上海は内地より「上流」に位置していたのだ。外地のダンスホールをめざすことは、ダンサーにとってもミュージシャンにとっても「都落ち」の気分をともなう移動だったが、ひとり上海は、とりわけミュージシャンにとって憧れの地でさえあった。ジャズを志す音楽家は、たとえアメリカに行けなくても、上海に新しい音楽や力量のある演奏家がいることを知っていた。成功する保証はないとしても、そこに活躍の場があると信じられた。

東京のダンサーの草分けのひとり米田貞子は、一九二三年ごろに上海でダンス・スタジオをもっていた。現地で知りあった日本人ダンサー三名についての回想がある。まだ邦人経営のホールがないころのことだ。

図6　川口会館を訪れた上海ブルーバードの中国人ダンサー。(『ダンス時代』1934年11月号)

アメリカ人経営のホールのダンサーは多くがロシア人、それにアメリカ人で、日本人はこの三人だけだったという。うちひとりは、のち哈爾濱で毒をあおりホールで踊りながら自死したらしいとの伝説を残した。もうひとりは神戸にもどってダンサーづとめをしたが、大陸に帰りその後の消息は不明。残りひとりは中国人豪商の妻になった[48]。米田じしんは、上海から帰国後、日本のダンスホール黎明期にあって、踊りの技術を身につけた貴重な人材と見なされた。「洋行帰り」という表現があるが、「上海帰り」にもそれに準じる値打ちがあった。日本のホールに上海からダンサーがやってくると、それが売り文句になり、評判をとった(図6)。

3　朝鮮半島

朝鮮では、ダンスホール営業は認められなかった。『ソウルにダンスホールを』(法政大学出版局、二〇〇五年)という訳書名にもよくあらわれているとおり、ダンスホールの公認を勝ちとることは、朝鮮半島で近代化をめざす人びとの一部にとって目標でさえあった。しかし、公然と男女が組んで踊るかたちは朝鮮の文化になじまないと考えられたふしがある。けっきょく朝鮮総督府はダンスホールもダンスの教授所も認めなかった。例外は、京城(ソウル)の朝鮮ホテルでクリスマスに外国人がパーティを開くときくらいだ。総督府で一九三一年から五年ほど警務局長をつとめた池田清は、京都や大阪でダンスホールの取締りにあたった人物だった。興味深いのは一九三〇年代に朝鮮に近い安東でダンスホール営業の許可申請が出されたとの記録で、朝鮮からの集客が見こめるとの理由からだった[49]。朝鮮でのダンス禁圧が周辺のホールを潤すと考えられたのだ。

ただし、朝鮮でダンスがまったく踊られなかったわけではない。「非合法的に、喫茶店、料理屋、カフエー等において盛んにやつて居る」と、『ダンス時代』に投稿された記事にはある。一九三五年の事情を伝えるものだ。一般女性が家の外の飲食店に出入りすることも少なかったから、パートナーは妓生《キーセン》や女給がつとめた。妓生のなかには、内地でのダンサー経験をもつ女性もいる。また男性客は「東都あたりに留学して居る学生達」で、「休暇に帰鮮し短日の間彼等の踏《おど》りを妓生や女給に教へ」たようだ。したがって日本で主流になっていたイングリッシュ・スタイルと、上海や奉天で踊られる、あまり堅苦しくないパーティ向きのダンスとの「混合」の様相だった。喫茶店ならコンクリート床の上で靴のまま踊り、座敷に芸妓を呼べば畳の上、妓生相手ならオンドルの上で、靴を脱いで踊った。もちろん、蓄音機の音楽だった[50]。

図7　京城の浪花館で公演した市村譲治・槻尾たか子らの記念撮影。(『ザ・モダンダンス』1934年11月号)

また、舞台で社交ダンスが踊られるのを鑑賞することも許容された。たとえば京城では、アメリカ映画「ボレロ」の公開にあたり、日本社交舞踏教師協会所属の市村譲治と槻尾たか子によるショウが開催され、人気を博した。一行は奉天や大連にも巡業している[51]（図7）。

三　融合と分断

このほか、南洋や樺太にも日本人がダンスの習慣を伝えた可能性はある。しかしながら、資料がかぎられており、現状では書くほどのことがない。本稿で概観した諸都市の事情に関しても、さらに詳細な検討をくわえる必要がある。これらは、宿題としたい。

一九二〇年代から三〇年代に発達した東アジアの商業ダンスホールは、地域によって時間差はあるものの、おおむね一九四〇年前後に閉じられた。踊りつづけることができたのは、上海のホテルのような限られた場所だけだろう。ジャズやタンゴの曲にあわせて男女が組んで踊る楽しみは、固く禁じられ、控えられた。

西洋風の社交ダンスやダンサーの風俗と、日本の伝統的な舞踊や花柳界のしきたりとは、あまり融合せずに切り裂かれた状態におかれた。第二次世界大戦の終結からかなりの時日を経たいまでも、両者は隔たったままである。そのような分断をつくった要因のひとつとして、戦時の状況、外から来た文化を排除する意識や行動をあげることは可能だ。また、そういう解釈が妥当だと考えられてきた。

けれども、両者がそれぞれ互いの魅力的な要素を採りいれ融けあっていく経緯があったこと、またその動きが、第二次世界大戦が起こるよりもかなり前の段階で挫折したことも指摘しておきたい。たとえば、

「モダン芸者」。新舞踊や邦楽改良、宝塚国民劇の実験的な試み。京都の花柳界でレビュー団が組織され、大阪の河合ダンスが人気を得ていた時代。――渡辺裕が『日本文化 モダンラプソディ』（春秋社、二〇〇二年）などの著作で詳細に論じた事例を参照されたい。日本人は西洋が非西洋を見る精神性を内面化し、邦楽や日本舞踊に「伝統」という重い石を載せ、塩漬けにした。伝統的な音曲や舞踊の側に芽生えた「西洋化」の試みも、外来の音楽やダンスを普及させる側にあった「日本化」のくわだても、いずれもが潰えていく。キモノを着たダンサーも、ドレスをまとった芸者も、いずれもが居場所を見失っていった。それは、西洋中心主義的な価値観を学習した日本人が、西洋的な評価眼から「純粋な日本文化」をつくりだし、固定化したからだと解釈できる。

図8　大阪の花街の座敷で社交ダンスを踊る芸妓と男性客。伴奏は三味線。昭和のはじめまでは黙許された。（『ダンサー』第三号 1927年6月）

くわえて私は、警察による風俗営業の取締り、とりわけ兼業を許さない分断戦略が大きく作用したとみている。芸妓の西洋風ダンスを禁じ、ダンスホールと他の飲食店の併設、兼業を認めない（図8）。――そういった風俗営業取締りのなかにあった和洋の分断指向が、〈邦楽・日舞〉の世界と〈洋楽・洋舞〉の世界とを深く切り裂く要因になった。これが、いまの私の仮説である。

最後に、日本のダンス界の、大胆な試みを紹介しておく。

関西で社交ダンスを教え、デモンストレーターとしても活躍した武内忠雄という人物がいる。一九三五年二月二三日、武内は阪神国道沿いのダンスホール・タイガーで「新日本ダンス」のデモンストレーションを

図9　1935年、阪神国道のダンスホール・タイガーで「日本ワルツ」を踊る武内忠雄と美鈴愛子。（『ダンスファン』1935年3月号）

行なった。医学博士で社交ダンスにも通じ、尺八都山流の発展に寄与した金森義雄（高山）と共同しての公演である。作曲は金森で、ワルツ「夕の星」とタンゴ「ゆく春」が用意された。振付・演出は武内。尺八・琴・ピアノ・アコーディオン・トロンボーン・チェロ・ドラムと、和楽器と洋楽器の混成による伴奏で、パートナーはタイガーの美鈴愛子がつとめた。残念ながら楽譜などは発見できていない。しかし、写真や記事などから美鈴が振袖姿だったことがわかる。リードする武内は洋装だ[52]（図9）。

試みは好意的に評価されたものの、武内や金森の実験はこのあと吹き飛んでしまう。日本のダンス界を揺るがす大きな出来事があったからだ。山市太平より遅れて渡英し、シルヴェスターに師事した神戸のC・ムーア（日本名・若松鹿之助）が帰国。ダンスに関心をもつ者はみな、山市とムーアの、いずれがシルヴェスターの踊りに忠実なのか、いずれのダンスを範にとるべきかという論争に明け暮れた。渡辺の言葉を借りれば、直輸入された「西洋のホンモノ」を見定めることに必死だったのだ。イギリス流にさらに傾倒した日本のダンスホールは、一九四〇年に閉鎖される。

もしも警察の介入や世界戦争による混乱がなければ、和装の女性と洋装男性とが組んで踊るかたちが定着し、和洋の融合した楽曲がひろく受け入れられた可能性はある。家庭であれ飲食店であれ、日本家屋の畳の上で靴を脱いで踊ることが暮らしに根づいたかもしれない。そして、同じように、たとえば中華圏ではチャイナ・ドレスを着た女性とスーツ姿の男性が踊るというかたちをひろげただろう。朝鮮半島でも、別のダンスの楽しみかたが生まれたのではないか。

第二次世界大戦終結後、日本の支配を脱したそれぞれの土地で、日本化されたジャズは、どう変化したか。また、ダンスの楽しみかたはどう変わったのか。日本流の風俗警察の力で、すでに〈和〉と〈洋〉とは峻別されていた。「解放」後、先進的で合理的な〈洋〉の恩恵は残され、〈和〉は排除される。その選択作業の基準は、混交が小さかった分、比較的明白だったろう。ただ、その過程は、それぞれの地域や都市がアメリカやイギリスとどういう関係におかれたかによって、ふたたびわかれていった。――このような素描をもとに、第二次世界大戦後の比較風俗史を描くこともできると思う。

〈註〉

（1）Cressey, P. G., 1932, *The Taxi-Dance Hall*, University of Chicago Press, Richardson, P. J. S.,1946, *A History of English Ballroom Dancing (1910-1945)*, Herbert Jenkins, McBee, R. D.,2000, *Dance Hall Days*, New York University Press, Nott, J., 2015, *Going to the Palais*, Oxford University Press.

（2）永井良和『社交ダンスと日本人』晶文社　一九九一年　および『にっぽんダンス物語』リブロポート　一九九三年。前者では風俗営業としてのダンスホールに対する警察の取締りを中心に記述し、また後者では社交ダンスの輸入や普及に尽力した人物のライフヒストリーを中心に歴史を再構成した。これらの作業で残された宿題が、日本の植民地支配によってダンスホールが近隣諸地域にひろがった過程をあとづけることだった。その一部は、『植民地都市の社交ダンス（資料集）――大連での勃興期を中心に――』関西大学経済・政治研究所「調査と資料」第九二号、一九九九年として刊行した。

（3）日本のダンスホールにみられる和装、洋装の変遷については、「近代東アジアの風俗史」の研究会（二〇一八年一二月二日）で報告したのち、「ダンサーたちの風貌　「銀座のモガ」以前」『現代風俗学研究』第一九号　二〇一九年として発表した。

（4）『台湾日日新報』一九二七年一一月二七日。

（5）水町京二「台北の屋根の下に踊る今と昔（2）」『ダンスファン』一九三二年六月号。

（6）『ダンスファン』一九三二年六月号。

（7）根津熊岳「毎日満員大盛況の台北の二大舞踏場」『ダンスファン』一九三二年一二月号。

（8）姫野宏亮「フォルモサ便り」『舞踏公論』一九三五年二月号。

（9）『大阪朝日新聞台湾版』一九三三年一一月二三日。

（10）『大阪朝日新聞台湾版』一九三六年八月二三日。

（11）『ダンス時代』一九三八年一月号。

（12）『台湾日日新報』一九三八年一〇月一日、『大阪朝日新聞台湾版』一〇月二日、『大阪毎日新聞台湾版』一〇月四日、一〇月六日。

（13）『台湾日日新報』一九四〇年八月一四日、八月二八日、『大阪朝日新聞台湾版』八月一四日、一〇月三日。

（14）『大連新聞』一九三〇年一一月二九日。

（15）『大連新聞』一九三〇年一〇月九日。

（16）『満洲日報』一九三〇年一〇月九日。

（17）『満洲日報』一九三一年六月二二日・六月二五日・七月二日。

（18）『満洲日報』一九三一年九月一九日・一九三二年四月一五日・四月一九日・四月二四日。

（19）『大連新聞』一九三二年一〇月四日。

（20）『満洲日報』一九三三年一月二七日。

（21）『大連新聞』一九三二年一〇月三〇日。

（22）『大連新聞』一九三二年一一月一六日・一九三三年一一月一一日。

(23) 中山嘉子『多情菩薩 喜代三自伝』学風書院、一九五八年。新橋喜代三が歌唱する「大連シャンソン」の音源はCDで復刻されている（『うぐいす芸者と流行小唄～SP盤レコードの時代～2 おてもやん』コロムビアGES-33057）。

(24)『満洲日報』一九三二年一一月一五日・一一月二一日・一一月二三日・一一月二七日。

(25)『満洲日報』一九三三年一月一〇日。ムーランルージュ楽員演奏の音源は未確認。

(26)『大連新聞』一九三三年一〇月一七日。

(27)『満洲日報』一九三三年二月一三日・二月一四日。

(28)『大連新聞』一九三二年一一月一八日。

(29)『大連新聞』一九三二年一一月一五日・一一月一六日・一一月一七日・一一月一九日・一一月二六日。

(30)『大連新聞』一九三二年一〇月一四日・一一月二〇日。

(31)『大阪毎日新聞大陸版』一九三八年一月一一日。

(32) 大連市史編集委員会編『大連市史 続』大連市史編集委員会 二〇〇九年、『満洲日日新聞』一九四一年一〇月一六日。

(33)『大阪朝日新聞満洲版』一九三八年五月一二日。

(34)『大阪朝日新聞満洲版』一九四〇年一〇月二四日、『満洲日報』一九四〇年一一月一日、『大阪朝日新聞南満洲版』一九四一年四月一一日。

(35)『ザ・モダンダンス』一九三六年七月号 一一月号。

(36)『大阪朝日新聞』一九三二年一二月一一日、『東京朝日新聞』一二月九日・一二月一一日。

(37)『ザ・モダンダンス』一九三六年一〇月号。

(38)『大阪毎日新聞満洲版』一九三七年七月一七日、一九四〇年一二月二一日。

(39)『大阪朝日新聞満洲版』一九三八年四月二〇日、『大阪朝日新聞南満洲版』一九四一年三月五日・一〇月二六日、『大阪毎日新聞満洲版』一九四〇年一二月二一日。

(40)『大阪毎日新聞満洲版』一九三五年二月五日、『大阪朝日新聞満洲版』一九四〇年八月二八日・一〇月一二日。

(41)「踵一つで三百円を稼ぐダンサー フロリダ 田邊静江」『婦女界』一九三一年一〇月号。

(42)『大阪朝日新聞北支版』一九四一年三月二一日。

(43)『大阪朝日新聞満洲版』一九三七年一〇月三〇日、『ダンス時代』一九三八年一月号、『ザ・モダンダンス』一九三八年一月号。

(44)『ザ・モダンダンス』一九三八年五月号。

(45)『大阪毎日新聞大陸版』一九三八年一一月一日・一一月二〇日、『ヴァラエティ』一九三九年一月号。

(46)『ザ・モダンダンス』一九三八年五月号。

(47)『ヴァラエティ』一九三八年一一月号、『大阪朝日新聞台湾版』一九三八年四月二二日、『大阪朝日新聞大陸版』一九四〇年九月一九日。

(48)米田貞子「上海時代の思ひ出を語る」『ザ・モダンダンス』一九三三年三月号。

(49)『大阪朝日新聞満洲版』一九三四年　一一月一六日。

(50)R生「朝鮮ダンス異風景」『ダンス時代』一九三五年二月号。

(51)『ザ・モダンダンス』一九三四年一一月号。

(52)『ダンスファン』一九三五年三月号。

変身しつつ持続するオンドル

濱田 陽（はまだ　よう）

一九六八年、徳島県生まれ。帝京大学文学部教授。京都大学人間・環境学博士。日本文化、比較宗教文化、文明論に取り組み人文学の可能性を切り拓く。京都大学法学部卒。マギル大学宗教学部客員研究員、国際日本文化研究センター講師等を経て現職。著書に『共存の哲学』、『日本十二支考』、『生なる死』、『生なるコモンズ』、分担執筆に『環境と文明』、*A New Japan for the Twenty-First Century* など。

李 珦淑（い　ひゃんす）

一九六七年、大韓民国蔚山市生まれ。帝京大学外国語学部非常勤講師、法政大学客員研究員。京都市立芸術大学大学院美術研究科修士、京都大学大学院人間・環境学研究科文化・地域環境学専攻、博士後期課程研究指導認定退学。国際日本文化研究センター研究支援員及び共同研究員、京都市立芸術大学非常勤講師、（財）韓中日比較文化研究所海外研究員を歴任。分担執筆に『文化としてのテレビ・コマーシャル』など。

一　多様なる西洋のまなざし――朝鮮王朝末期から大韓帝国期

二〇一九年、朝鮮王朝の王宮、景福宮《キョンボックン》の後苑にある六角形の二階建て東屋、香遠亭《ヒャンウォンジョン》の床から、六角形の煙道をもつ斬新なオンドル（温突）構造が発見された。香遠亭は、この王宮の最奥、王と王妃の住居、乾《コン》清宮《チョングン》前の池の中央に位置する人工島に建てられた美しい楼閣である。朝鮮王朝第二六代国王の高宗《コジョン》の時代、一八六七（高宗四）年から一八七三（高宗一〇）年頃の建築と推定される。高宗と閔妃《ミンビ》の憩いの場として利用された。

図１　香遠亭　絵葉書「旧王城庭園（王妃遭害の地）」
発行：鈴木勉強堂　京城本町一丁目　出典：日文研データベース「朝鮮写真絵はがき」
『The Illustrated London News』

図２　オンドル焚口、煙道、煙突のない排煙口の露出状況
提供：国立ソウル文化財研究所

一八九五（高宗三二）年初め、アメリカ人宣教師アペンゼラー（Henry Gerhard Appenzeller）等が発行した英語雑誌『ザ・コリアン・リポジトリ』二月号に掲載された記事に、香遠亭について「一月一七日と二一日、景福宮で開かれたスケートパーティーにはソウル在住の外国人が多く参加した。池の氷の状態は良好であり、

出席者たちは丁寧に招待してくださった殿下夫妻に心から感謝の言葉を述べた。島の上の夏の東屋（香遠亭）は温かく、軽い食事が提供された。」（*The Korean Repository:* Vol.2　七八ページ）と描写しており、この凝った構造のオンドルが実際に稼働していたことがわかる。

　考古学、歴史学、民俗学等のオンドル研究の成果を総合し、現時点でのオンドル通史の決定版といえる宋基豪《ソンギホ》『韓国オンドルの歴史　初めてのオンドル通史』（二〇一九年　韓国語）は、初期鉄器時代（紀元前三世紀から一世紀頃）、朝鮮半島北東部から周縁に住んでいたとされる民族、古代北沃沮《オクチョ》に始まる、熱を留め発散する煙道構造（고래《コレ》）を備えたオンドルが庶民層から広まり、半島で渤海を除けば朝鮮王朝時代に王の住居に導入されるにいたった流れを通観している。また同書はオンドルを、熱を宿すコレを活用して床から室内を温める装置、と定義してもいる。

　香遠亭は、庶民層に根を張っていたオンドル文化が、社会の上層に取り入れられ、独特の洗練を極めた事例として、様々な意味でオンドルの生命力を象徴しているように思われる。香遠亭が建てられた時期は、アペンゼラーの報告より二、三十年ほど遡る。同報告の数年前に刊行された、アメリカの神学者ジョージ・ウィリアム・ギルモア（George W. Gilmore）の*Korea from its Capital : with a Chapter on Mission*（一八九二年『首都から見た韓国――伝道の章とともに』　未邦訳）にも、スケーティングが見たいという王妃の招待に相当なスケーターが応じ、国王と王妃が楽しんだ様子が確認できる（Gilmore　一六六ページ）。多様な西洋人、外国人が王室のオンドル設備を体験し、それぞれの感想をもったであろうことが推測できる。

　一九世紀後半から、オンドル文化に対する西洋人の多様なまなざしが向けられていたことは、様々な記録から看取できる。彼らは、西洋にない、半島の生活文化、風俗としてオンドルに関心を寄せていた。

慶州塔洞の月菴宗宅　17世紀に建てられた最古の家屋の一つ。国家民俗文化財。左の二間の台所かまどから一間のオンドル房を温め、一間の板の間を挟んで、一間のオンドル房は正面の焚口から温める。

景福宮の東宮・資善堂（1427年築　1867年再建　1999年復元）。三間の板の間の両サイドに二間と一間のオンドル房が設けられ、両側面にはカマドがない函室焚口から温める。

大邱桂山洞の近代都市型韓屋　左から一間の台所、オンドル房、板の間、オンドル房順に並ぶ。詩人・李相和が晩年（1939〜1943）を過ごす。

図3　コンパクトな典型的オンドル房（撮影筆者　2018、2019年）

一八七四（高宗一一）年、フランス人宣教師、シャルル・ダレ（Claude Charles Dallet）は『朝鮮事情』で、「朝鮮の家屋は、一般に、非常に小さく不便である。（中略）これ（オンドル設備　筆者）は、冬場をしのぐにはかなり便利であるが、夏場になると、熱気が屋内にこもって、まるで人びとに耐えがたい体罰を課しているのと同じような状態になるからである。そのため、おおかたの人は戸外で眠る。」（ダレ　三〇〇―三〇一ページ）と述べ、冬期のオンドルの効用を認めつつ、朝鮮の家屋についてステレオタイプな見方にとどまっている。

一八八五（高宗二二）年、米国の天文学者、東洋学者で朝鮮政府の遣米使節団の参事官となってソウルに滞在したパーシヴァル・ローウェル（Percival Lowell）は *Chosön : the land of the morning calm : a sketch of Korea*（『朝鮮　朝の静けさの地――韓国のスケッチ』　未邦訳）を出版、そのなかで「外側では、長方形であるベースの片側の真ん中に、屋外の暖炉を掘る。韓国語で「口」と呼ばれている。その名にふさわしく、通常はその上に横長の楕円形の別の部屋や家が建っていて、それが洞穴のようになっていて、覗くと韓国の民話に出てくる龍の顎のようになっている。この中には薪が詰められており、火をつけると煙と熱せられた空気が地下の迷宮に逃げ込み、それが土台全体を蜂の巣状にしている。」（Lowell　二七一ページ）として、オンドルの基本構造をとらえ、評価した。ローウェルは一八八九年から一八九三年にかけて日本にも訪問、滞在し、日本文化についての著書五冊が和訳されている。

一八八五から一八九六（高宗二二―建陽一）年、朝鮮を訪れたロシア人たちの紀行文を見てみよう。

家屋は下から、つまり床下で暖房される。床の一隅から別の一隅まで石筒が這っていて、その一端には焚き口があり、家屋の裾に開口した他の一端からは煙が排出される。（ゲ・デ・チャガイ編　九〇ページ）

朝鮮独特の家屋暖房装置が結果として招来する放漫かつ非生産的な燃料消費（同　一四九ページ）

朝鮮人は客を特に歓迎する意味で床をやや熱めに暖房しようと努めるから、かかる床の上での休息は全くの拷問と化してしまう。（同　一八五ページ）

ここ（宮殿　筆者）だけは煙が、家屋から数サージェン離れたところに。煉瓦を美しく積み上げて拵えた特別の煙突から排出される。（同　二三一ページ）

この家屋で最も独創的かつ実践的なのは、最小限の燃料消費で屋内を暖房する装置である。（中略）われわれが寒さを覚えることはついぞなかった。かえって、われわれは一度だけ、過熱気味の床を耐え難く熱いと感ずる機会があった。床の上で寝ていたわれわれは、まるで竈の上にいるかのように過熱されたのである。（同　二八六―二八七ページ）

これらから、オンドルの独創性、熱さへの驚き、燃料効率についての批判と評価の両方が汲み取れ、王宮から庶民の家屋までのオンドル文化が観察されていたことがわかる。

イギリスの探検家、紀行作家として名高いイザベラ・バード（Isabella Lucy Bird）は、一八九四年から九七年、四度にわたって朝鮮を訪問、旅行し、朝鮮が大韓帝国となって翌年の一八九八（高宗三五、光武二）年、*Korea and Her Neighbours*（邦訳『朝鮮奥地紀行』）を出版、オンドルの温度や経済性について意見を述べている。とくに「農家は、ソウルの貧しい階層の家と異ならない。壁は泥づくりである。床も泥造りであるが、多数の煙道《オンドル》で暖められる。それは、全ての暖房方法のなかでもっとも経済的なものである。というのは一〇歳の少年が運べる量の枯葉や雑草で、二部屋を華氏七十度（摂氏二十一度）以上に、十二時間に亘って保っているからだ。」（Bird　七七ページ）として、その経済効率を評価している点は、当時の朝鮮の人びとの様子について辛口な指摘や視点が多いバードの紀行文のなかで目をひく。「韓国の冬の日はどれも素晴らしいということは当然であろう」（同　三一二ページ）、「その部屋は客用の台所に隣接しており、その下を火の粉が通っていたため、私は九一度（華氏　摂氏三三度　筆者）の温度の中で焼かれ、虎の危険性は想像に難くないという警告にもかかわらず、私は一晩中ドアと窓を開けていた。」（同　一三七ページ）などの言葉は、彼女の多様なオンドル体験を記している。また、バードが現地から書いた手紙にある「〈温突《ホット・フロア》［オンドル］！〉を別としますと、経験を積んだ旅人［である私］を怖気づかせるもの、特に寄せつけなくするようなものは何もありません。」（バード　二〇〇五年　一六ページ）という発言から、いかにオンドルが、この沈着な観察者の心を射たかが汲み取れる。

　ドイツの主要日刊新聞ケルニッシェ・ツァイトゥングの記者だったジークフリート・ゲンテ（Siegfried Genthe）は特派員として一九〇一年と一九〇二年に大韓帝国期の朝鮮を訪問、一九〇五年にドイツ語で*Korea: Reiseschilderungen*（『韓国　紀行文』　未邦訳）を出版したが、そこでもオンドル文化への評価が汲み取れる。ゲンテは中国の炕《カン》、日本の火鉢と比較し「冬に暖かい部屋で穏やかに温もっていられるこれほど優れた暖房技術を持っている民族は、すべての東アジアの民族の中で唯一だ。（中略）寒い冬にぬくぬくと暖かいオンドル房で過ごせる韓国人は、自分たちの優秀な暖房と技術に誇りを持ち、堂々と自慢できる。」（겐

테（ゲンテ）二一三―二一四ページ）と、最大級の評価を与えつつ、温度への驚きを綴っている。

同時期の一九〇二年、英国系英字新聞ノース・チャイナ・ヘラルドの記者エッソン・サード（Esson Third）は、「韓国の家は小さく部屋の大きさは高さ約六尺、広さ八尺程だ。木を大切に使わなければならないが、外気温が氷点下一五〜二〇度に水銀柱が下がれば、韓国人は部屋をぬくぬくになるように火を焚く。オンドル房の床には四つの煙道をつくり、その上に薄く平らな石を被せてさらに土を塗り、一番上に油を染み込ませた紙を貼る。このようにつくられた韓国の部屋は我々西洋人がパンを焼くほど熱くはないが、どれほど熱いか経験のない旅行者はうっかりお尻にやけどを負うほどだ。韓国の人々は数百年間習慣になっているため、この熱い床でも身体中が汗だらけでもなんとも思わずよく眠る。」（김영자편역（キム・ヨンジャ編訳）四〇ページ）と述べている。サードも、ダレやロシア人の訪問者、バードのようにオンドルに強い印象を受けながら、外国人には熱すぎるほどに感じられるその温度が文化的なものとの解釈を示している。

一九〇三（高宗四〇・光武七）年、イギリスの週刊新聞The Illustrated London Newsは、オンドルの構造を次のような写真付きで報じている。

図４　新聞記事「韓屋に床を敷く」The Illustrated London News　1903年11月7日付
出典：The British Newspaper Archive

ここには、オンドルの設置シーンとして、煙道と温突石、オンドル職人と思われる二人の男が写っている。記事では、煙道と温突石で出来るオンドルの構造と暖房原理を紹介し、オンドルは椅子でありソファ、ベッドの役割まで果たすという説明が付いている。

イタリア総領事カルロ・ロゼッティ（Carlo Rossetti）は一九〇四（高宗四一・光武八）年の*Corea e Coreani*（『韓国と韓国人』　未邦訳）のなかで、「家屋は一様に低めな平屋で、市内全体で二階以上の一般の家は一軒もない。韓国の家のもう一つの特徴は「オンドル」ということで、東洋で唯一韓国人だけがこれで暖房問題を立派かつ独創的に解決した。韓国の家は地面の下に基礎工事をするのではなく、地面の上にそのまま建てるため、部屋の床が地面より少し高く「オンドル」と呼ぶその間の空間に木や藁などをくべて床を暖めることで全体を暖かくする。アグンイという焚口の反対側にはほぼ通りの高さに位置した穴が一つあり、「オンドル」の内部から煙を吸い出す。通りすがりの人の目に巻かれる煙は、確かにソウルの街を歩く楽しさを損ねる。」（로제티（ロゼッティ）五一―五二ページ）とオンドルを独創的な文化と評価している。

一九〇八（純宗一・隆熙二）年、米国の医療宣教師で外交官でもあったホレイス・ニュートン・アレン（Horace Newton Allen）は*Things Korean*（『韓国での出来事』　邦訳『朝鮮見聞記』）を刊行、そのなかで「農民や労働者が住む家がいくら粗末だと言ってもいつもスマートな小さな寝室がついている。濃褐色の油紙で覆われたオンドルとセメントの床は、一日に二度飯を炊くために火を入れるため、きわめて暖かい。この点では、隣国の人々より住み心地がいいといえる。なぜなら日本の家屋は体に障るほど寒く、手を暖める火鉢が唯一の在来式暖房装置で、中国人は冬の酷寒でも暖かくすることがないためだ。北部地方のやり方である火で焼いた石以外に、家を暖める方法がない。しかし中部の家屋は寒いときでもそのままなので、体を暖めるためには服を重ね着するしかない。」（알렌（アレン）六四―六五ページ）として、オンドル文化に高い評価を与えている。

一九〇四から一九〇五（光武八―九）年、スウェーデンのジャーナリスト・作家ウィリアム・アンダーソン・グレブスト（William Andersson Grebst）は大韓帝国期の半島を旅行し、スウェーデンに初めて当時の半島の人びとの生活や風俗を豊富に紹介した本 *I Korea; Minnen och studier fran ”Morgonstillhetens land*（スウェーデン語、未邦訳『韓国にて「朝の静けさの国」での思い出と研究』）を一九一二年に出版した。グレブストは「オンドル房は、焚口に近い場所アレンモクと遠い場所ウィッモクの温度差が大きく、火をたくさんくべた日は直に座れないほど熱い。コレア人は、室外では服を暖かくしすぎるほど着て、夜は煮立つほどの部屋のユカでパンのように焼かれるのにもうすっかり慣れている（中略）ユカが暑すぎて耐えられず門を開けるが、すぐに寒くなって閉め、五分後には同じ事を繰り返すことになった」（그렙스트（グレブスト）六五ページ）と記しており、伝統オンドル特有の、焚き口との距離による温度の違いなどを体験しつつ、やはり、温度の高さを印象的に記している。

二　ライト、キース、孫晋泰――一九一〇年から一九二〇年代

アメリカの建築家フランク・ロイド・ライト（Frank Lloyd Wright）は朝鮮王朝（大韓帝国）の世子（皇太子にあたる）夫妻の生活空間であった東宮・資善堂のオンドルを意外なかたちで体験することになる。一九一五（大正四）年、朝鮮総督府が置かれたソウルの景福宮で、始政五年記念朝鮮物産共進会が開催されることになり、景福宮の宮殿建造物の多くが解体、公売された。資善堂は、大倉喜八郎が購入、東京の

自邸へ移築し、一九一六（大正五）年九月に組み立てが完了していた。ライトは、帝国ホテル新館設計者として同年一二月に来日、その冬、大倉喜八郎邸へ招待された。晩年、八七歳のライトはオンドルを可能な方法で自身の建築に取り入れるようになった経緯を自著*The Natural House*（一九五四年、邦訳『自然の家』）で次のように回想している。

まるで気候そのものが変化したかのようだった。いや、コーヒーのおかげではない。まさに春が来たようだったのだ。我々はすぐに暖まり、幸せな気持ちになった——床の上に座りながら、言葉にできないほどの暖かさを味わったのだ。暖房機などどこにも見当たらず、というより、その気配すら感じられなかった。**暖房で暖められるというのではなく、気候そのもの**が変化したとしか思えなかった。ハーバードの卒業という男爵の通訳が説明してくれた。朝鮮の間とは、床下から暖房する部屋を意味している。火力によって生じた熱は、床の片隅からタイルでできた煙道に導かれ、床下を往きつ戻りつする。区分けされた放熱管の上に、床がまるごと載っているのだ。最後に、煙と熱が、炉と反対側の隅にある高い煙突から外に出る、という仕組みである。

下から暖まるということの言いようもない快適さは、私にとって新たな発見であった。

私はすぐさま、帝国ホテルのバスルームの床下に電熱線を仕込むように手配した。（中略）タイル貼りの床と造り付けのバスタブがいつも暖かく保たれるようになった。裸足でバスルームに入っても十分快適だった。（中略）そもそも私は、付け足しの器具が気に入ったためしがない。なかでもラジエータは最悪である。これが、建築設備すべてを統合的に取り込む初めての機会となった——室内を暖房するのではなく、気候をつくりだすのだ——健康的で、埃のたまらない、穏やかな気候。こうして、熱

図5　エリザベス・キースの彩色木版画にみるオンドル
上左　オンドルの燃料になる木の枝を運ぶ女人　Wonsan, Korea 1919, 23.7×37cm
上右　仏教寺院の台所かまど兼オンドル焚口　A Temple Kitchen, Diamond Mountains, Korea. 1920, 26.7×34.5cm
下　オンドルの煙が漂う朝方　Morning Mist, Korea 1922, 36.8×24.1cm
（韓国国立民族博物館蔵）出典：eミュージアム

もまた統合的なものとなった。（ライト　一三二―一三三ページ　太字原文）

これまで外交官、科学者、作家、ジャーナリストなど様々な欧米人がオンドルを体験し、多様な意見を発表してきたが、自らの建築に取り入れ、応用してみようとした欧米人は、ライトが初めてだっただろう。しかも、そのオンドル体験と応用の場が東京であり、西洋近代建築の賓客を迎える国家的ホテルであったという点が時代の特異性を象徴している。

一九一五から二三（大正四―一二）年、一九二九から三三（昭和四―八）年、日本に長期滞在するなかで新版画運動に出会い、自らも版画家となるスコットランド生まれのイギリス人エリザベス・キース（Elizabeth Keith）は、一九一九（大正八）年、三・一運動の勃発後、初めて朝鮮を訪れ、三ヶ月、半島各地を旅しつつ作品を制作した。キースの版画作品と著書に残された言葉から、彼女がオンドル文化に繊細で深い関心を寄せていたことがわかる。

寺では油紙が貼られたオンドル房で寝ることに（中略）外がどんなに寒くても床はとても暖かいのです。（키스（キース）　五七ページ）

雨に濡れた服をユカに広げ、（中略）私はへたばった状態で言葉を発することさえままならず、暖かいユカに倒れこみました。ところが、三〇分も経たない内に起き上がって、「ああ、スッキリした」という言葉がでました。ユカから放出される暖かさが骨の奥、芯まで温まって（同　六四ページ）

早朝に谷底をのぞくと、松の燃える香りとともに朝霧（正確に言えば煙）がもやもやとたちあがる。村人たちが朝ご飯を炊くと同時にオンドル部屋を温めるのです。あの賢いという日本人が部屋を温めるのに、どうしてこのような賢明な方法を受け入れなかったのか、とても残念です。（同　三九―四〇ページ）

キースは、一日、季節、人びとの多様性にみるオンドル文化を繊細かつ広い視野でとらえ、自らのオンドル体験をその作品に投影している。

キースが半島でオンドルを体験していた頃、ライトは東京に建てる帝国ホテル新館の浴室床に煙道に代わる電熱線を仕込んで、この効果を実現させ、新館が一九二〇（大正九）年六月に完成している。帝国ホテルの宿泊客達は、それと意識せずして、電熱線によって近代化されたオンドルを客間や居間ではなくバスルームで体験することになったのだ。

ライトはこれをGravity Heat（重力熱）と呼び、重力の作用によって、床から暖められた空気がやがて上昇し、冷えた空気が降りてくる自然対流が起こる点に着目している。ライトの重力熱という名称は一般化せず、radiant heat（輻射熱）がすでにライトの生前から普及していく。輻射熱は、温度の高い物体から低い物体へ電磁波によって直接伝わる熱のことをいう。オンドルでは輻射熱も発生するが、もっぱらライトのこころをとらえたのは自然対流の熱の方であった。

一九一〇年代後半のライト、キースのオンドル体験の後、一九二〇年代に入ると、近代化と植民地統治の渦中にいる朝鮮の知識人のなかから、オンドルを評価する、今日に記録として残る言説も現れるようになる。

東京美術学校西洋画科を卒業した韓国の油絵第一世代といわれる近代画家、金瓉永《キムチャンヨン》は、一九二三（大正一二）年、ハングル雑誌『開闢』第三二号に「文化生活と住宅、鎖国時代に出来上がった我々の住宅制」（筆名、金惟邦《キムユバン》）という論説を書き、次のように述べる。

……私たちのオンドルは現在の東西住宅研究者による考察を参考にしてみるに中国の炕以上に発達したのはもちろん、以上列挙した三種の暖房法（暖炉、ペチカ、オンドル　筆者）の中で最も進歩し、理想に近い方法だといえます。

以前は、時々、先輩たちが新聞などを通して、いわゆる生活改造という意味でオンドル廃止論のようなものをよく掲載していました。しかし、これは、何の考察もなく、ただ、ストーブあるいは畳の生活をしている方々は、何であれ、朝鮮人よりはましだろうという無知な憶測をもって、ただ自分の愚かさを暴露するに過ぎないと思います。多くの研究者のオンドルに対する批評を見ると、その短所というのは、広い部屋を暖かくできないというものです。しかし私の考えでは、もしオンドルに消費する燃料を欧米の暖炉、あるいはペチカほど使えば、オンドルで暖かくできない大部屋などないと思います。（中略）私たちは欧米人が永遠に暖炉を捨てられないように、私たちの先祖が考案したオンドルというものは、永遠に利用せざるをえないと思います。（金　五四―五五ページ）

金は、オンドルに対する外国人からの多様な評価と安易な廃止論の双方を意識した上で、オンドル文化の可能性を展望しようとしている。

そして、朝鮮の歴史・民俗学者、孫晋泰《ソンジンテ》は、一九二七（昭和二）年四月、朝鮮語論考〈溫突文化傳播考〉を《新民》第二四号に発表、これが日本語に翻訳され、朝鮮人の声を内地人側に伝える役割を自認する伊藤韓堂の朝鮮思想通信社『朝鮮及び朝鮮民族』第一集中で同年八月、発表された。さらに、孫は一九二八

（昭和三）年、大衆総合雑誌『別乾坤』第一二・一三号に朝鮮語の論説「温突禮讃」を発表した。一九二七年、早稲田大学文学部史学科を卒業し、東洋文庫に入り、一九三四年二月に司書の職を辞し、帰国するまで精力的に両言語で論考を発表していた時期である。

朝鮮の文化は、朝鮮民族の気質は、掛け値なしに寒風吹く晩秋の月夜に包まれる農村両三家（二、三軒 筆者）のオンドル部屋のようだ。外界には若い寡婦の溜息のような冷たい気運が漂い、薄らと青い月が母親を待ち望む少女の目のように涙ぐんでいる。しかし、両三寸家は仲睦まじく簷下《のきした》を並べ、その暖かい部屋の中では母は娘の嫁入り用の木綿の布を織り、父は解冬後の藁葺きの縄をない、祖母は幼子に昔話、大きい子らは油皿（油を盛って火をつけるお皿 筆者）の元で書を読むだろう。（孫 一九二八年 一八九ページ 傍点筆者）

孫は、「オンドルは朝鮮の人々の特殊な産物だ。世界に比類のない貴重な産物だ。」（同）として、当時入手できた知識を背景にオンドルの歴史を振り返り、次のように続ける。

私たちはオンドルで生まれ、オンドルで育ち、オンドルで死ぬだろう。詩人はオンドルで詩想をし、学者もオンドルで筆を取り、政治家もオンドルで天下事を計画した。私たちは、前述した文化はオンドルを胎盤にして生まれ、私たちの民族性はオンドルを慈母とし、それに従って訓育された。そうすることで、私たちの前述した文化と民族性は、外国人が追従できない、持てない特色を持つものだ。

おー、人類上に高らかに輝く温突よ！（同）

孫の言説は、朝鮮の文化、民族を象徴するものとしてオンドルを意識的にとらえ、明確に表現したところに特徴がある。オンドルへのこうした郷愁をさそう想い入れは、孫が東京でオンドルのない寒い日本の冬を過ごした経験も投影されている。郷里では当たり前のように思ってきたオンドルの欠落体験が、後の世代がオンドル文化について語る際、しばしば言及されることになる独特の視点を彼に与えることになった。孫は、一九三二年、朝鮮民俗学会を創設、戦後、ソウル大学文理科大学長に在職中、朝鮮戦争で北朝鮮に拉致されて消息が絶えている。朝鮮の民俗学者として、オンドル文化についての先駆的な言説が、生前に発表していた一連の論考により遺されることになったのである。

三　朝鮮の発明家と改良オンドル——一九三〇年代から朝鮮戦争

京城高等工業學校を卒業、朝鮮総督府建築課を経て、一九三二（昭和七）年、建築事務所を設立し、朝鮮初の近代建築家といわれる朴吉龍《パクキリョン》は、同年、北朝鮮の民家のオンドル空間、最廚間《ジョンジュガン》を評価し、「北朝鮮地域は最廚間に隣接した温突房が田の字になっていて、焚口と煙突が共通しているので、最廚間が最も暖かい所になるため、厨房の一部であり、食堂であり、寝室になり、場合によっては接客の場になることもある。大変便利で能率的だ。」（『東亜日報』一九三二年八月八日）と述べている。最廚間は、かまどと部屋の間に壁がなく、床が一つの平面になっている大きな空間である。

一九三〇年代半ばから、半島で、煙式の伝統オンドルの燃焼効率を上げようとする「改良温突」を開発する朝鮮人の試みが目立つようになる。

それまでにも、一九二三（大正一二）年に雑誌『朝鮮と建築』が、京畿《キョンギ》道山林課長の掛場定吉による、オ

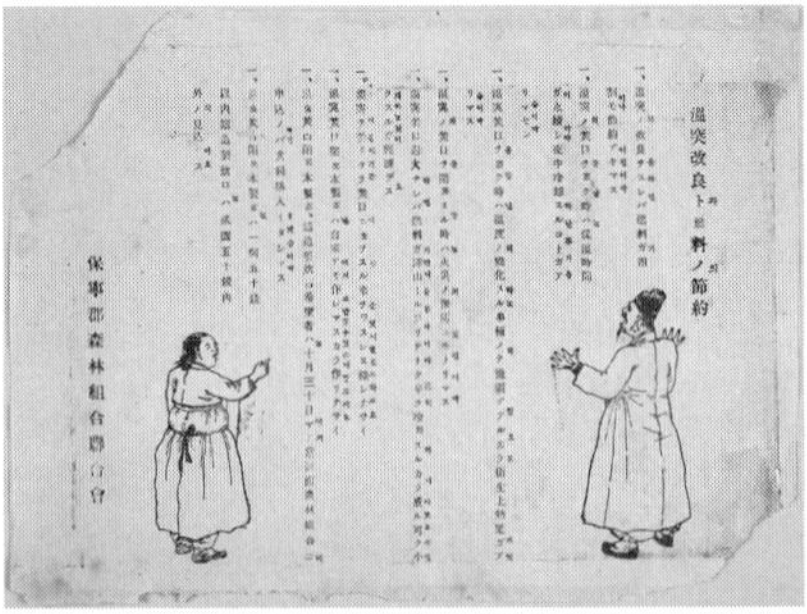

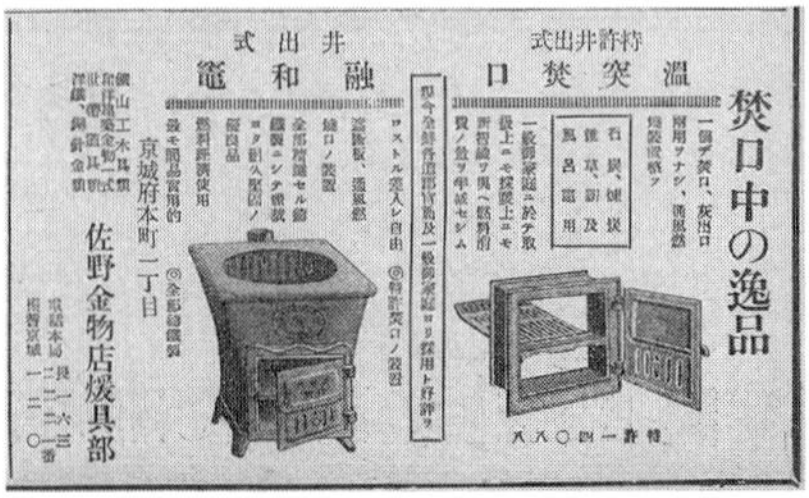

図６　広報ポスター、新聞広告、焚口の実例
上左　森林組合連合広報ポスター（時期不明）「温突改良と（과）燃料の（의）節約」
（大韓民国歴史博物館蔵）出典：大韓民国歴史博物館アーカイブ
上右　同ポスター「温焚口と煙突を塞ぐべし!!!」
所蔵・出典：同
下　新聞広告「焚口中の逸品　特許井出式, 温突焚口」『朝鮮新聞』1929年7月16日付
出典：国立中央図書館　大韓民国新聞アーカイブ（図7、図9も同）

ンドル燃料の供給源である山林保護の立場からの研究を紹介し、総督府機関紙の『毎日申報』のみならず朝鮮系の『東亜日報』も報道していた。かまどと煙突の焚口を密封して保温し、熱効率を高め、火災予防の工夫も施そうとしたもので、焚口密封による不完全燃焼の恐れなど異論はあったが、行政的立場から宣伝された。

　掛場は一九二六（大正一五）年にも同誌に「温突の改良に就て」を書き、この頃から改良温突の開発や特許出願、商品化などが始まっていくようだ。一九二七（昭和二）年には『東亜日報』に朝鮮人、一九二八年には『毎日申報』に日本人による、煙道や焚口の改良法を発明した例が報じられている。一九二九年から改良され

『愛林竈』를新發明
시외성북리(城北里)一七五의一九 김방훈
(金邦焄)씨는 다년간온돌(溫突)연료절약에대하야 연구를거듭하야오든중 금번에『애림조』(愛林竈)라는 아궁이를발명하야 특허국등록(特許局登錄)제二一〇〇六四호로신안특허(新案特許)를마텃는바 이『아림조』를 총독부농림국림업시험장(林業試驗場)에서 실험한바에의하면 연료절약이五할이상이며 온돌온도증진이三할이상 취사(炊事)시간의단축이 역시五할가량이라는바 금후이것이선전되는때에는 특수한온돌생활을하는우리에게는 절대한영향이잇스리라한다 (사진은새로발명한『애림조』와 동발명자김방훈씨)

図７　「『愛林竈』の新發明」呂運亨『朝鮮中央日報』1935年11月6日付
朝鮮人発明家によって改良された焚口「愛林竈」は『毎日新報』、『朝鮮中央日報』も報じる。

た温突焚口などの新聞広告が散見される。そして、一九三〇年代に入ると、公的な補助金を交付して温突を改善しようとする計画が慶尚北道などの山林課から提起されるようになる。一九三一年には満州事変が勃発し、戦略上、山林を含む資源管理と燃料効率化が大きな関心事となっていく。

こうした世相のなかで、一九三〇年代半ばに入ると、改良温突の開発、特許に活躍する朝鮮人発明家の報道が目につくようになる。新聞の見出しでは「セメント方形の改良温突の新案　特許局に登録した全氏」（『朝鮮日報』一九三五年八月一四日）、「朝鮮のエジソン発明家　温突改良を研究成功　全興沅氏の苦心結晶　其他数種を特許局に出願」（『高麗時報』一九三五年八月一四日）、「金邦焄氏「燃料節約の大王「愛林竈」發明」（『東亜日報』一九三五年一一月五日）、「温突をセメントで改良する新発明　木の消費も少なく、部屋も暖かい　朝鮮家屋に一考案」（『毎日申報』一九三六年七月一〇日）などから、その様子が伝わる。とりわけ、焚口の改良である「愛林竈」は、京畿道庁で開発されたものよりも燃焼効率が高いと報道された。

図8
右上　ジェイコブズ住宅の様子：庭園側から見た全景
左上　ジェイコブズの家に保管されている元の暖房用鉄製パイプのサンプル　©Hyon-Sob Kim
右下　ジェイコブズ・ハウスⅠの床暖房システムのテスト：左から2番目がフランク・ロイド・ライト
©Ryerson and Burhnam Archives, The Art Institute of Chicago

この流れは加速し、「保温温突　科学の朝鮮に発明の行進曲」（『東亜日報』一九三六年二月二八日）、「木の消費も少なく、部屋も暖かい　朝鮮家屋に一考案　海州의 康信道君 溫突保溫機發明」（『朝鮮日報』一九三六年七月二〇日）、「温突保温装置機　高氏三父子の発明」（『東亜日報』一九三七年一二月九日）など、朝鮮人の発明の報道が続く。結核のまん延を避けるための換気、ばい煙防止などが行政上のテーマとなっていた時期であるが、オンドルそのものの廃止は現実的ではなく、改良が基本的な関心事であったことが汲み取れる。

ちょうどこの時期、民俗学者の孫晋泰は朝鮮日報出版部による雑誌『朝光』（一九三六年一月）の企画「朝鮮文化問答室」で「温突はいつどのようにできたのか」という問いに解答を与えるかたちで、その歴史について語っている。

他方、同年、太平洋を超えたアメリカでは、五大湖の西に位置するウィスコンシン州マディソンに、ライトが控えめでシンプルなジェイコブズ・ハウスⅠを建て、ボイラーと蒸気配管による「重力熱」をアメリカで初めて試みた。

ライトは依頼主であるジェイコブズ夫妻に、経済的な韓国人は部屋の床に煙突の一部を利用し、外に出ていく煙から暖をとること、この暖房法は暖かいのに頭の周辺と上体の部分の空気は涼しいと説明して、家にこのような暖房を試すアメリカで最初の人になるのはどうか、とさそった。大きなラジエーターを設置するより安く、平均的な住宅費用の約半分で建築できたという。ライトは、一九四〇年に、ジェイコブズ・ハウスIのシステムを蒸気から温水に置き換えている。

一九三〇年代、半島では改良オンドル、日本では柳町政之助らによる床暖房（別稿「オンドル体験と床暖房の日本」参照）、アメリカではライトによる「重力熱」が試みられ、オンドル文化の近代化が多様に展開していたことが見えてくる。いずれも近代化に対するオンドル文化の柔軟な対応力を示す事例と考えることができる。日本の床暖房の実験的な先駆者たちは、ドイツの暖房・換気・空調の分野の創設者といわれるヘルマン・リエッチェル（Hermann Rietschel）や、リエッチェルを参考に温水パネルによる低温の輻射暖房技術を発展させ、イギリスで一九〇七年に特許を取ったアーサー・ヘンリー・ベーカー（Arthur Henry Baker）などの事例からパネルヒーティングの技術を学びつつ、他方で当時の日本が取り入れていった半島のオンドル文化への知識や関心を組み合わせ、伝統的な煙式以外の方法を試みていった。もっとも、半島には二千年以上の時間をかけて庶民層から王室にまで浸透してきた持続的なオンドル文化があったが、欧米や日本の床を暖める文化には、半島のような厚みがなかったということだ。

日本の太平洋戦争敗戦後、ソウルに残された日本家屋の二階にまでオンドルが設置され、それによる火事がしばしば生じる事態も起きた。

そして、一九五〇年から五三年の朝鮮戦争期に、日本の統治期には主に火鉢などに入れる室内用燃料だった練炭が、オンドルの燃料として用いられるようになる。練炭火鉢の出し入れに適した焚口の改良なども行われたが、この転用で、毎年数十万人が練炭ガス中毒になり、数千人が死亡したともいわれている（WEB中央日報・社説コラム［ジョン・ウヨンの近代の私生活］二〇一〇年一一月一六日）。薪が使われることで山林資源が消耗するのを防ぐための韓国政府の措置であったが、燃料の転換は、大きな犠牲を伴うものだった。

四　アイクラーと麻浦アパート——朝鮮戦争停戦後から現代

図９「文化生活の革命　畳房 マル房を温突へ」
『京郷新聞』1958年12月14日付

朝鮮戦争後も、家庭の近代化を目指す「新生活運動」のなかで、オンドルの焚口を練炭式とする試みは続き、一九五七年にはソウル市民の約九〇％に普及した（『京郷新聞』一九五七年一〇月二八日付）。一九五八年の『京郷新聞』に「文化生活の革命　畳房　マル房を温突に　遂!!　革新的熱風温突装置出現！」という広告が掲載されており、日本人が引き揚げた後、畳部屋や板間（マル房）の日本家屋が利用され、そこにオンドルが取り入れられた事例が読みとれる。

一九五〇年代、アメリカに目を転じれば、ジェイコブズ・ハウスIを含め、ライトはユーソニアン・ハウスと名づけた価格を抑えた理想住宅を設計した。その一つに住んだユダヤ系事業家ジョゼフ・アイクラー（Joseph Eichler）が、ライトの理想を大衆化し、一九五〇年から七四年、カリフォルニア州に一万一千軒以上の家を建てる。そのアイクラー・ホームの系統を引く住居で幼少期を過ごしたのが一九五五年生まれのスティーブ・ジョブズである。ウォルター・アイザックソンによる伝記『スティーブ・ジョブズ』が、床暖房体験を語る彼の言葉を直接聞き取り、記録している。

　アイクラーはすごい。彼の家はおしゃれで安く、よくできている。こぎれいなデザインとシンプルなセンスを低所得の人々にもたらした。優れた機能があれこれと用意されていたのもいい。床暖房とか、ね。そこにカーペットを敷くと、ほかほかと暖かく、子どもにとって最高の床になるんだ（アイザックソン　三五ページ　傍点筆者）

　すばらしいデザインとシンプルな機能を高価ではない製品で実現できたらいいなと思ってきた。それこそ、アップルがスタートしたときのビジョンだ。それこそ、初代マックで実現しようとしたことだ。それこそ、ｉＰｏｄで実現したことなんだ（同）

ジョブズは床暖房と自分が生み出す新時代のデジタルプロダクトに共通する理想をここで語っている。ジョブズの言葉にはカーペットが添えられているが、初代マッキントッシュを宣伝するために撮影された有名な写真では床に直に座っている。その写真の床が床暖房であったかは定かでないが、彼にこのポーズをとっさに取らせたのが、アイクラー式の住居で出会っていた床暖房の体験だったといえるだろう。

一九六二年から六四年、韓国土地住宅公社の前身である住宅営団が、韓国初の近代的高層集合住宅として、麻浦《マポ》アパートを建設し、六四年にオンドルの熱媒体として温水を循環させるパネル・ヒーティング・システムを国内で初めて採用した。高層建築では、焚口が部屋より低く設置されなければならない煙式の伝統オンドルが使えないためである。この技術では、熱源には練炭が用いられたが、ボイラーで温水を循環させて炊事と暖房に用いるため、煙による練炭ガス中毒を避けることができるようになった。伝統オンドルは、まず、燃料が薪から練炭に転換し、それから、熱媒体が煙から温水に転換したということだ。

麻浦アパートの温水パネル式オンドルは、一九三〇年代からのライトのフロア・ヒーティング、日本の床暖房の試みの後、初めて半島のオンドル文化がそれらの先例の蓄積と出会う、画期的な出来事だったと思われる。韓国では、それをオンドル文化全体で受けとめ、吸収していくことになった。決定的なのは、熱媒体の変化である。これにより、伝統オンドルからの断絶が生じ、焚口からの遠近による温度差など、オンドル文化の多様性が失われ、温水パネルによる快適さと均質な室温コントロールが目指されていく。しかし、こうした決定的な変化も、オンドル文化を失わせるものとは一般には考えられていなかった点が興味深い。断絶よりも連続性が強調され、オンドルが韓国の文化の象徴だとする考えは、途切れることがなかった。

一九六〇年代後半から練炭用ボイラーが大幅に普及したが、一九七〇年代半ばからは燃料の練炭がオイルに変わり、オイルボイラーが急成長し、一九八〇年代に主流となった。また、一九八二年にガスボイラーが登場し、一九九〇年代に成長、発展する。

二〇一八年四月三〇日、「温突文化」は、国家無形文化財第一三五号に認定された。その認定理由を説明する一節に「オンドル文化は技術的発展と主要住居空間の形式的変化、ライフスタイルの変化を経ながらも、その原型である床暖房方式は続いている。」（WEB文化財庁国家文化遺産ポータル「温突文化」）とあり、床暖房方式を伝統オンドルと麻浦アパート以降の近代的オンドルをつなぐ重要な要素と認識していることがわかる。そうだとすれば、一九三〇年代からの日本の床暖房、ライトの「重力熱」の試みも、韓国の近代オンドルときわめて密接な親縁関係にあると述べて、矛盾は生じないだろう。ライトの建築に、移築された資善堂のオンドル文化が影響を与えた事実は、近年、韓国人の研究者により関心が向けられているが、日本の床暖房の東洋における先駆性についてまでは、視界に入れられていない。そして、また、日本の床暖房研究においても、韓国のオンドル文化との出会いという広い視座で考察されているものは、ほぼないといっていいだろう。しかし、これらの経験は、相互に影響を与え合っている。

オンドルという伝統文化は、興味深い国際性のなかで、その生命力を発揮してきたといえよう。

五　オンドルの国際的近代化と生活者、クリエイターたち

五―一　伝統オンドルを「変身」させた無意識の国際リレー

伝統オンドルの「変身」

近代を通じて「オンドル」概念は拡張されてきた。

落ち葉や木、藁を燃料とし、焚口（アグンイ　かまどの意もある）があり、石で設けられた煙道、煙を逃

がすための煙突が設けられる。突き固めた土と韓紙《ハンジ》（油屯《ゆとん》）が敷かれた床は暖められ、蓄熱し、遠赤外線の輻射熱が伝わる、オンドル房。

これが伝統オンドル（漢字では温突と表記するようになったが、オンドルは半島の固有語で暖められた石を意味する）だとすれば、燃料、熱媒体、設備素材の全てが変化した。

①燃料が木や落ち葉、藁から、石炭、練炭、灯油、ガス、電気等に変化。

②熱媒体が煙（暖められた空気）から、電熱線、水蒸気、温水に変化。

③設備素材が石、土から、コンクリート、モルタル、ボイラー、コントローラー、金属・プラスチックパイプ、給湯器等に変化。

こうした過程で、パネルヒーティング、輻射暖房（radiant heating）、温水暖房、床暖房（underfloor heating）などの用語が登場し、欧米、日本で用いられていく。

しかし、韓国では、オンドルという言葉によって、すべての新たな方式が包容されていく。すなわち、オンドル概念が拡張した。燃料、熱媒体、設備素材からみれば、現代韓国のオンドルは、伝統のそれと全て置き換わっている。

それにもかかわらずオンドルという言葉で包含できるのは、伝統オンドルの文化的厚みがあるためといえよう（むろん、前近代に歴史的な変遷を経てきているが）。

国際的・近代化

ただ、話はそれほど単純ではない。

一九三〇年代から、半島のオンドルの利点を体験的に知る柳町政之助、山越邦彦等の日本人の技術者・建築家、アメリカ人の建築家ライトやその弟子のアントニン・レーモンド等によって、一九〇七年、イギリスの工学者ベーカー等がドイツのリエッチェルの研究を参考に開発していたパネルヒーティング技術が、積極的に応用され、住宅や学校等の公共施設で床暖房として実験的に取り入れられていく。

つまり、半島の外の日本列島やアメリカで、伝統オンドルの近代的変容、トランスフォーメーションが最初に実施されたということだ。

他方、ほぼ同時期に、半島では民俗学者・孫晋泰が「温突礼賛」を論じ、建築家・朴吉龍がオンドルの合理性を評価、朝鮮人・日本人が焚口などを改良したいわゆる改良温突を次々に発明して、燃料効率、安全性を高めるなどの工夫を重ね続けた。

これらの経験蓄積があってこそ、韓国の高度経済成長期に、練炭、ボイラーの普及を経て、現代の温水式オンドル（温水床暖房）の圧倒的な普及へとつながったといえるはずだ。欧米で誕生したパネルヒーティングを床暖房に積極的に応用した日本、アメリカではなく、半島で温水床暖房が、オンドルとして、世界一の普及率を達成することとなった。

なお一九九〇年代以降、温水床暖房は、床からの輻射熱によって、日本や欧米においても再注目され、日本の北海道や都市部で普及率を伸ばしてきた。日本では戦後も、一九三〇年代からの担い手たちが継続して、皇居新宮殿（吉村順三設計）をはじめ先進的な住宅、施設に、細々とながら取り入れてきたことが注目できる。

他方、韓国では、温水式オンドルのルーツである煙式伝統オンドルは、完全に消尽してしまうことなく、郷愁をさそう文化遺産として生きており、温水式床暖房がオンドルとして位置づけられるためにも、重要な意味づけを担いつづけているように思える。

以上から、伝統オンドルの存在が確実に近代床暖房の普及に影響を与え、また、近代床暖房が伝統オンドルの文化的意味を剥奪しなかったことがうかがえる。

そして、伝統オンドルからオンドル・近代床暖房に移行する過渡期を一九三〇年代から一九六〇年代ととらえるならば、そこに半島・日本・欧米の建築家、技術者、施工者、生活者のいずれもが関わっている光景が浮かび上がってくる。

もっとも、中国大陸での展開は、射程に入れることができていないため、今後の課題である。紫禁城の三希堂や東北地方の炕、朝鮮族のオンドルや韓国企業のマンション建設に伴う「オンドル」導入などが興味深い事例である。

伝統オンドルの近代化は、半島の日本統治時代、日中戦争、第二次世界大戦、朝鮮戦争の各時代をくぐり抜け、国際的に進んだことが見て取れる。

五―二　伝統オンドルと近代オンドル・床暖房の持続する共通性

「オンドル」研究のミッシングリンク

先行研究は、伝統オンドル文化、戦前の日本植民地統治時代のオンドル政策とその影響、戦前の日本における床暖房の取り組み、近代建築の父としてのライトの遺産、パネルヒーティング技術の誕生等、関心分野によって分断されている。その分断は、統治・被統治の観点、伝統・近代技術の観点、域内・域外（国内・外国、内地・外地等）の観点等から生じている。

通時代的・通地域的な研究は、なかなか見られない。そのため、韓国における研究・関心では、戦前の日本列島における近代床暖房の試みや伝統オンドルの実践は研究対象外となる。

しかし、第二次世界大戦、朝鮮戦争、高度経済成長期を経て今日の温水パネルヒーティングによる近代オンドルの普及への技術的、経験的素地となったのは、戦前期からの日本およびアメリカにおける近代床暖房の導入・実践例であり、それらは、伝統オンドルの存在と文化体験に触発されつつ、進められたものであった。したがって、韓国のオンドル研究に限ってみても、こうした事例が対象外とされているのは、不自然なことに思われる。また、日本の近代床暖房黎明期についての研究では、パネルヒーティング等の技術的側面や生活科学的な側面に多くの関心が向けられ、明治期から近代日本が半島の伝統オンドルに触発され続けた史実についての文化学的関心はほとんど向けられていない。

だが、通時代的・通地域的な視座により、見えにくかった影響関係が浮かび上がってくる。

床下からの輻射熱、自然対流を求める

そして、こうした時代・地域を超えた密接な影響関係が生じることになった所以を考えていけば、伝統オンドルと近代オンドル・床暖房を貫く、二つの共通性に着目できるのではないだろうか。

伝統オンドルと近代オンドル・床暖房の相違点は、燃料・熱媒体・設備素材そのものから生じる。伝統オンドルと近代オンドル・床暖房の決定的な違いは、熱変化による空間の多様性が、均質化されることだ

ろう。均質な制御が可能となる反面、自然な多様性が失われる。

しかし、燃料・熱媒体・設備素材以外の側面から考えれば、伝統オンドルと近代オンドル・床暖房の第一の共通性は、床下（바닥《バダク》 underfloor）からの輻射熱と自然な空気対流により温まることである。ライトやレーモンド、日本の建築家・技術者たちは、一九三〇年代にこの共通の利点を実現したいと願った。

なお、伝統オンドルと近代オンドル・床暖房の共通点である、床下から温めるという特徴に注目すれば、たとえば、列島における囲炉裏周囲の土間の蓄熱、アイヌのチセなどとの共通性が脳裏に浮かぶ。床下からのほどよい熱をもとめる欲求は、フローリング（板間の変容ととらえれば　日韓）、畳（日本の場合）のオンドル化・床暖房の実現にまでつながっている。

そして、暖房のみならず、冷房も含めたトータルな技術が求められてきていることは、伝統オンドルにおいて、床下が空洞で石や土で突き固めていることで板間よりも数度低い室内気温となることなどとの比較から興味深い。

これらの試みの先に、多地域・多時代の伝統的な住文化と現代の空調技術とのいかなる邂逅が展開していくのだろうか。

韓国の場合、日本や欧米と異なるのは、伝統オンドル（とその延長である改良オンドル）の文化が高度経済成長期に入るまで継続して存在していたため、伝統性を近代の温水床暖房技術に容易に付与することができたということだ。

日本の場合には、温水床暖房ないし床暖房に韓国のようには伝統性を付与することができないが、床の蓄熱の文化は、土間において日本列島に広く用いられてきた。欧米では、ローマ時代のハイポコーストにまで遡ることになると思われる。

民衆的な理想

さらに、第二の共通性として、ライト、レーモンドについては、ユーソニアン・ハウスやベーシックハウスなどで安価な住宅設備として実現した。つまり、半島で庶民が身近な設備素材を用いて取り入れてきた伝統オンドルの文化にも通じる民主的発想を汲み取ることができる。日本の建築家・技術者たちも、実験的な住宅だけでなく、次世代を育てる学校（山脇高等女学校や慶応幼稚舎など）、百貨店（京王デパート）などの公共空間に広げることを構想した。太平洋戦争によって頓挫し、空襲を免れた建物も取り壊されるなどしたため、それらの試みがトータルに注目を受けることがなかったのだ。

五ー三　生活者、クリエイターの進取の気性

オンドルの制御を試み、オンドルに影響される

帝国主義的な支配の観点に着目すれば、山林の使用制限等、論じられるべき点は多い。オンドルの近代化過程を通じ、植民地統治時代の半島、また、一九三〇年代の日本でも議論されたことだった。しかし、統治主体が変わっても、省エネ、環境保護などの政策課題は継続する。

今日の近代化・現代化されたオンドル、床暖房を考えるとき、設備費、燃料費のコストパフォーマンス

や省エネ、環境負荷等が議論される。

なお、日本の「名士」といわれる人物たち、資産家、政治家、美術商などが伝統オンドルを戦前、日本各地で試み、導入していたことも興味深い。この事実はほとんど研究されず、韓国でも注目されていない。そこでは、煙式伝統オンドルがハイカラなものとして受け入れられていたのだ。

進取の気性

生活者、建築家、技術者に着目すれば、様々な工夫を施し、限られた条件のもとで、新たな試みを取り入れ、良き生活を求めてきた姿が浮かびあがる。

韓国から見ればオンドルの近代化過程、日本、欧米から見れば新たな暖房・空調技術の導入過程となるが、それらは密接に絡まり合っている。しかも、床暖房の文化的ルーツをオンドル以外に求める視座も、消尽することはないように思われる。

これらを包容、包含する姿勢を求めていけば、足元、座面からの自然由来の熱を人為的に健康に活かそうとする生活者・クリエイターたちの進取の気性に行き着くのではないか。

この場合、くつを脱ぐ文化と脱がない文化の違いも現れてくる。くつを脱ぐ習慣を近代の床暖房が促す側面にも注目できる。他方、ライトのようにくつを室内で脱がない文化に属する人間が、大地からの熱の自然な対流の再現を、伝統オンドルから感じ取る体験をし、それを電熱線、蒸気パイプ、温水パイプで実現しようとした例もある。くつを脱ぐ、脱がない以前に、やはり、大地からの自然由来の熱の作用を意識している。

以上を概観すれば、広い意味での多国籍・多地域の文化伝統が近代オンドル・床暖房に影響し、その意味づけや影響は、最先端テクノロジーにも及びつづけているといえる。例えば現代の温水オンドルの技術はアレンモク、すなわち伝統オンドルの焚口に近い位置で、最も温かい上座を実現できる。

半島のオンドル文化の伝統は、近代のパネルヒーティング技術により持続性を示し続けているが、その文化は、床下の蓄熱を求め、重んじる、より多様な地域の文化との共通性を見出すことができる。

いっそうの健康をもたらしてくれる生活スタイルを求める生活者、クリエイターたちの進取の気性が、近代オンドル・床暖房の展開を促し、現代オンドル・床暖房の世界性を支えてきていると、いえるのではないだろうか。

参考文献

＊丸括弧内は原著出版年、韓国語文献、英語文献の引用は全て筆者日本語訳

〈日本語文献〉

孫晋泰「温突文化傳播考」『朝鮮及朝鮮民族』第一集　朝鮮思想通信社　一九二七年。

シャルル・ダレ『朝鮮事情』金容権訳　東洋文庫３６７　平凡社　一九七九年。

ゲ・デ・チャガイ編『朝鮮旅行記』井上紘一訳　東洋文庫５４７　平凡社　一九九二年。

イサベラ・バード『朝鮮奥地紀行』１・２　朴尚得訳　東洋文庫５７２・５７３　平凡社　一九九三年。

イザベラ・バード『極東の旅』２　金坂清則編訳　東洋文庫７４３　平凡社　二〇〇五年。

フランク・ロイド・ライト『自然の家』富岡義人訳　ちくま学芸文庫　二〇一〇（一九五四）年。

ウォルター・アイザックソン『スティーブ・ジョブズ』1　井口耕二訳　講談社　二〇一一年。

〈韓国語文献〉

金惟邦「文化生活과 住宅、（鎖國時代에 일너진 우리의 住宅制）」『개벽』제32호　1923
（金惟邦「文化生活と住宅、鎖国時代にでき上がった私たちの住宅制」『開闢』第三二号　一九二三年）

孫晋泰「温突礼讃」『별건곤（別乾坤）』第一二・一三号　開闢社　1928

김영자편역『서울、제2의 고향：유럽인의 눈에 비친 100년전 서울』서울학연구소　1994
（キム・ヨンジャ編訳『ソウル、第二の故郷――ヨーロッパ人の目に映った百年前のソウル――』ソウル学研究所　一九九四年）

카를로 로제티『꼬레아 꼬레아니、백 년 전 이태리 외교관이 본 한국과 한국인』서울학 연구소、1996
（カルロ・ロゼッティ『コレア・コレアニ、百年前にイタリア外交官が見た韓国と韓国人』ソウル学研究所　一九九六年）

H. N. 알렌『조신 견문기』신복룡 역주、집문당、1999
（ホレイス・ニュートン・アレン『朝鮮見聞記』シン・ボクリョン訳注　ジプムダン　一九九九年）

아손 그렙스트『스웨덴기자 아손、100년 전 한국을 걷다』김상열 옮김、책과함께　2005
（アーソン・グレブスト『スウェーデン記者アーソン、百年前の韓国を歩く』キム・サンヨル訳　チェックァハムケ　二〇〇五年）

지그프리트 겐테『독일인 겐테가 본 신선한 나라 조선 1901』권영경 옮김　책과함께　2007
（ジークフリート・ゲンテ『ドイツ人ゲンテが見た新鮮な国、朝鮮1901』クォン・ヨンギョン訳　チェックァハムケ　二〇〇七年）

국사편찬위원회출판사 편『이방인이 본 우리』동아출판발행　2009
（国史編纂委員会編『異邦人がみた私たち』東亜出版　二〇〇九年）

엘리자베스 키스『키스 동양의 창을 열다 영국화가가 그린 아시아 1920-1940』송영달 옮김、책과 함께　2012

（エリザベス・キース『キース、東洋の窓を開く　英国画家が描いたアジア　1920-1940』ソン・ヨンダル訳　チェックァハムケ　二〇一二年）
송기호『한국 온돌의 역사　최초의 온돌 통사』서울대학교출판문화원、2019
（宋基豪『韓国オンドルの歴史　初めてのオンドル通史』ソウル大学校出版文化院　二〇一九年）

〈英語文献〉

Percival Lowell, *Chosön : the land of the morning calm : a sketch of Koreay,* Boston, Ticknor and Company, 1888 (1885).
George W. Gilmore, *Korea from its Capital : with a Chapter on Mission,* Presbyterian Board of Publication and Sabbath School Work, 1892.
F.Ohlinger,H.G.Appenzeller,George Heber Jones,The Korean Repository,Vol.2,Trilingual Press, 1895.
Isabella Bird, *Korea and Her Neighbours: a narrative of travel, with an account of the recent vicissitudes and present position of the country,* New York, Chicago [etc.] F.H. Revell Co., 1898.
Elizabeth Keith, *Eastern windows : an artist's notes of travel in Japan, Hokkaido, Korea, China and the Philippines,* London: Hutchinson, 1925.
Elizabeth Keith and Elspet Keith Robertson Scott, *Old Korea：the Land of Morning Calm,* London: Hutchinson, 1946.
Hyon-Sob Kim, 'The First Adoption of the Korean Ondol Principle in Usonian Houses: Jacobs House I, designed by Frank Lloyd Wright', SPACE632 (JULY 2020), pp.30-37.

〈ＷＥＢサイト〉

日文研データベース「朝鮮写真絵はがき」https://db.nichibun.ac.jp/sp1/ja/category/chousen.html
国立中央博物館ｅミュージアム　http://www.emuseum.go.kr
국립중앙도서관 대한민국신문아카이브（国立中央図書館　大韓民国新聞アーカイブ）https://nl.go.kr/newspaper/
대한민국역사박물관 근현대사 아카이브（大韓民国歴史博物館　近現代史アーカイブ）https://archive.much.go.kr

국사편찬위원회 우리역사넷（国史編纂委員会・私たちの歴史ネット） http://contents.history.go.kr
文化財庁国家文化遺産ポータル「温突文化」 http://www.heritage.go.kr
중앙일보 「전우용의 근대의 사생활」 한겨울 구공탄、 그리고 연탄가스의 아찔한 추억、 2010.11.16（中央日報・社説コラム「ジョン・ウヨンの近代の私生活」「真冬九穴練炭は、練炭ガスのクラッとする思い出」二〇一〇年一一月一六日） https://news.joins.com/article/4663440
The British Newspaper Archive　https://www.britishnewspaperarchive.co.uk
The First Adoption of the Korean Ondol Principle in Usonian Houses: Jacobs House I, designed by Frank Lloyd Wrigh https://vmspace.com/eng/report/report_view.html?base_seq=MTA3Nw

オンドル体験と床暖房の日本

濱田 陽（はまだ よう）

一九六八年、徳島県生まれ。帝京大学文学部教授。京都大学人間・環境学博士。日本文化、比較宗教文化、文明論に取り組み人文学の可能性を切り拓く。京都大学法学部卒。マギル大学宗教学部客員研究員、国際日本文化研究センター講師等を経て現職。著書に『共存の哲学』、『日本十二支考』、『生なる死』、『生なるコモンズ』、分担執筆に『環境と文明』、*A New Japan for the Twenty-First Century* など。

李 珦淑（い ひゃんす）

一九六七年、大韓民国蔚山市生まれ。帝京大学外国語学部非常勤講師、法政大学客員研究員。京都市立芸術大学大学院美術研究科修士、京都大学大学院人間・環境学研究科文化・地域環境学専攻、博士後期課程研究指導認定退学。国際日本文化研究センター研究支援員及び共同研究員、京都市立芸術大学非常勤講師、（財）韓中日比較文化研究所海外研究員を歴任。分担執筆に『文化としてのテレビ・コマーシャル』など。

一　オンドル・床暖房と出会う開国日本——明治維新後から日露戦争期

一八七〇（明治三）年に建築された、兵庫県香美町香住にある森田家住宅は、日本海から四キロメートルほど内陸に入った養蚕農家で、一九五〇年代までは養蚕が行われ、床下をオンドルにしていた石積みの跡が残されている。

一八七八（明治一一）年、北海道開拓長官であった黒田清隆が、北海道の住宅問題解決のため、漢城（現・ソウル）の公使館を通じ朝鮮にオンドル資料を要請している。黒田は、江華島条約締結（一八七六年）の際、特命全権大臣として、朝鮮の家屋構造とオンドルに接する機会があった（권（権）二〇九ページ）。

一八八〇（明治一三）年築と考えられる和歌山県かつらぎ町の木造平屋で寄棟造りの古民家では、四部屋に床暖房（オンドル）の跡がみられる。

一八九〇（明治二三）年に建てられた京都市伏見区の三夜荘新館は、浄土真宗本願寺派西本願寺二一世・大谷光尊の別荘で、四部屋の木造平屋が、床下の鉄パイプに蒸気を通した床暖房を備えていた。三夜荘旧館は光尊が一八七六（明治九）年に木造平屋の建物を建築し、七つの部屋と茶室を備え、木戸孝允が命名、徳川慶喜や伊藤博文らが滞在したとされる。

図1　三夜荘新館（古写真、長野県　真宗寺蔵）

図２　京都府庁旧本館（撮影筆者　2018年）
左　前景　　中　足元の床暖房　　右　床暖房のある前方議員席

一九〇二（明治三五）年、著名な地理学者として知られる『日本風景論』の著者、志賀重昂が自邸に六畳間のオンドルを設置したという（堀越哲美他　二〇〇〇年　九〇ページ）。志賀は大韓帝国期の一九〇七、一九〇八年と一九一五年十一月に半島を訪問している。

一九〇四（明治三七）年に竣工した京都府庁旧本館には、半円形に並ぶ議員席の三列目まで足元に床暖房の装置が仕込まれている。また、暑い時期には、正面の演壇側の地下から冷気がこの装置に通る工夫もなされている。

一九〇四（明治三七）年の日露戦争において、司令官の乃木希典が旅順第三軍司令部を置いたのは、柳樹房の周玉徳から借り上げた家で、そこには中国式オンドルの炕《カン》があり、乃木はこの建物で起居し、執務を取り続けた。一九一六（大正五）年、この家は、まるごと買収され、京都伏見桃山御陵下の乃木神社創建時に移築された。乃木には、厳しい冬もオンドルを使わなかったという言い伝えもあり、執務中、使用したか否かは、筆者は確認できていない。しかし、日露戦争の司令部が中

図３　絵葉書「乃木神社記念館（元第三軍司令部）及宝庫」
出典：京都大学貴重資料デジタル・アーカイブ「絵葉書からみるアジア」（京都大学附属図書館所蔵）

図４　乃木神社記念館の内部
左 焚口、右 奥の間・乃木寝室（撮影筆者 2022年）
大正5（1916）年9月建立の際、鉄道実業家・政治家の村野山人が現地に赴き、この家屋を買い受け、土台石など資材一切を運搬移築し記念館とした。

国式オンドルのある民家に置かれたという事実は興味深い。

一九〇四（明治三七）年、設立まもない盛岡高等農林学校（一九〇二年一月）に、初代校長の玉利喜造《たまりきぞう》によって、オンドルが先駆的に築造された。玉利は日本初の農学博士であり、炬燵《こたつ》廃止論者でもあった。玉利の講演を収録した『東北振興策　大和民族の寒国に於ける発展策』（全国農事會　一九〇四年）にオンドルを導入した背景が収録されている。玉利は「温突《オンドル》を一般に採用せんことを望む」として、「この温突は不十分ながらも、高等農林學校に設けて、この厳寒中生徒はその室内に作業した。温度は十分では無いけれども作業は出来る。（中略）貧富の差別なく、東北一般にこれを設けさせる希望であるから、成たけ軽便に且つ入費少くて出来上がらなくてはならぬ。」（王利　二三―二四ページ）と説いている。宮沢賢治が高等農林学校に入学したのは十一年後、一九一五（大正四）年であるから、玉利の導入したオンドルを体験した可能性はあるかもしれない。

日露戦争は一九〇五（明治三八）年九月まで続いたが、同年二月七日の日付で、留守第一師団参謀長から兵站司令部所要図書が送付され、その中に『方錐形天幕内ニ於ケルオンドル設備法』三部が含まれているという記録がある。

二　オンドル体験の諸相と大日本帝国——日露戦争後から一九二〇年代

一九〇六（明治三九）年に韓国統監府が開庁し、日本人官吏が多く登用されると、官舎が大量に建築されていく。韓国の国家記録院の日帝時期建築図面アーカイブを活用して、総理大臣官邸、内部地方局長官舎、学部次官官邸の平面図を見ると、建物の内部に西洋式空間と日本式空間が設けられているが、オンドル部屋も存在することがわかる。第一号官舎、第二号官舎、営林廠の一等官舎から五等官舎までの設計図からもオンドル部屋が存在していたことが見てとれる。

日韓併合後、オンドル導入例はさらに豊かになる。巡査合宿所、海軍官舎、養蚕室、警察署、道長官官舎などにオンドル事例を見ることができる。

朝鮮総督府の官舎新築設計図を見てみよう。

半島では、一九一四（大正三）年、景福宮《キョンボックン》での始政五年記念朝鮮物産共進会開催のために一八六七（高宗四）年に再建された多くの宮殿建物が解体、公売された。世子（皇太子にあたる）夫妻の生活空間である東宮・資善堂は、東京の大倉喜八郎邸へと移築された。オンドル房《バン》を備えた二×四間のこの建物は、当時の二万円をかけて一九一六（大正五）年九月に組み立てが完了している。帝国ホテル新館設計者として来日していたアメリカの建築家フランク・ロイド・ライトが大倉邸に招待され、資善堂のオンドル部屋——彼の記したKorean Roomと出会ったのは、一九一六年から一七年にかけての冬と考えられる。一九一七（大

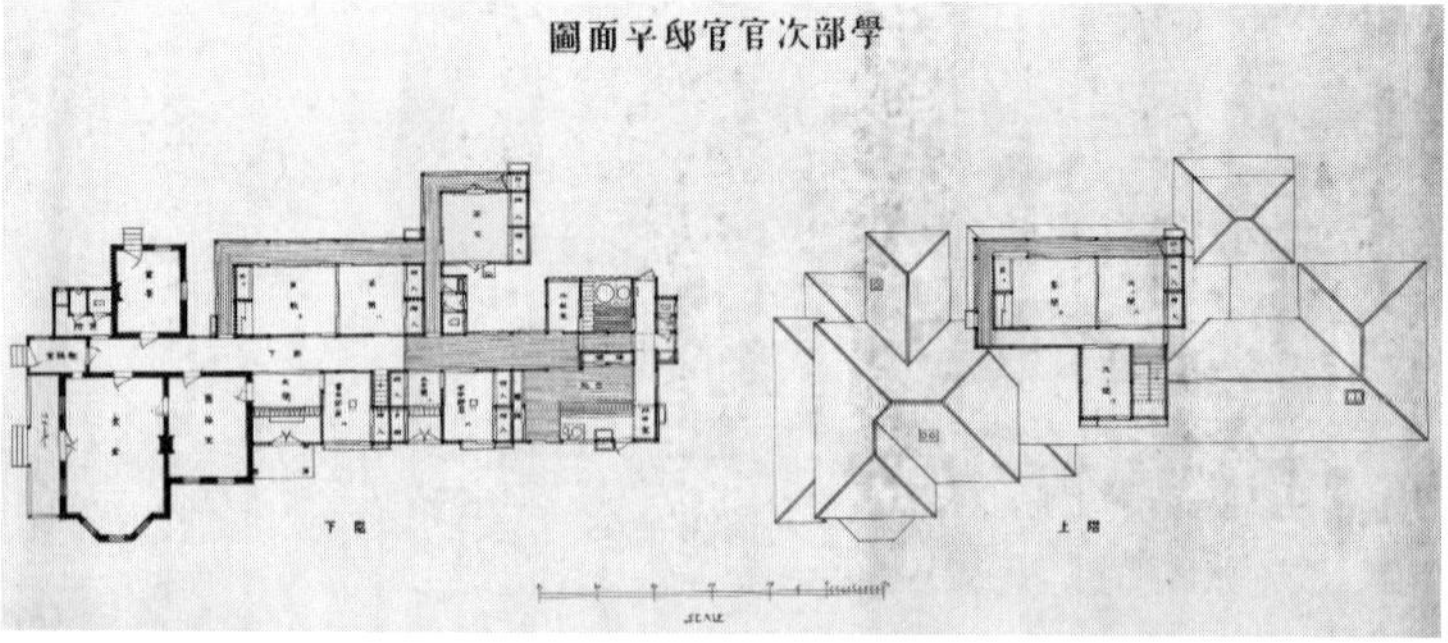

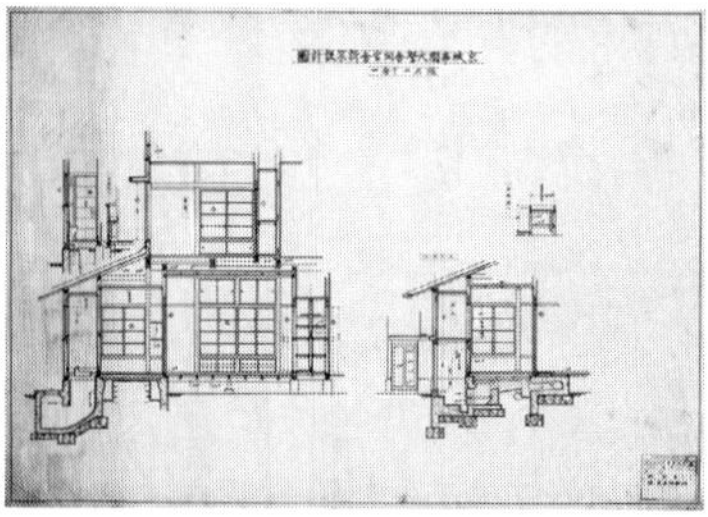

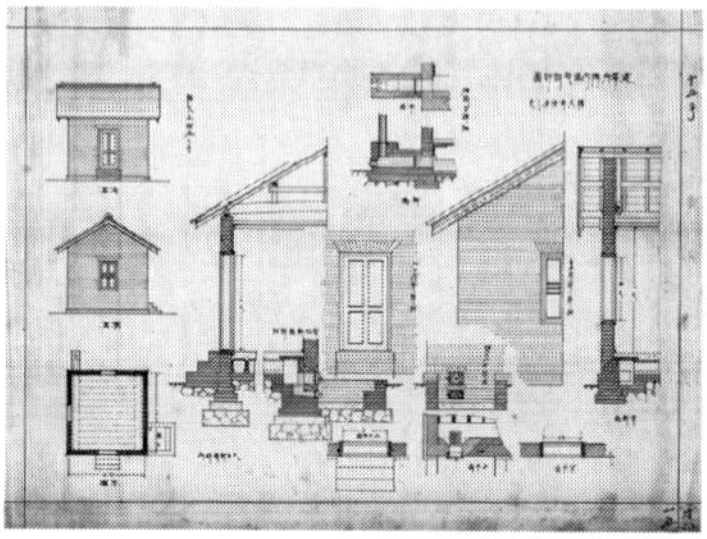

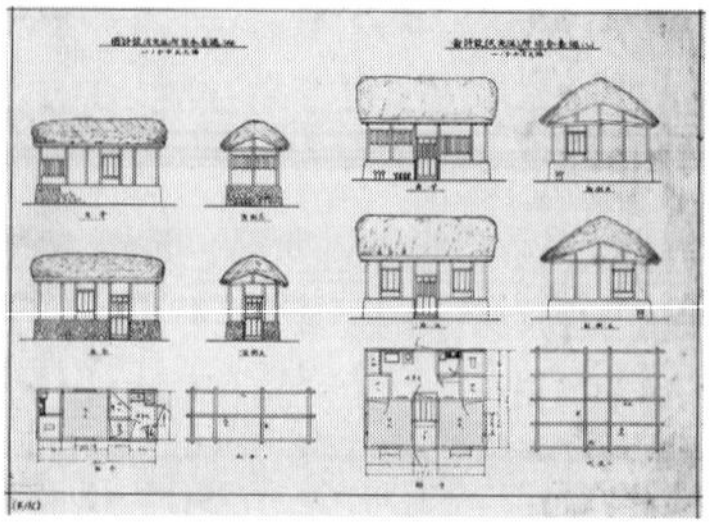

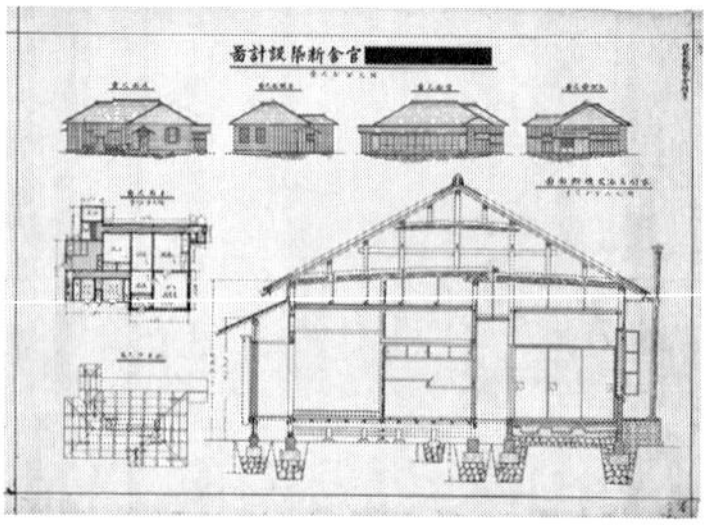

図5　朝鮮総督府 官舎新築設計図
上　学部次官官邸平面図
中右　營林廠の官舎の設計図
中左　京城帝国大学合同官舎新築設計図
下右　官舎新築設計図　官舎の南東に「洋館」と記された応接室があり、南西には「温突」と記された茶之間と女中部屋がある。
下左　(オンドル式)設計図(乙)(丙)巡査合宿所1910～1945年推定
出典：韓国国家記録院・日帝時期建築図面アーカイブ

図6　徳富蘇峰の朝鮮の自邸（鵲巣居）付近・京城清雲洞十二番地（徳富蘇峰記念館所蔵）

正六）年、資善堂は朝鮮館と命名され、これを含む日本初の私立美術館・財団法人大倉集古館が開館する。しかし、一九二三（大正一二）年の関東大震災で基壇石を残して資善堂は消失し、基壇石のみが一九九六年に韓国に返還された。

朝鮮総督府機関紙『毎日新報』『京城日報』の監督として招かれた徳富蘇峰は、京城市鍾路区の景福宮の裏山にあった三間のオンドルの古い朝鮮家屋を鵲巣居《じゃくそうきょ》と名づけて起居した（金谷　一九六七年　五〇ページ）。

また、『毎日申報』『京城日報』の社長として赴任した阿部充家は、左右にオンドル部屋、中が板張の十坪ほどの朝鮮家屋に住み、朝鮮の青年たちと談笑した。総督府のメディアの中枢にいた蘇峰や充家が、朝鮮家屋でオンドルの生活をしていたことは興味深い。

一九一七（大正六）年、北海道長官として一九一五年から赴任していた俵孫一は、新築官舎の主人室や尊属室にオンドル室を、夫人室にはロシアの暖房設備であるペチカを設けた。孫一は一般家屋へのオンドル設置を提唱し、一九一八（大正七）年の北海道博覧会に特設館を設け、オンドル模型を提示している。彼は、以前に韓国統監府、朝鮮総督府の官僚として勤務経験のある人物であった。

ちなみに、一九一〇年の九州沖縄物産共進会から一九三六年の築港記念博多大博覧会まで、朝鮮館が出展されており、オンドルも紹介されたと考えられる（国家記録院・日帝時期建築図面アーカイブ「博覧会」）。

一九一九（大正八）年九月、帝国ホテル新館が着工、ライトは資善堂での体験に学んだ床暖房システムをGravity Heat（重力暖房）と呼び、客室のバスルームの床下に電熱線を仕込むかたちで実現させた。

一九二〇年代、三〇年代に日本に渡ってきた朝鮮の人びとは、自らの文化であるオンドルを作る例があり、東北や北陸地方に多かったといわれる。在日韓人歴史資料館のホームページでは、東京都調布市、神奈川県川崎市にオンドル部屋があった例が紹介されている。

半島におけるオンドルの近代について豊富な史料を駆使して分析した、権錫永《クォンソギョン》『オンドルの近代史』（二〇一〇年　未邦訳）によれば、農林省山林局編の雑誌『山林彙報』の一九二〇（大正九）年に掲載された長倉純一郎「温突築造法に就いて」から、日本の東北地方と北海道に朝鮮からオンドル職人が招聘され、オンドルが施工されていたことが、うかがえるという（권（権）二一二ページ）。

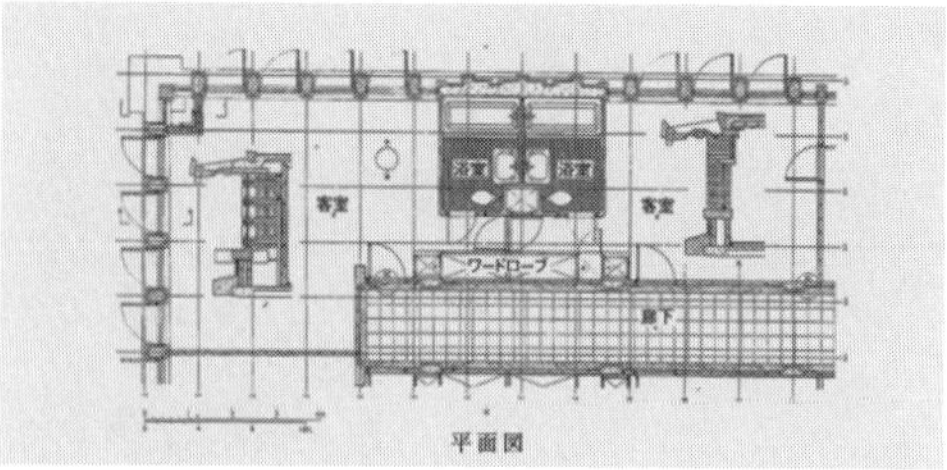

図7　帝国ホテルの客室平面図　　浴室が電熱線の床暖房
出典：WEBサイト・TOTO通信　「帝国ホテル旧本館（ライト館）の客室平面図および展開図（実測図）」『2017年新春号［特集］アーキテクツ・ホスピタリティ　建築家の名作ホテルと旅館に学ぶ　Case Study #1』

大倉喜八郎は、一九二〇年、建築家・伊東忠太による設計審査で共寿亭という別邸を建て、晩年の住処とした。神奈川県小田原市板橋の相模湾を見下ろす景勝地に建つ木造一部二階建て、登録有形文化財に指定されている。大きな床の間がオンドルとなっており、ここに布団が敷かれたという。喜八郎は一九二八年に没しており、資善堂などでの体験が、晩年の憩いの場でのオンドル導入につながったとみてよいだろう。

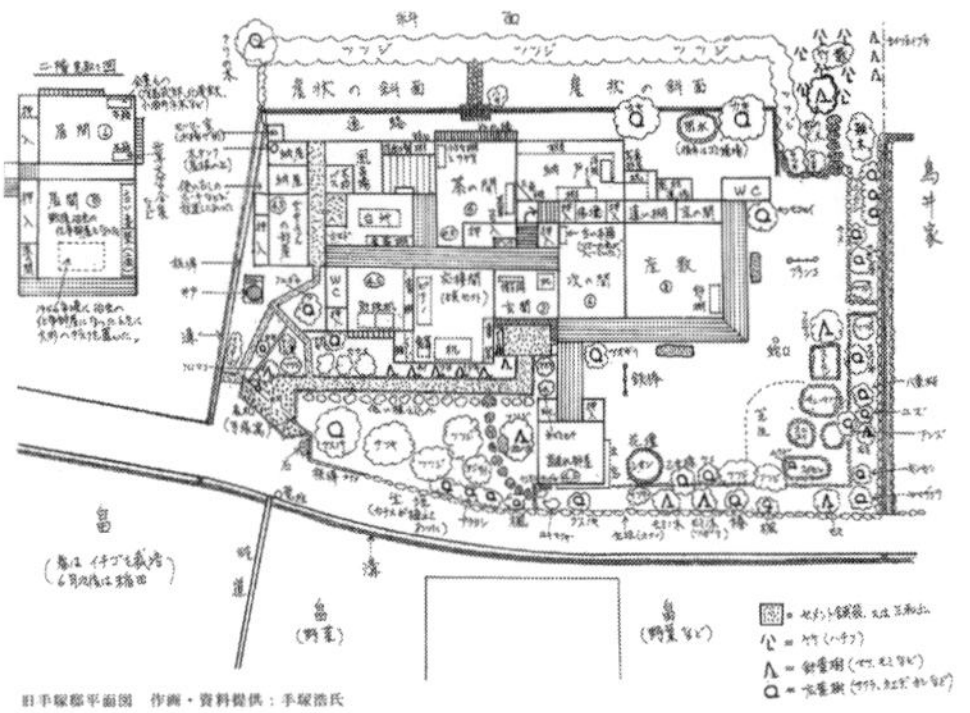

旧手塚邸平面図　作画・資料提供：手塚浩氏

図８　手塚太郎邸
出典：田浦紀子・高坂史章編著『親友が語る手塚治虫の少年時代』 62ページ

一九二〇年代半ば、手塚治虫の祖父で関西大学創立者の一人、手塚太郎が兵庫県川辺郡小浜村（現・宝塚市小浜）に建てた和洋折衷住宅の四畳半の離れには、オンドルが設けられていたことがわかる。一九三三～五二（昭和八～二七）年、手塚治虫は四歳頃から青年に成長するまでの約二〇年間をこの住宅で過ごしており、日本におけるオンドル生活の体験者であったという意外な事実が浮かび上がる(註)。

「咳をしても一人」で知られる漂白の俳人・尾崎放哉《ほうさい》は、一九二二（大正一一）年、朝鮮火災海上保険会社の支配人として赴任し、一月二三日付で京城から知人に「「オンドル」といふ奴ハ、どうしても、冬、なくてはならないもんですネ。私の宅ニハ今、六畳ノガありますが、ポカ〳〵して春の様な気もちです。それで、外ハ、〇度以下何度といふ寒さなんですからネ。（硝子障子ゴシデ）空気が乾燥してゐてオ月様モ、星モ、スグと、眼のサキにキラ〳〵してゐます。」（荻原井泉水宛「放哉書簡集」小豆島・尾崎放哉記念館ホームページ）と書簡を送っている。彼はまた、「オンドル月夜となれり巻煙草をさがす」などオンドルの語を用いた句も何句か遺している。

先述した『オンドルの近代史』は、遠藤明久『北海道住宅史話』（一九九四年）に着目し、一九二三（大正一二）年、北海道旭川の陸軍第七師団官舎にオンドルが導入された史実を指摘している（권（権）二一五

図９　北部の民家の最厨間（かまどと部屋の床が一平面になっている大きな部屋）。
今和次郎のスケッチ
出典：朝鮮総督府編　『朝鮮部落調査特別報告』　46ページ

ページ）。

建築学者で民俗学者の今和次郎《こんわじろう》は、一九二二年九月から十月の約一ヶ月間、朝鮮総督府の依頼により、平壌・開城・成興・全州・金泉・大丘などで民家調査を行い、『朝鮮部落調査特別報告』（一九二四年）を提出しており、朝鮮総督府の「温突廃止論」に否定的な立場を表明している。今が実施した一九二二年、二四年の調査は、ソウル歴史博物館により、二〇一六年に『今和次郎フィールドノート　1920年代の朝鮮民家と生活の素描』として刊行、紹介されている。今のスケッチを見れば、彼が正確にその機能や文化的意義を理解していたことがわかる。彼は、「朝鮮の家屋と云へば、温突と直ぐ考へる程、温突と朝鮮の住家とは関係の離るべからざる者となつてゐる。それは煖房設備の不完全な所謂海洋系の民家をもつてゐる日本内地人にとつては、當然興味を持つべきこと、研究慾をそゝられること、批評してみなければならぬところの事境である。」（朝鮮総督府編　二六ページ）と述べている。

一九二七（昭和二）年、日本が清国に置いていた間島《かんとう》日本総領事館の在琿春《こんしゅん》分館にあった刑務所のオンドルから発火し、火事が起こったとの記録があり（外務省外交史料館）、戦前の日本の行政において、オンドルの文化が意外なところに取り入れられていたことがわかる。

憲政の神様といわれた自由主義的政治家の尾崎行雄は、一九二七（昭和二）年、神奈川県逗子市に風雲閣と名づけた居を構え、オンドル部屋を設けている。この建物は、一九三七（昭和一二）年、住み込みの書生が炊いたオンドルが過熱、発火して、一度消失した（『読売新聞』一九三七年一二月二一日付）。尾崎は、また、右傾化した世相から政治活動が制限された当時、新潟県妙高市に隠居の場を定め、妙高山麓の池の平の別荘「咢堂《がくどう》庵」にもオンドル部屋を設けていた。

図10　上右　図面　出典：「旧日野医院」由布市教育委員会パンフレット
上左　旧日野医院外観　中左　離れ　下左　オンドル焚口　下中　離れの縁側の下にオンドル用の固土　下右　離れの縁側と座敷（撮影筆者　2019年）

一九三〇（昭和五）年の京城帝国大学合同官舎新築設計図にも、オンドルが組み込まれている。

江戸期より続く日野医院の三代目・日野要《かなめ》は朝鮮でオンドルを見た経験から、一九三一（昭和六）年頃、大分県由布市に開業していた病院に続く離れの座敷と縁にオンドルを設置し、寝室として使用した。今日、国指定重要文化財となっている旧日野医院は、一八九四（明治二七）年に建てられた擬洋風の本館に和風の病棟、家族の住まいであった離れで構成されている。大分県内に現存している最古の洋風建築といわれる。

三　西洋技術が融合した日本の床暖房実験とオンドルの新展開
——一九三〇年代から戦時体制

一九三一（昭和六）年、日野要が煙式伝統オンドルを導入した同じ年に、空調技術者の柳町政之助が自邸の増築部一階と二階の和室の畳下に温水配管する「パネルヒーチング」輻射暖房を設置した。

　空気調和・衛生工学会の前身で一九一七年設立の衛生工業協会が一九三二（昭和七）年、「日本住宅の暖房と換気」座談会を行い、朝鮮のオンドル、満州のペチカとウォールパネル、ローマのハイポコーストについて語るとともに、イギリスの工学者アーサー・ヘンリー・ベーカーが英国で初めてパネルヒーティングを行なったことが示され、建築家の近藤十郎による、畳の中に配管した放熱畳が紹介されている（堀越他　二〇〇〇年　九〇ページ）。

　古美術商として国際的に活躍していた富田熊作がその富を投入し、一九三二年から三年の歳月をかけ、兵庫県川辺郡猪名川町に、江戸時代の豪農屋敷を模して建てた和風建築物・静思館には、畳敷きの鉄板床をもつオンドル風暖房設備を備えた書斎蔵が現存する。蔵の地下室の火床で炭火を用いて暖める仕組みである。静思館は今日、登録有形文化財となっている。

柳町政之助は、一九三三（昭和八）年、大阪市中央区天満橋に建てられた地下一階地上三階の京阪デパートのほとんどのフロアに温水配管を実施し、温水床暖房を導入した。この建物は一九六一（昭和三六）年に解体され、床暖房がどのように、いつまで稼働していたかは判明しないが、一九三〇年代に床暖房が東洋において先駆的に試みられていたことは、堀越哲美らの先行研究が紹介している。

同年、建築家の山越邦彦が自邸DOMO DINAMIKAを実験住宅として東京府三鷹村に建て、柳町の設計による温水配管の床暖房を導入する。山越は、これを「床暖房」と呼ぶことを柳町に提唱した。施工した須賀商会（現・須賀工業）は戦前期に内閣総理大臣官邸、甲子園野球場、米国大使館、東京宝塚劇場、日本銀行などの施工実績を誇った会社で、他方、同時期に多くの床暖房も手掛けている。

一九三四（昭和九）年、朝鮮人による代表的な日刊紙『東亜日報』に「温突石初出世　北海道から注文」

図11　猪名川町立静思館・書斎蔵
左上　敷地内の書斎蔵　左中　書斎蔵　窓
左下　地下焚口への入口　右上　書斎蔵正面
右中　鉄板床　右下　燃料炭（撮影筆者　2019年）

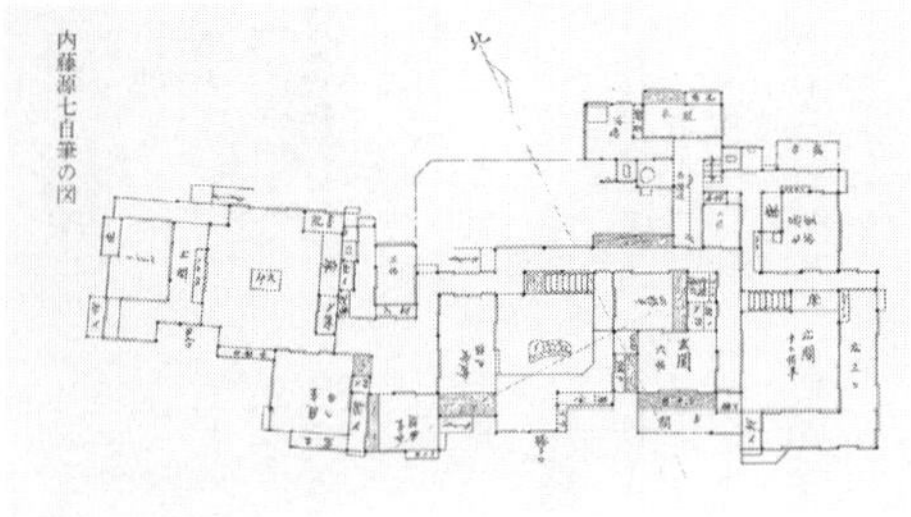

図12　土橋邸設計時指図　中村昌生責任編集『数寄の工匠』淡交社　1986年（石川祐一　7ページ）

の記事が掲載されている。温突石がない北海道で代わりに鉄板を試験してみたが、熱くなりやすく冷めやすいため、本来のオンドルのようにいかず、北海道の小樽からオンドルの試験のために温突石を注文したことが報じられている。

陶芸家で民藝運動の主要メンバーであった河井寛次郎は、自ら設計した八戸のうち京都五条坂の自邸を含む三戸に板張りの「朝鮮床」を導入している。河井の自邸ではオンドルは設けられなかったが、一九三四（昭和九）年、茶人、古美術商で民藝運動の支援者であった土橋嘉兵衛邸を設計し、オンドル室を設けた。河井による図面には、オンドル室について嘉兵衛の指示との表記がある。

一九三五（昭和一〇）年、山越邦彦設計で東京都港区赤坂に建てられた山脇高等女学校新校舎は、東洋一の女学校の校舎と称された白亜の建物で、柳町政之助による温水床暖房が導入されている。『サザエさん』の作家となる長谷川町子は、一九三四年に同女学校に編入学しており、この床暖房式新校舎を体験したと思われる。

建築家の谷口吉郎は、一九三六（昭和一一）年、木造小住宅の自邸に床暖房を導入後、一九三七年に慶応幼稚舎校舎に、一九三八年に慶應義塾大学日吉寄宿舎に床暖房を採用した。後者は定員一二〇名、全室個室床暖房で、水洗式トイレなど最先端設備を整え、竣工当時、東洋一と称された。一九四四（昭和一九）年、帝国海軍連合艦隊司令部上級将校宿舎として接収され、第一作戦司令所となり、一九四五年の敗戦後、アメリカ進駐軍に接収され、一九五〇年まで上級将校宿舎として使用された。

図13　左『読売新聞』1941年9月14日付夕刊の広告、右『読売新聞』1942年9月9日付朝刊の広告

太平洋戦争が始まる年の一九四一（昭和一六）年から一九四二年にかけて、「保健暖房　文化温爐《オンドル》　燃料僅少で快温　空襲に燃火のもれぬ暖房」「空爆に必要な　文化温爐《オンドル》」などの広告が『読売新聞』の記事に掲載されている。広告主の小畑製作所の住所は東京市芝区三田四国町（現・東京都港区）である。広告の挿絵からは、畳敷の下に掘りごたつのような仕組みで、下には土と石が詰められ、火が入れられるようになっている。焚口や煙道がないため、床下で直接火を起こして蓄熱する仕組みである。最新式の温水床暖房が試みられる一方で、オンドルの名を冠した廉価な暖房システムが販売されていたことも興味深い。

ル・コルビュジェの直弟子にあたる建築家・坂倉準三《じゅんぞう》がパリ万国博覧会日本館の設計でグランプリを受賞後、日本に帰国し最初に手がけた旧飯箸邸では、茶の間と居間、食堂に全面的に床暖房が設けられている。地下の石炭ボイラーを熱源として鉄管を敷設したものであった。

総力戦体制が意識されたこの時期、朝鮮の住宅問題をテーマに、住宅営団幹部を迎えた座談会が、一九四一年、国民総力連盟会議室で行われている（金東煥編集発行『三千里』第一三巻、第九号　一九四一年　一四―二一ページ）。住宅営団長、住宅営団建設部長、総督府技師、総督部防護課の官僚に加え、朝鮮建築会から著名建築家の朴吉龍、工芸家として浅川伯教《のりたか》が参加していた。伯教は、朝鮮総督府の林業試験場に務めながら朝鮮の家具や陶器、暮らしを研究、朝鮮の人びとと親しく交流した浅川巧《たくみ》の兄で、自身も朝鮮古陶磁の研究者として活躍し、兄弟で柳宗悦の民藝運動に大きな影響を与えた。朝鮮住宅営団の標準設計図（『朝鮮と建築』一九四一年）の図面では、二〇坪から六坪までの住宅案のいずれにもオンドル部屋が設けられ、新たな住宅設計においても、いぜんオンドルの存在が前提と考えられていたことがわかる（布野修司他　四三〇ページ）。

関東軍参謀であった石原莞爾《いしわらかんじ》は、満州事変による満州国建国を主導したが、太平洋戦争には当時の国力でアメリカに勝利できないと合理主義から反対の立場を取ったため、戦後、連合国による訴追を免れた人物である。『世界最終戦争論』（一九四〇年）を説き、当代きっての理論派と目されていた。一九四二（昭和一七）年の講演で、戦略家らしい目線で、オンドル文化を評価する趣旨の発言をしている。まず、都市建築の防空対策は国家の力でもなかなかできず、空襲を受けて焼失する前提で考えなければならないと石原はいう。生活に必要な最小限の家を、専門家の手を借りず、市民が自ら建てる覚悟と研究が必要であり、各地の風土に応じて、健康保全に必要な最小限度を標準として建築を設計し、家屋を建ててみて、生活を体験しておくべきだと主張する。そして、朝鮮人の家屋は、今日非常に参考になると思うと述べる。先に挙げた文化温爐の存在を石原が知っていたかは定かでないが、庶民層から広がったオンドル文化の特徴を、意外なかたちでとらえていたと見ることができる。

一九四五年頃、炭鉱経営で成功し、後に貴族院議員になった久恒《ひさつね》貞雄が、一九二四（大正一三）年に大分県中津市に建てた久恒家住宅で、オンドル部屋が設けられている。敗戦前後の混乱期にオンドルが導入された経緯は定かでないが、資産家階級が競って取り入れた流行でもあった。登録有形文化財となっている。

四　日本における床暖房の漸進的広がり——戦後から現代

一九五四（昭和二九）年、芸術家・岡本太郎が東京都港区南青山に坂倉準三設計で自邸（現・岡本太郎記念館）を建て、床暖房が導入されている。なお、岡本については、雪国科学株式会社が畳にヒーターを組み込んだ暖房畳を開発したと、同社ホームページに記載がある。

同年、建築家の清家《せいけ》清《きよし》も東京都大田区の自邸「私の家」を建て、床暖房を導入している。鉄筋コンクリート造平屋建て、建築面積五一㎡で、戦後小住宅を代表する秀作とされ、登録有形文化財となっている。ここでは、中庭と室内の両方に信州の鉄平石《てっぺいせき》が敷かれ、室内での土足住まいが提唱されているなかでの床暖房であったことが興味深い。

同年、ライトの弟子の建築家、アントニン・レーモンド（Antonin Raymond）が床下埋込暖房設備を備えた平屋の米軍ハウスbasic houseを設計し、一九七三年の離日までに四五〇軒余りを建設している。

一九五六（昭和三一）年、花森安治が編集長を務める『暮しの手帖』第一世紀三三号は、「公庫で建てたオンドルのある家」の特集を組み、ロシアのペチカと比較を試みている。

師のレーモンドとともに京都の俵屋旅館を定宿としていた建築家・吉村順三は、一九五八（昭和三三）年に同旅館の本館増築部、一九六五年に新館の設計を手がけた。施工は日本を代表する数寄屋建築の中村外二工務店で、本館の栄の間、新館の暁翠庵《ぎょうすいあん》に床暖房を設けている。暁翠庵はアップルの創業者スティーブ・

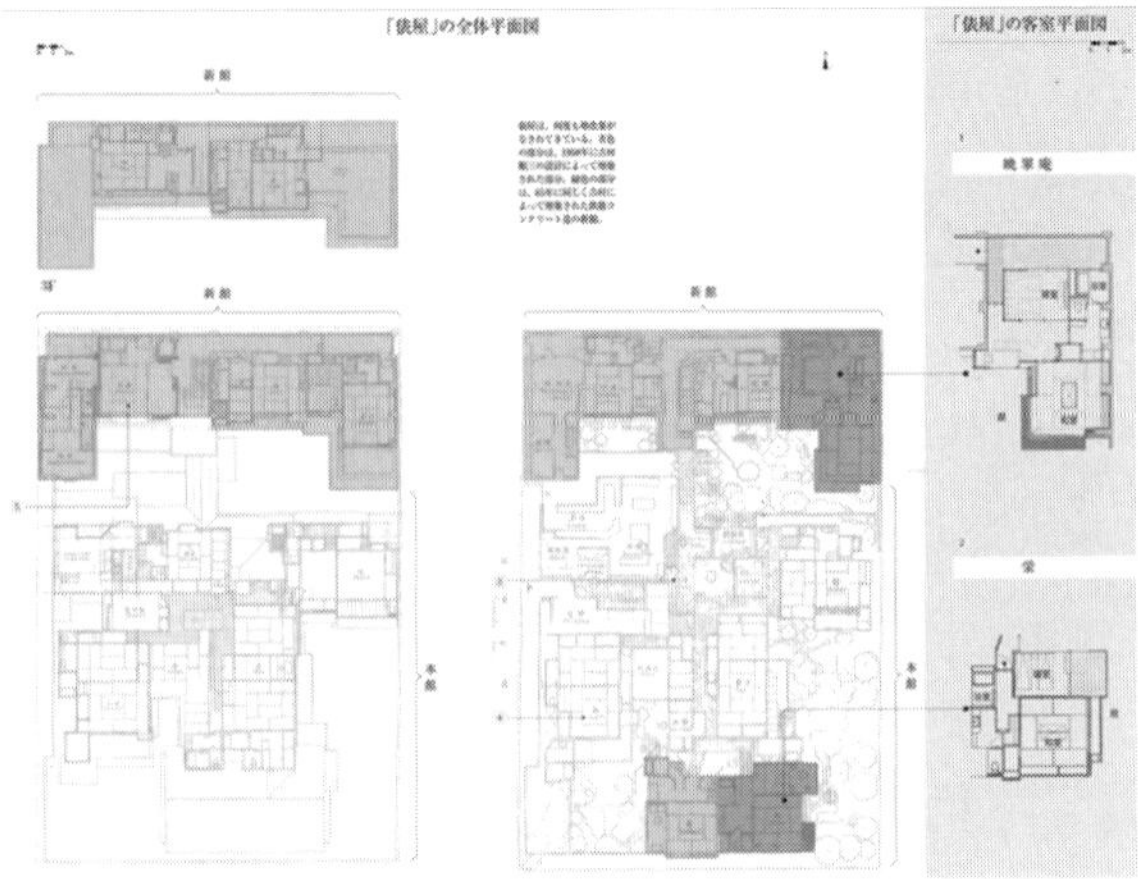

図14　「俵屋」の客室と全体平面図
出典：WEBサイトTOTO通信『2017年新春号［特集］アーキテクツ・ホスピタリティ建築家の名作ホテルと旅館に学ぶ　Case Study #1』

ジョブズが定宿としたことでも有名である。

吉村は、一九六一（昭和三六）年に設計した平屋、軽井沢の家で、一階コンクリート部のボイラーで空気を暖め、床下の隙間を利用して空気を流す床暖房システムを組み入れている。冬期の寒い軽井沢で、暖炉も設置し、床暖房との併用を試みている。

一九六四（昭和三九）年、松下電器（現・パナソニック）が電気カーペットの生産を始めている。

吉村順三は、一九六四（昭和三九）年から一九六八年にかけて、約七〇〇〇坪の床面積をもつ皇居新宮殿の設計に携わり、主要室に床暖房と床吹き出しの空調を装備した。実施設計に入った段階で宮内庁と対立し、吉村は辞任するが、戦前からライト・レーモンド・吉村と続く床暖房の伝統が皇居新宮殿にまでつながっていると思えば、感慨深い。ライトは、大倉喜八郎が移築した資善堂でのオンドル体験が、床暖房システムを手がける原体験となっており、これらの経緯を総合的にとらえるなら、植民地統治やアジア・太平洋戦争期を超えて、朝鮮王朝のオンドル文化が数奇な運命を経て、姿を変えて日本の皇室に伝わったと解釈することもできるだろう。

実業家の白洲次郎とエッセイストの正子夫妻は、一九六五（昭和四〇）年頃、一九四二年から購入して住んでいた東京都町田市の農家（武相荘）の土間をタイル張りに変え、床暖房を取り入れた。

一九八二（昭和五七）年、住友軽金属工業が温水床暖房システムを開発、販売すると発表し、「和式オンドル」として紹介されている（『毎日新聞』一九八二年九月二八日付朝刊）。

二〇一一（平成二三）年、上野動物園のパンダ舎に電熱式床暖房が導入された。

日本における床暖房普及率の全国統計は、総務省統計局統計調査部消費統計課がまとめた二〇一四（平成二六）年の全国消費実態調査（床暖房）がもっとも新しく、その他の統計は、民間企業による東京や大阪など一部調査に限られている。

図15　左　武相荘前景　中　武相荘側面　右　床暖房を取り入れたタイル張りの空間（撮影筆者　2019年）

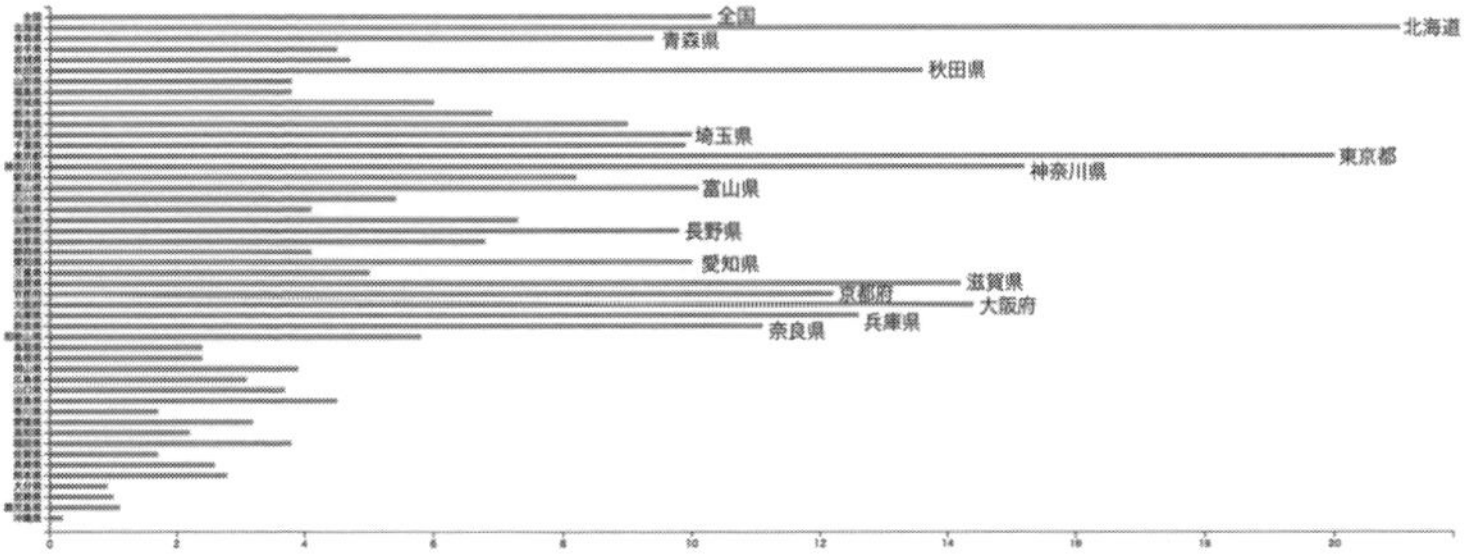

図16　日本の床暖房普及率
出典：2014年度　都道府県別「全国家計構造調査（旧全国消費実態調査）平成26年全国消費実態調査 都道府県別 主要耐久消費財に関する結果」（ e-Stat 統計で見る日本）より筆者再構成

二〇一四年の時点で、全国の床暖房普及率は一三・四％となっていた。電気床暖房が四・一％、ガス温水床暖房が六・一％、灯油温水床暖房が一・六％である。

また、都道府県別では、北海道二一％、東京二〇％、神奈川一五・二％、大阪一四・四％、滋賀一四・二％、秋田一三・六％、兵庫一二・六％、京都一二・二％、奈良一一・一％、富山一〇・一％、埼玉と愛知一〇％で、一二都道府県が一〇％以上であるが、秋田以外の東北では青森九・四％、岩手四・五％、宮城四・七％、山形と福島三・八％、富山以外の北陸では新潟八・二％、石川五・四％、福井四・一％と伸びていない。

日本における床暖房の最新普及動向をつかむことは難しい。二〇一四年度以降、全国調査の統計がなく、民間企業による新築マンションや戸建て住宅での床暖房採用率には偏りがあり、正確な実態が把握しにくいためだ。

五　短期的な違和感と息の長い親和性

三内丸山《さんないまるやま》遺跡などにみられる縄文時代、そして弥生時代の竪穴式住居では、囲炉裏《いろり》やかまどでの薪の暖房に地面を暖める蓄熱床暖房の効果があったと推測されている。また、古代の渡来人が煙式のオンドル文化をもたらしたことは、奈良県高取町の清水谷《しみずだに》遺跡（五世紀中～後半）、森ヲチヲサ遺跡（五世紀後半）、観覚寺遺跡（五世紀後半～六世紀）、滋賀県大津市の穴太《あのう》遺跡（七世紀前半）などの例から知られている。宇多天皇は八八八（仁和四）年に宮中の清涼殿で東庇《ひがしびさし》の南端に石灰壇《いしばいのだん》を設け、毎朝、伊勢神宮と出雲大社の方角を向いて遥拝する聖域としたが、そこには塵壺という炉が併設されて火を絶やさず、土を盛り上げ石灰で塗り固められた床を暖める暖房効果があった。

現存する日本最古の家とされる兵庫県神戸市の箱木家住宅（一四世紀頃建築）も土間床の空間で、囲炉裏の火を絶やさず土壌蓄熱している。

アイヌの伝統的な住居建築であるチセも、土間の囲炉裏が床暖房のような効果をもたらしたと考えられている。

京都府南丹市美山町にある重要文化財の石田家住宅（一六五〇（慶安三）年築）は、床を三〇センチほど土で上げ、やはり囲炉裏から蓄熱される。信濃秋山の民家（一七五五（宝暦五）年築、重要文化財）は、囲炉裏の周囲の土間の上にムシロを敷いて蓄熱している。

図17　穴太遺跡のオンドル遺構　大津市歴史博物館復原展示（撮影筆者　2022年）

図18　石灰壇　円形の赤漆の塵壺
出典：宮内庁ホームページ

図19　信濃秋山の民家　現在、日本民家集落博物館に移築。（撮影筆者　2018年）

とりわけ、一九世紀前半、江戸時代後期の文化・文政時代（一八〇四〜三〇）の前は、村人の多くに畳の使用は認められず、板敷きも座敷に限定され、居住空間の多くを土間がしめていたことから（青木美智男七八―七九、九三ページ）、土間に蓄熱してきた文化伝統はきわめて長い。土をつき固めた床に蓄熱するオンドルは、板敷きや畳敷きでなく、土間での生活経験に親和性があるとみることができるのではないか。

さて、オンドルに対する奇異な視線や低評価の言説は、近代の日本・朝鮮いずれにも登場してくるが、その事例を見ておこう。

近代に入り、第三回内国勧業博覧会が大阪の天王寺で開催される。幽芳生の筆名で「博覧会だより」という文章が一九〇三（明治三六）年三月一六日付『大阪毎日新聞』、『東京読売新聞』に寄せられ、人類館に朝鮮家屋が展示されて、その床下に「温突（オンドル）」が設えられていること、夏も含む年中、鼠などの害を避けるために焚き続けなければならないことなどを論じ、夜間は室内で安眠できず、道に筵を敷いて「呑気に眠り居るの奇観を目撃いたし」と、好奇的な視点で紹介している。人類館は差別的として問題視されたが、オンドルについても同じような視線が向けられたことがわかる。

一九一七（大正六）年二月七日付『釜山日報』の記事は「…鮮人のオンドル建築は吾人の眼から観ると甚だ非文明的の建築であり、惰眠的施設を有するものと謂わねばならぬ（中略）オンドルは惰民養成の設備で住民を退化し誘引すると断言したい。」として、きわめて一方的な思い込みを向けている。

一九三四（昭和九）年十月一八日には、『朝鮮中央日報』に朝鮮独立運動家の呂運亨《ヨウニョン》が社説「温突弊害論」を掲載、「比較的沢山な山林を喰ひ温突は可愛らしい子女を敏捷ならざるべくする」「四五百年以前の我等の祖先は未だ温突の盛行せざりし時期に寧ろ民族的に身體健壮なりし」と訴えた。

一九五八年七月一八日付『東亜日報』で、韓国建築作家協会長の李《イ》天承《チョンスン》は機敏な活動のための椅子生活を推奨し、「椅子生活の過渡期」としてオンドルをみなす見解を披露した。

しかし、日本や朝鮮・韓国におけるこれらのネガティブな見解は、時代の主流とはなっていない。日本の植民地統治下で、満州事変以降の戦時体制に向かう時期においてすら、総督府は、オンドル廃止ではなく、燃料効率を上げる工夫を施した改良温突で対応しようとしていた。また韓国においても、近代化のためにオンドル生活が弊害になるという知識人の見解が、多数の賛同を得ることはなかった。

近代化過程において、日本は、半島のオンドル文化を直接体験し、じつに様々な文化受容のかたちを示していた。そうしたなかで、一九三〇年代の日本において、床暖房の試みが欧米のパネルヒーティング技術を取り入れることで実験的に始められ、戦後、床暖房として、半島のオンドルとは意識の上では切り離されたかたちで徐々に広まり、今日、全国平均で十数%に達している。

今後の研究課題であるが、戦前の日本における床暖房の事例、リンナイなど日本メーカーのボイラー技術等が、一九六〇年代以降の韓国の温水式オンドルの普及に少なくない影響を与えていると推測できる。また、麻浦アパート以降の高層集合住宅での近代オンドル導入事例は、この種の床暖房として、圧倒的な物量となっていったのであり、日本のみならず欧米諸国が経験しなかったものであろう。それを支えたのが、国民のほとんどの階層が伝統オンドル、改良オンドルを使用していた半島の文化的厚みであった。欧米でも床暖房は試みられてきたが、これほどの普及はなかった。

日本は、オンドル文化の近代化のもっとも至近距離で、独特の媒介となったといえよう。今日、オンドル・床暖房の技術と文化は、伝統文化の再発見・評価や持続可能な開発などの課題のなかで、従来以上に広い視野と理解を必要としているように思われてならない。それは、土からの熱と自然対流を求めてきた人間の根源的欲求につながっているがゆえに、これほどの生命力を保持してきたのではないだろうか。

〈註〉

手塚治虫実弟、手塚浩氏の貴重な回想（二〇二二年十一月二七日）から、手塚家でのオンドル部屋活用の様子がわかる。

オンドルに使用した燃料は分からないが、離れ部屋の外側にあったオンドルの装置（窯、送風のハンドル、煙突など）の外観はしっかりと記憶しています。少年時代に、気になって窯の蓋を開けてみたら、何らかの燃料の燃えカス（灰）が残っていた思い出があります。オンドルは何度か使用実績があるのは確かでしょうね。

部屋の中は畳が敷かれていたが、床は当然木材ではなくて漆喰（セメント?）です。造りがすぐれていたのか、たいへんしっかりした部屋でした。

余談ですが、この部屋は戦前（昭和一九―二〇年ごろ）に海兵隊の若き戦士たちの寝泊りに使用されたことがあり、戦後は二代にわたって人に貸していたこともあり、そしてその後は治虫兄貴に関わる雑誌社の編集者の宿泊部屋として使用されたという、大活躍の場となったのでした。

参考文献

〈日本語文献〉

玉利喜造『東北振興策　大和民族の寒国に於ける発展策』全国農事會　一九〇四年。
朝鮮総督府編『朝鮮部落調査特別報告』第一冊（民家）　朝鮮総督府　一九二四年。
明如上人伝記編纂所編『明如上人伝』明如上人廿五回忌臨時法要事務所　一九二七年。
夢野久作「目を開く」『逓信協会雑誌』一九三五年一〇月号。

金東煥編集発行『三千里』第一三巻　第三号　一九四一年。

花森安治編『暮しの手帖』第一世紀三三号　暮しの手帖社　一九五六年。

金谷要作「京城「鵲巣居」の想い出」『同志社時報』第二六号　一九六七年。

遠藤明久『北海道住宅史話』下　住まいの図書館出版局　一九九四年。

堀越哲美・堀越英嗣・小竹暢隆「戦前の日本における先端設備としての床暖房・パネルヒーティングの住宅への導入」『日本建築学会計画系』第五三四号　二〇〇〇年。

石川祐一「河井寛次郎の建築意匠：民芸運動による建築的成果」『デザイン理論』四六　意匠学会　二〇〇五年。

青木美智男『日本文化の原型』小学館　二〇〇九年。

布野修司他『韓国近代都市景観の形成：日本人移住漁村と鉄道町』京都大学学術出版会　二〇一〇年。

本願寺史料研究所『本願寺史料研究所報』第五〇号　本願寺史料研究所　二〇一五年。

田浦典子・高坂史章編著『親友が語る手塚治虫の少年時代』和泉書院　二〇一七年。


〈韓国語文献〉

권석영『온돌의 근대사　온돌을 둘러싼 조선인의 삶과 역사』일조각　2010
（権錫永『オンドルの近代史　オンドルをめぐる朝鮮人の生活と歴史』一潮閣　二〇一〇年）
콘 와지로『콘 와지로 필드 노트-1920년대 조선 민가와 생활에 대한 소묘』서울역사박물관　2016
（今和次郎『今和次郎フィールドノート　１９２０年代の朝鮮民家と生活の素描』ソウル歴史博物館　二〇一六年）

〈WEBサイト〉

外務省外交史料館・所蔵史料検索システム　https://www.mofa.go.jp/mofaj/annai/honsho/shiryo/index.html
京都大学貴重資料デジタル・アーカイブ「絵葉書からみるアジア」　https://rmda.kulib.kyoto-u.ac.jp/collection/asia-pc
《京都》御所と離宮の栞～其の二十九～　宮内庁　https://www.kunaicho.go.jp/event/kyotogosho/pdf/shiori29.pdf

在日韓人歴史資料館ホームページ　http://www.j-koreans.org
小豆島・尾崎放哉記念館ホームページ　http://ww8.tiki.ne.jp/~kyhosai/index.htm
「全国家計構造調査（旧全国消費実態調査）平成二六年全国消費実態調査 都道府県別 主要耐久消費財に関する結果」（e-Stat 統計で見る日本）　https://www.e-stat.go.jp/stat-search/files?page=1&toukei=00200564&tstat=000001073908
ＴＯＴＯ通信『二〇一七年　新春号　［特集］アーキテクツ・ホスピタリティ　建築家の名作ホテル』と旅館に学ぶ　https://jp.toto.com/tsushin/2017_newyear/
徳富蘇峰記念館ホームページ　http://www.soho-tokutomi.or.jp
伏見桃山乃木神社ホームページ　http://nogi-jinja.jp/web/
本願寺史料研究所報（第50号）　https://shiryoken.hongwanji.or.jp/project/report/pdf/shohou-50. pdf
虫マップ――手塚治虫ゆかりの地を訪ねて――　http://mushimap.com
雪国科学株式会社ホームページ　https://yukigunikagaku.co.jp
국가기록원　일제시기 건축도면 아카이브（国家記録院 日帝時期建築図面アーカイブ）　https://theme.archives.go.kr//next/plan/viewMain.do
국사편찬위원회　한국사데이터베이스 한국근현대잡지자료（国史編纂委員会　韓国史データーベース「韓国近現代雑誌資料」）　http://db.history.go.kr
국립중앙도서관　대한민국신문아카이브（国立中央図書館　大韓民国新聞アーカイブ）　https://nl.go.kr/newspaper/

京都の長崎料理〈しっぽく〉三態

加藤 政洋
（かとう　まさひろ）

一九七二年、長野県生まれ。立命館大学文学部教員。富山大学人文学部卒業、大阪市立大学大学院文学研究科後期博士課程修了、博士（文学）。専門は人文地理学。おもな著書に『おいしい京都学』、『酒場の京都学』、『大阪―都市の記憶を掘り起こす』、『京の花街ものがたり』など。

1　京都食堂の〈しっぽく〉

京都へ行って、うどんが食べたくなると、そこにある店へ安心して飛び込むが、祇園社の石段の傍にある〔初音〕は、私の行きつけの店だ[1]。

このように述べて京都のうどんを礼讃したのは、小説家の池波正太郎（一九二三―一九九〇）である。たしかにどの店（食堂）にはいっても、京都のうどんは本当においしい。彼が「行きつけ」にしていたのは、《石段下》と通称される、八坂神社の西楼門近傍に位置する初音であった。古い住宅地図をみると、楼門の石段下から東大路を少し南に下がった東側の二軒目に「食堂 初音」の文字をみてとることができる。

このエッセーを収録した文庫のグラビアには、「〔初音〕の饂飩」と題した一枚の写真が掲載されている。どんぶりの真ん中にしいたけ、かまぼこ（外側は茶色い）、やや大きめの四角い海苔、その海苔のうえにはほうれん草がおかれ、板麩、そしてもう一枚かまぼこがあるようだ。池波は「初音のうどん」と記すだけなのだが、これらの具材が上置きされた麺類を、京都では台（うどん／そば）を問わず「しっぽく」と呼んでいる。

わたしの行きつけの店も例に取り、上置きをどんぶりの手前から時計回りにみてみよう[2]（図1）。まずは小口切りにされた九条ねぎ、小さめの湯葉、そして焼き目を模した茶色いかまぼこ、そのうえにはほうれん草がちんまりとおかれている。そこに重ねるようにピンクのかまぼこ、そして再び茶色のかまぼことつ

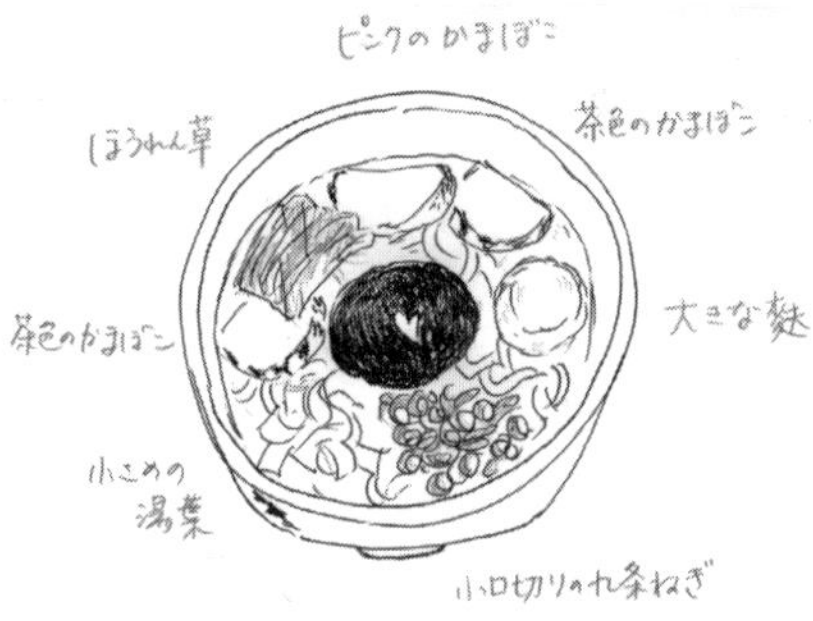

図1　しっぽくの上置き

づく。かまぼこ同士がほんのわずかながらに重なりあうところなど、つくり手の美意識が感じられる。

その横には出汁をたっぷりと吸ったまるくて大きな麩がひとつ、どんぶりの中央には炊かれた大きめのしいたけ、そのしいたけのうえにひとかけの柚子皮がちょこんとのせられていた。柚子皮をしいたけとともに食べることなく箸の先でついっとついて出汁に泳がせると、鼻腔に軽い刺激をふくんださわやかな香りがとどいて食欲をそそる。

京都市内のあちらこちらに立地する食堂で「しっぽく」を食べあるいてみた結果、しいたけ・かまぼこ・麩は、欠くべからざる具材であることがわかった。炊かれたしいたけは、まさに「しっぽく」の要諦といわんばかりに、どんぶりの真ん中に丸ごと上置きされる。

かまぼこは、表面がピンクのものか、焼き目を模した茶色をもちいるのがつねであるが、そこには店のこだわりをみることができる。というのも、ピンクだけを五枚、あるいは茶だけを五枚ならべる店がある一方で、ピンク二枚に茶一枚、茶二枚にピンク一枚、さらにはピンクと茶二枚ずつに伊達巻《だてまき》を模した一枚などと、うどんを台にまるで「たかがかまぼこ、されどかまぼこ」式の問答が交わされているかのようなのだ。

麩もまた十店十色、種類も数もさまざまであるが、大小の板麩であることが多い。板状であるとはいえ、なかは空洞であるから、お出汁がしみると開いて輪になることもしばしばだ。多いところでは七つもはいっていたりする。花麩や小さな球形の麩もみられるし、板麩と花麩をくみあわせている店もある。かまぼこ数枚に板麩、あるいは湯葉ないし薄焼き玉子までおかれることもあるから、「しっぽく」には平たいものが好まれるらしい。

青物はねぎかほうれん草が多く、三つ葉や水菜にかえる店もある。海苔ははいる店とはいらない店とがあり、刻み海苔もみられた。すべての店ではないけれども、ひとかけはいった柚子皮は香りのアクセントとなる。

京都食堂の定番のひとつ、それが「しっぽく」である。

2　卓袱料理から祇園料理へ

《下河原》の卓袱料理

さて「しっぽく」は、その音韻から想像されるように、長崎の卓袱《しっぽく》料理に由来するというのが通説のようだ(3)。「卓袱」を唐音で読むと「しっぽく」となるらしい。食堂の麺類である「しっぽく」は、今や似ても似つかぬ形状なのだが、卓袱料理説の典拠となっているのが喜《き》多《た》村《むら》筠庭《いんてい》（一七八三―一八五六）の『嬉遊笑覧』である。

『おこたり草』に云〔、〕京師祇園の下河原に佐野や嘉兵衛といふもの享保年中長崎より上京して初て大椀十二の食卓をし弘めける〔。〕是京師難波にて食卓の始とかや〔。〕嘉兵衛が娘はんといふ老婆近ごろ迄存命せり〔。〕大坂にて彼是食卓料理あまた弘めたれど野堂《ノド》町の貴得斎ほど久しくつゞきたるはなし〔。〕江戸にも処々にありしなるべけれど行はれず〔、〕浮世小路の百川茂左衛門なども初め食卓料理したるなり〔。〕大椀は大平なるべし〔。〕故にそば初《ママ》〔切〕を大平にもり上おきしたるをしつぽくと呼〔。〕今は大平にもらねどもしかいふは上おきの名となりしやうなり〔。〕又葱を入るゝを南蛮と云ひ〔、〕鴨を加へてかもなんばんと呼ぶ〔。〕昔より異風なるものを南蛮と云によれり〔。〕これ又しつぽくの変じたるなり[4]〔。〕

たしかに、『嗚呼矣草』（おこたりぐさ）には「扨畿内に流布すること、京師祇園の下河原に、佐野屋嘉兵衛と云もの、享保年中に長崎より上京して、初て大碗十二の食卓を料理し弘めける。これ京師、浪花にての食卓料理店の初とかや。」とある[5]。

歴史学や文化史の評価はいざ知らず、『嗚呼矣草』の一節を引いた『嬉遊笑覧』の説明には、いくつかの興味ぶかい指摘がふくまれている。まず重要なのは、京都・大阪における「食卓《しっぽく》」のはじまりが、祇園社（現・八坂神社）鳥居前の《下河原》にあったという点であろう。

そこにいかなる縁があったのかはさだかでない。佐野屋嘉兵衛なる者が享保年間（一七一六〜一七三六）に長崎から上京して、《下河原》の地を選んで店を開き、「初て大椀十二の食卓」料理をはじめたというのだ。

料理における長崎と京都の結びつきは思いのほか深く、さまざまなエピソードが残されているけれども、ここでは佐野屋の後日譚のみを紹介しておこう。

…〔略〕…京都祇園下河原のはちゃんと今も食卓をやっている。祇園の鳥居のすぐそばなので、屋号を鳥居本といい、卓袱料理だけでなく、一時は祇園随一の料理ともてはやされた。むかし周作人を祇園の磯田多佳の家へ迎えて、谷崎潤一郎さん吉川幸次郎さんがもてなされた時の料理はこの鳥居本で、思えば古い中国とつながった食卓であった。

京都に根をおろした卓袱料理を、ここでは祇園料理とよんでいる。中ほどやめていたのを復活したので、ほとんど中国菜らしくない。ひき出しつきの箱膳のような小さな食卓を、各人の前へ一つずつ据えて給仕するのは思いつきである。(6)

佐野屋の卓袱をいまに受け継ぐ料理屋が存在する。鳥居本である。この「祇園料理」が一般に知られているわけではなかろうが、京阪の地において「卓袱」はおおいに独り歩きし、別の姿をまとった料理（麺のかやく）として、あるいはその呼称として定着したものと考えてよいだろう。

『嬉遊笑覧』の記述にもどると、上方に少し遅れるかたちで江戸でも「しっぽく」が受容される。「そば切」に「上おき」をした、つまり具材（＝かやく）をのせた蕎麦が「しっぽく」と称されるようになる。著者の喜多村は『おこたり草』に記された「大椀」を「大平」（蓋のついた平たく大きい椀）と推測したうえで、大平を器とするがゆえに「しっぽく」と呼ばれるようになったのだと考えている。その後、大平にもりつけせずとも名称だけは残ったことから、「上おき」を意味する言葉に転じたわけだ。

それにつづくくだりもまた興味ぶかい。すなわち「又葱を入るゝを南蛮と云ひ〔、〕鴨を加へてかもなんばんと呼ぶ」。江戸では「しっぽくそば」につづいて、「鴨南蛮」も誕生していた。

江戸麺界の下剋上

鴨南蛮の登場については、〈食味〉の評論家として知られる多田《ただ》鐵之助《てつのすけ》（一八九六―一九八四）の解釈がいかにも明快である。すなわち、「長崎から京阪を経て江戸に進出した支那料理南蛮料理の第一陣はシッポクで、その第二陣は南蛮であった」のだ、と[7]。

彼の語る江戸の麺事情に耳をかたむけてみよう。

> …〔略〕…享保の昔にあっても、やっぱり現今の支那蕎麦と同じく麺状の料理が、食卓の第一線に展開され、それがしかも花形であったかに考えられる。それは入角の大盤に細繊した麺条が盛られて、種々の菜肉が上置にされたものであるが、当時の日本にはこの麺条に充つべきものがなく、僅かに蕎麦が形態だけは酷似しているところから、造作もなく「シッポク」として模擬的に仕立てられたのであるけれども、態と大平に盛り上置に蒲鉾だとか、玉子焼だとか、鶏、鴨の肉片や椎茸、湯葉、生麩、蔬菜を並べてシッポク面をしたものであったのだ。少なくとも長崎で整卓子を味わった者の眼から見れば、抱腹絶倒に値するものであったろうが、世人は流行を逐うて、その名を買い、その実を問わぬまでも、こんな取合せは格別珍重もしなかったと思われる[8]。

京都・大坂を経由して江戸に持ち込まれた「しっぽく」は、かまぼこ、玉子焼き、鶏肉ないし鴨肉、しいたけ、ゆば、生麩、そして青菜などを上置きした蕎麦台の料理となった。誰も長崎の卓袱料理をみたことなどないなかで、それを「しっぽく」と呼んで食したわけだ。多田はこうつづける――「これを逸早く模倣して売出したのが、人形町の万屋と瀬戸物町の近江屋という二軒の蕎麦屋で、一時は大変珍しいものとして持て囃されたが、客の方にまで十分シッポク蕎麦との交渉が熟さなかったからして、流行の勢は微々たるものであった」、と。どうやら食味としては江戸っ子の口にあわなかったらしい。

　このシッポク蕎麦に対抗して独立していたのが馬喰町の鴨南蛮であった。葱を主材として魚鳥などを合せて煮たものを当時南蛮煮といっていた程で、葱を一寸五分ばかりに切り、縦に割ってこれを油煎にし、鴨の肉を加えて煮て、シッポク式に蕎麦の上置にしたものが鴨南蛮であった。これは、馬喰町の笹家という屋号の家が元祖だといわれている。

　この鴨南蛮の方は確に時の好みに投じていたもので、その後引続いて繁昌していたという[9]。

江戸でしっぽく蕎麦がひろがりをみせることのないなか、一番手を追い落とすかのように登場してきたのが「鴨南蛮」であった。「シッポク式」の「上置」というからには、天ぷら蕎麦のような芝海老の天ぷらのみをタネとするのではなく、複数の具材を上置きするスタイルこそが「しっぽく」だったのだろう。してみると、同じ種ものであっても、はなやかな具材の共演する「しっぽく」から、鴨肉（合鴨）と葱しか上置きしない、じつにシンプルな「鴨南蛮」へとブームは移行したことになる。上置きの先駆でありながら追い落とされた「しっぽく」に、あろうことか追い討ちをかける――結果としてとどめを刺す――一品があらわれる。

　この鴨南蛮に引換えてシッポク蕎麦は、竹輪と椎茸と簾麩と結干瓢の四色に局限して孤塁を守っていたが、更にそのシッポク蕎麦に対して、櫛形蒲鉾、島田麩湯葉、松茸を種にした於嘉免が擡頭するに至って、シッポクの名は世間からすっかり忘れられてしまった[10]。

「しっぽく」から派生したのか、たんなる後継なのかは不明なものの、『嬉遊笑覧』で言及された鴨南蛮は、今も東京の蕎麦屋で必須のひと品である。そしてもうひとつ、幕末に登場した「おかめ」は、江戸・東京人をして「しっぽく」の名を忘却させるほどのインパクトをもったようなのだ。たしかに今、東京の蕎麦屋に「おかめ」はあるが、「しっぽく」はない。

《花見小路》の菊水

昭和の京都にあって、はじめて本格的な長崎料理を導入したのが、祇園町南側に位置する「鳥料理での老舗、祇園花見街の菊水」であった[11]（図2）。「本場長崎から板前を呼びよせて純長崎料理を始めた」といい、「円卓、器物等皆長崎から送らせたもの」であった。

菊水で供された、コース料理のメニゥを引用しておこう。

鰭　――鯛切身、菜、海参、海老半斤、椎茸
大鉢　――薄葛、豆しんじよ
味噌　――鯛豆腐、芥子
中鉢　――東坡肉　　以上が大菜
一、鯛さし身、坊風、ばくたい、わさび
一、湯引、三ツ葉、よりうど
一、雨子、南蛮漬
一、御飯、香の物

図2　菊水の広告（出典：『洛味』第一巻第二号　一九三五年）

一、水物

一、あまかゆ

以上が小菜

「東坡肉」については、「一名豚の角煮といふ。これは蘇東坡口伝による長崎料理中での逸品である」と説明されている。じつのところ、この菊水は一九一二（明治四十五）年春、京都をはじめて訪れた谷崎潤一郎が、さきに滞在していた長田幹彦とともに地元京都の粋人に招かれて「とり鍋」（すき焼き）をついた料理屋にほかならない(12)。一九三五（昭和一〇）年前後、京都では外食産業が活況を呈していた。そのなかで祇園花街の草分け的な料理屋である菊水は、路線転換をこころみていたことになる。

興味が持たれるのは、わずか数年後に、とある料理屋が菊水を居抜きして移転開業したことだ。

店に伝わる沿革は、享保年間の創業で、当代が七代目という。屋号の鳥居本は、もと祇園下河原にあって、鳥居のそばにあったところからの名だというが、今は移って祇園町南側、庭のある広い敷地で、すぐ南側には祇園歌舞練場の建物が見える(13)。

佐野屋嘉兵衛の系譜につらなるという、あの鳥居本が祇園町南側へと移転してきたのである。しかも、

下河原には、いま花見小路にある鳥居本が、古くから長崎のシッポク料理からヒントを得た祇園料理と共に、その古風な建物を誇ってゐた。この花見小路の家には一時菊水があった(14)。

というように、祇園町南側の草分けたる菊水の踏を襲ったのが鳥居本であった。どのような事由があったかはかさだかでないものの、一九三八（昭和一三）年八月発行の『洛味』には、「祇園料理 会席御料理 鳥居本 京都市祇園花見小路」という広告が掲載され、同じく「あれ〔鳥居本〕は花見小路へ移りました」という指摘もなされているので(15)、まちがいあるまい。長崎料理に舵を切った菊水の土地建物を、卓袱料理由

来の祇園料理をメインとする鳥居本が受け継ぐ――興味ぶかい場所の系譜である。

3　鍋料理としての〈しっぽく〉

謎の「ちゃんぽん」鍋

溝口健二映画のシナリオライターとして知られる依《よ》田《だ》義賢《よしかた》（一九〇九―一九九一）は、鴨東の飲食店を案内するエッセーのなかで、疏水に店舗をかまえた「かき春」を紹介したあと、店名を挙げることもないまま次のように記した。

> ここの向いに、長崎ちゃんぽんの店がある。一度だけ行った。鍋の好きなわたしには、うれしかったが、本物の長崎ちゃんぽんを知らないから、独特の味わいをおぼえることはなかった[16]。

当時の住宅地図から判断するに、これは「南風楼」であると思われる。彼は本場の「長崎ちゃんぽんを知らない」と断りを入れているのだが、やはり気になるのは、それが「鍋」と称されていることである。つまり、この店の「長崎ちゃんぽん」は麺類ではないようなのだ。麺類としての長崎ちゃんぽんは、昭和戦前期の京都でも話題となっていた。

> 木屋町四条を下るとすぐ「小鳥グリル」の看板が目につく、フランス風洋食が専門…〔略〕…、小

さいながら現在のグリルを初めてから五年になる…〔略〕…。
ビーフカツ、チキン・マリラン、ミックス・サラダこの三つがおやぢ自慢の三幅対だ、それからチャンポン丼といふ名物がある。広東料理の変形で、長崎風のもの麺類に季節ものを多種多様カヤクにしたものである。お国料理を慕つて長崎県人の押しかけるもの日に十人を下らずといふ勢である。兎に角洋食近々皿うどん（チャンポンの汁のないもので油で焚いてソースをかける）を作るさうである。通の一度は試食してみてよい所だ。[17]

　このように鴨川をまたいですぐの木屋町四条下るに位置する「小鳥グリル」では、洋食専門店ながらも長崎ちゃんぽんに皿うどんと、長崎出身者をひきつけるメニゥが提供されていた。

　では、依田が食した「長崎ちゃんぽん鍋」（？）とは何だったのか。それを知るための手がかりは南風楼の立地にある。じつのところそこには、昭和戦前期の段階で、鳥料理屋の支店（別館）がおかれていた。

かねて南座前に鳥茶屋と名乗つて、長崎風味料理と鳥鍋、それから名物しつぽく鍋を看板に粋人の賞味を博してゐる。その新館がつひこの間開店された、川端四条上ル旅館伊勢市跡である。開店披露状に「加茂の流れの水音ちかく四条川端の程よき所へ今一つ料亭を設けました。粋に雅にうれしき設へ、大小多数のお座敷も美しく、味は独特の長崎風、春宵の御会食に団欒に従前にも増して何卒……」と認めてある。全くその通り位置も申し分なく味も長崎風と特別大書してあるほどそれほど長崎風味を出すのに異常な真剣さである。聞くところに依ると主人自から本場長崎へ数回探味旅行を試みたさうである。従前長崎料理の殆んど無かつた京都であるから、世評の中心となつて業界に話題を投じたのも当然で、それだけ鳥茶屋の将来は注目される。[18]

図3　鳥茶屋別館の広告（出典：『洛味』第1巻第2号　1935年）

図3は鳥茶屋別館の開業広告である。右上に「長崎風御料理竝に鳥すき」とあるが、注目すべきは帆船の帆に「名物」として記された「しっぽく鍋」であろう。依田義賢は、おそらくこの店を戦前から知っており、同店の名物だった「しっぽく鍋」と長崎名物の「ちゃんぽん」とを混同したのではあるまいか。

真実はともかく、戦前京都の「しっぽく鍋」は大阪の鍋料理を想起させる。

「うどんすき」ではなく……

ここで、大阪の食文化に詳しい吉田三七雄《よしだみなお》（一九一一―一九九一）の料理話に耳をかたむけてみよう。少し長くなるが資料的な価値もあるので、いとわず引用しておきたい。

……〔略〕……

こう寒うなってまいりますと、やっぱり鍋物ということになりますなあ。さよでございまっさかい、今晩はひとつ、わたくしの自慢のひとつ、しっぽく鍋をと思いまして、用意いたしましたんでございますが、お召し上がりになっていただけますやろうか、それが心配でございまして……。

……〔略〕……

まず材料でございますが、うどん玉が二つ、つまりふたり分でございます。それに松茸とかまぼこ、焼き穴子、それからゆりねにねぶか。え？　はい、さよでございます。ねぶかと申しますのは、おねぎのことで……、いや、どうも。

…〔略〕…

しっぽくという言葉でございますか。

大阪のうどん屋では、うどんの上にかまぼこ、卵の厚焼、椎茸、しんじょうなどを並べたものを申します。いえ、別に鍋で煮くのやのうて、汁うどんに具を上に並べただけのもんでございます。さよ、さよ、ちょうど東京のおかめそばを、うどん台にしたようなものでございますなあ。

…〔略〕…

なんでも、長崎の佐野屋嘉兵衛というお方が、今から二百二、三十年前に、京都でしっぽく料理というもんをお始めになったんやそうでございまして、これがえらい評判になったという話。しかしなんでございますなあ。その当時のしっぽく料理というのんは、ただいまの中国料理みたいなもんで、べつにうどんを台にしたもんやなかったんやございまへんやろか。

もちろん、そのしっぽく料理というもんの中には、いまの中国料理の五目そばみたいなもんもあって、これを上方流にうどんを台にして、あっさりした味にしたもんやと、こう思うのでございます。

このしっぽく鍋のことを、うどんのすき焼というお方もございますが、うどんのすき焼では、もうひとつ風流味がございません。やっぱりこれは、しっぽく鍋と呼んだほうがよろしいようで。

…〔略〕…

あのう、わたくし、えらい下司なことをいたしまするが、このあとへ、焼いた餅を入れて煮くのもおいしいものでごじまして、いかがでございます？(19)

はたして、これは麺類の「しっぽく」に着想した吉田の創作鍋料理なのだろうか。「このしっぽく鍋のことを、うどんのすき焼という」としていることからすると、類する鍋料理はすでに一般化していたものと思われる。

うどんのすき焼き、略して「うどんすき」といえば、すぐさま想起される店がある。

……〔略〕……籠に色彩り美しく盛られたのは何々だろう。鶏肉、やいたあはび、蛤、松茸、生ゆば、生麩、飛龍頭（がんもどきのこと）〔、〕人蔘、きぬさや、茹でたえび、芋、結び三つ葉、さつと茹でたほうれん草の白菜巻き、これに焼いたお餅まで入つている。

まず、徳利から、だし汁を鉄鍋へあけ、太い美々卯特製のうどんを入れ、煮え出したら鶏肉、蛤と次々に具を入れてゆく。煮えたら小皿にとつていたゞくのだが、貝がらに柄のついたスプーンがめい〳〵に配られているのも、鄙びて面白い。その上に酢橘《すだち》が半分に切つて添えてある。酢橘は四国産で、柚に似て型が小さく香りはあまりないが、酸味が強く、好き〳〵でしぼつて使う。淡味のだしにそれ〴〵吟味された十数種の具の味が複雑に交り合い、何ともいえずおいしい。鶏と貝類は必ず入れることになつていて、寒くなるとかきを使うそうだ。(20)

すでに引用文中にもあらわれているとおり、これは「うどんすき」を登録商標にしている美々卯の紹介記事である。美々卯の成り立ちについては、亀井巌夫『うどんすき物語――薩摩きくの人生――』に詳しいが、(21)「うどんすき」とかかわる興味ぶかい回想録があるので、そちらも引用しておきたい。

> …〔略〕…「美々卯」は戦前は御霊神社の傍にあり、初めは「エントツ」と称して火鍋を使った寄せ鍋風の品を売っていたが、その後現在のような「うどんすき」に変わった。いつか「美々卯」主人の薩摩卯一氏に、わが家でも「エントツ」の出前を取っていたと話したら、「ヘエあんた「エントツ」を知ってはるか」と懐かしがられたことがある。[22]

「エントツ」とは、牛肉のしゃぶしゃぶなどでもちいられる火鍋をイメージするとよい。著者（船場のボン）は明確に関連づけていないものの、エントツ型火鍋をもちいた鍋料理が京都の蕎麦屋に存在する。河道屋・晦庵の「芳香炉」である。

> …〔略〕…「河道屋」の名物は「芳香炉」。中華風の火鍋《ほうこう》で、鶏、海老、蛤に京野菜などいろいろの具に蕎麦を入れた「寄せ鍋」風の逸品で、ホーコーを芳香と洒落て名付けたのも楽しい。[23]

ここでは「蕎麦を入れた『寄せ鍋』風の逸品」とされているのだが、食通文人の臼井喜之介（当時・白川書院社長）は、「芳香炉というのは、中華料理の火鍋のような鍋でやる、うどんスキで…〔略〕…鍋の中にぐつぐつとうまい出汁をたぎらせ、そこへ、鶏肉、真蒸、生椎茸、湯葉、それにホウレン草や春菊などの季節の新鮮な野菜を入れて煮き、ポン酢へ大根おろし、七味などを入れたものをあしらって味わう」ものと説明していた[24]。これもまた、「うどんスキ」であることを考えるならば、ある種の「しっぽく鍋」とみなすこともできるだろう。具材も似通っているうえに、もともと同じ型の鍋をもちいていたとすれば、なにがしかのつながりがあるように思えてならない。

実際、『うどんすき物語』では、次のように説明されている。

> 開店当初から平太郎〔美々卯の創業者〕が考案した料理は、うずらそば以外にも、アナゴを添えた

鉢もののあなごそばがあり、一風変わったものとして中国風のほうこう炉を使って〝エンタツ〟と称した鍋もの（白菜やネギ、シイタケなどの野菜に、鶏肉、アナゴなどの具をうどんとともに煮込むもの）、それから〝湊鍋〟と呼ぶ鍋焼きを高級化した料理などがあった。

エンタツは評判もよくて、京都山科に一灯園を開いた西田天香らが大いに賞め、宣伝もしてくれたようで、京都でも「河道屋」の横田貢三が芳香炉と名づけて、間もなく売り出した[25]。

「エンタツ」と聞けば、すぐにエンタツ・アチャコの横山エンタツが想起されるが、「エンタツ」とは「煙突」の訛りである[26]。『うどんすき物語』によると、「エンタツ（ほうこう炉）」が考案されたのは一九二五（大正一四）年の開店以降、昭和初年のことのようで、一九二八（昭和三）年に開発された「うどんすき」に先行するらしい[27]。

しかも、それは一灯園の西田天香を介して、京都の蕎麦屋の老舗「河道屋」の「芳香炉」に受け継がれたのだという。だが、河道屋の「芳香炉」に関しては別様の語りもある。

まづ大晦日の年越蕎麦と云へば世間周知の蕎麦の老舗で、家業連綿数百年、此処はとくに御前蕎麦を以て聞こへ、最近横町に「晦庵」の看板を掲げて、名物「芳香爐」を創案し、蕎麦料理の数をつくして、客の需め応じてゐる。……〔略〕……

こは去る人の満州より齎せし火鍋より材を得しもの、お手前もの、蕎麦、饂飩に引上湯葉、糝薯、生椎茸の調和もよく、家鶏の上肉もおいしくたべられた[28]。

この記事の語りにしたがうならば、河道屋「晦庵」における「芳香炉」の商品化は昭和十年代前半で、美々卯とのかかわりはなかったことになるのだが、「しっぽく鍋」をめぐる京阪間の奇妙な連関がここにあらわれた。

戦後、川端四条上ルの鳥茶屋の「名物 しっぽく鍋」が南風楼に継がれていたかはわからない。そして、「しっぽく鍋」は言葉として定着することもなかった。

上方で若い女の子に喜ばれるのは、京の河道屋の芳香炉と、大阪の美々卯の『うどんのすき』である。中国式の火鍋で煮るのが芳香炉であり、これも中国式の平鍋で煮るのが『うどんのすき』である[29]。

今では必ずしも若い女性に喜ばれているというわけではなかろうが、「うどんすき」も「芳香炉」も両店の看板メニゥであることにかわりはない。

〈しっぽく〉が食堂の麺類に収斂したかにみえる現在、この系譜につらなる料理もまだほかにあるのではないだろうか。移動する料理文化は、料理の形態と名称とが乖離してなお、各地になんらかの痕跡を残しているように思われるのである。

〈註〉

(1) 池波正太郎『むかしの味』新潮文庫　二〇一五年　一六八ページ。

(2) 図1は現代〈洛味〉研究会の河角直美氏にスケッチしていただいた。

(3) こと京都に関しては、次の文献も参照されたい。姜尚美『京都の中華』幻冬舎文庫　二〇一六年　一七〇—一七二ページ。

(4) 日本随筆大成編輯部編（喜多村筠庭著）『嬉遊笑覧（下）』成光館出版部　一九三二年　四一四ページ。

(5) 日本随筆大成編輯部編『日本随筆大成 巻十』吉川弘文館　一九五六年　二〇七ページ。

(6) 大久保恒次「しっぽく」『上方たべもの散歩』知性社　一九五九年　二八—二九ページ。

(7) 多田鐵之助『蕎麦漫筆』現代思潮社　一九五四年　一三八ページ。

(8) 前掲　多田鐵之助『蕎麦漫筆』　一三九ページ。

(9) 前掲　多田鐵之助『蕎麦漫筆』　一三九ページ。

(10) 前掲、多田鐵之助『蕎麦漫筆』　一三九ページ。

(11) 山川美久味「味と気分を訪ねて（二）」『洛味』第一巻第二号　一九三五年　七五―八二ページ。

(12) 加藤政洋・河角直美『おいしい京都学 料理屋文化の歴史地理』ミネルヴァ書房　二〇二一年　第四章。

(13) 國分綾子『新訂版 京都味しるべ』駸々堂　一九八〇年　五六ページ。

(14) 堂本寒星「明治の頃の京料理屋」『洛味』第一〇〇集　一九六〇年　三四―三六ページ。引用は三六ページより。

(15) 『洛味』第四巻第三号　一九三八年　一三一ページ。『洛味』第四巻第四号　一九三八年　四七ページ。

(16) 依田義賢「上方味覚地図① 鴨東」『淡交』第十四巻第一号　一九六〇年　六六―六九ページ。

(17) 山川美久味「味と気分を訪ねて」『洛味』第一号　一九三五年　四一―四七ページ。引用は四二ページより。

(18) 山川美久味「味と気分を訪ねて（二）」『洛味』第一巻第二号　一九三五年　七五―八二ページ。引用は八一ページより。

(19) 吉田三七雄「しっぽく鍋」『あまカラ』第一一一号　一九六〇年　六四―六五ページ。

(20) 藤浪みや「食べもの風土記11――大阪―美々卯のうどんすきこんぶ」『婦人之友』第五十巻第十一号　一九五六年　一一六―一二〇ページ。引用は一一八ページより。

(21) 亀井巌夫『うどんすき物語――薩摩きくの人生――』大阪新聞社　一九八五年。

(22) 山田庄一『京なにわ 暮らし歳時記東西くらべ――船場の「ぼん」の回想録』岩波書店　二〇二一年　一五三ページ。

(23) 前掲　山田庄一『京なにわ 暮らし歳時記東西くらべ』　一五二ページ。

(24) 臼井喜之介『京都味覚散歩』白川書院　一九六二年　一八〇ページ。

(25) 前掲　亀井巌夫『うどんすき物語』　三七ページ。

(26) 牧村史陽編『大阪方言事典』杉本書店　一九五五年　八八ページ。

(27) 前掲　亀井巌夫『うどんすき物語』　一一二ページ。

（28）宮部酔櫻「のみある記 第六章――浅酌低唱の辨――」『洛味』第四巻第一号　一九三八年　八二―八五ページ。引用は八二ページより。

（29）B「上方の鍋」『あまカラ』第十五号　一九五二年　三一ページ。

4部 映像

写真が発明されたのは、一九世紀の前半である。それは、周りの姿かたちをそのまま平面へと映し出した。そうすることで、これまでは一瞬で消え去った光景を、時空を超えて誰もが共有できるものへと定着した。

写真技術を用いて動きを連続して撮影し、それを投影することでその動きを再現するもの、それが映画である。写真の発展形である。この技術は、一九世紀末に登場し、娯楽領域から科学領域まで、生活全般を大きく変質させた。

ここでいう映像は、写真と映画を含む、写真技術の進展と派生から登場した決定的に新しい風俗現象をさす。この人類史における決定的に新しい風俗現象は、私たちの感覚や体験を不可逆的に変容させもした。しかも、その変容は、デジタル次元の大幅な開拓とともに、さらに深く進行中でもある。

「「白」と「黒」の近代」では、写真が生み出した新しい人の結びつき方の周囲を、写真資料を通して分析している。「絵はがきに見る「風俗」としての洗濯」では、写真などによって固定された洗濯の時空を考える方向性が示されている。「日本映画の海外進出と挫折」では、娯楽としての日本の映像の世界市場への進出が跡付けられている。「映画とカフェー」では、初期の日本映画とカフェーの親和性がたどられている。

風俗としての映像にどう迫ることができるか、さまざまなアプローチが提示されている。

［斎藤光］

「白」と「黒」の近代——写真花嫁とスピンオフしたモダニティ

嘉本 伊都子（かもと　いつこ）

一九六六年、鳥取県生まれ。京都女子大学現代社会学部教員。一九九七年総合研究大学院大学文化科学研究科国際日本研究専攻博士課程修了、博士（学術）。二〇〇一年より現職。専攻は社会学。博士論文を『国際結婚の誕生——〝文明国日本〟への道』として出版し、第一回日本社会学会奨励賞（著書の部）を二〇〇二年に受賞。KAMOTO Itsuko 2017 "Japanese International Marriages (*Kokusai Kekkon*): A Long Durée History, from Early Modern Japan To Imperial Japan"(Tr. Nadia Kanagawa) in Williams, Duncan eds., *Hapa Japan*, Vol.1 :103-125 など。

はじめに

かの夏目漱石も写真を交換して一八九六（明治二九）年に結婚した[1]。日本で写真という近代的な技術が庶民の婚姻に影響を及ぼし始めたのは二〇世紀初頭である。写真を交換して海の向こうへ嫁ぐという「写真花嫁」という風俗があった。「写真花嫁」たちが残した写真は、鮮やかな衣装を纏おうともモノクロームである。二〇世紀初頭の四半世紀、ハワイへ地方の若い娘たちがいかに引き寄せられていったかを通して、この時代の身装風俗における「白」と「黒」の「近代性」について論じる。

まず、北米やハワイに労働移民として海を渡った日本人男性たちがいる。アメリカには異人種間婚姻禁止法が制定されていた州も多かった[2]。カリフォルニア州では、白人とモンゴリアンとの婚姻を正式なものとは認めていなかった。英語もままならない日本人男性は、自らの郷里から花嫁を迎える手段として写真を交換したのである。日本人男性からすれば自らの写真を送ることで、花嫁を探しに郷里に帰る運賃、再渡航の運賃を節約できた。夫となる人の写真を握りしめた花嫁のハワイへの片道切符だけで済む。庶民の知恵である。また日本に三カ月以上滞在すると徴兵されかねないというリスクを回避もできたのだった。

アメリカと日本政府が結んだ一九〇八（明治四一）年紳士協定により、日本人男性移民の数を制限した。しかし、家族や妻であれば制限がなかったため、写真だけ交換し（交換しない場合もある）、夫の戸籍に妻（あるいは嫁）として入り、夫不在のまま村で祝言をあげ、その後ビザが下りるまで、婚家もしくは実家で過ごし、夫からの写真だけをたよりに海を渡り、夫とともに労働力となる写真花嫁が急増する。このような写真とともに国境を越えて遠隔地へ嫁ぐという風俗が日本の地方からおこったことは、通い婚や夜這いの風俗が大きな影響を与えたと思われる。

一八七二（明治五）年に戸籍で日本人を把握し、戸籍に届出るだけで婚姻が成立する法律婚になった。近代日本では、必ずしも挙式が婚姻の要件ではない。二〇世紀直前に民法が制定されたことは大きい。だが、排日運動が黄禍論とともに強まると、一九二〇（大正九）年、日本政府側が自主的に花嫁へのビザ発給を停止し、ついにはその四年後アメリカでいわゆる排日移民法が制定され、写真花嫁の時代は終わるのであった。

第二次世界大戦中、日系人の大半が、収容所に強制収容された北米と異なり、ハワイは比較的戦前の写真を所持している確率が高い。そこで本稿はハワイに渡った花嫁たちにインタビューした研究と写真をもとに、日本の近代における「白」と「黒」について考察したい。

白・紅・黒のサンマイガサネ

バーバラ・川上は熊本で一九二一（大正一〇）年に生まれるも、生後三カ月でハワイへ両親と移民した。服飾を業として一家を支えるが、五〇代で高校に入り、さらに大学で服飾史研究を行う。その成果は、バーバラ・F・川上（香月洋一郎訳）『ハワイ日系移民の服飾史　絣からパラカへ』（神奈川大学常民文化叢書5、平凡社、一九九八年。原著一九九三年）として邦訳されている。バーバラは服飾史研究のため一世に綿密な聞き取り調査をしている。その中から一六人のライフ・ヒストリーと写真の両方が収められているのが*Picture Bride Stories*（2016）である。[3] 北は福島、南は沖縄出身の写真花嫁たちの、郷里での暮らしぶりから移民後の生活と写真まで収録された貴重な研究である。本稿では、新聞・雑誌等にはあまり記録としては残されない庶民の「花嫁衣裳」とは何であったかを考察するために、このバーバラ・川上の貴重な記録を参考にする。

ハワイへもっとも移民を輩出している広島からの花嫁の両親は一九〇七（明治四〇）年、三軒先のハワイへ行った家の倅に娘を嫁がせるために、わざわざ写真を交換している。[4] 近代的にみえるようで、親同志が決めた、同じ郷里の結婚という意味では、伝統の連続性の上に成立している。親族が誰もいないところは不安であるが、すくなくとも同郷の先達がいる、噂のラクエン、ハワイへ、写真を握りしめて行った。嫁ぎ先が郷里のある日本から海を渡ったハワイへとスピンオフしたような生活世界で新婚生活を始めている。人気のテレビドラマ・映画などにおいて本編では脇役だった登場人物が主役として描かれる「スピンオフ作品」（本編から派生した作品）がある。近代日本ではスポットライトを浴びることのない地方の庶民が、*Picture Bride Stories*の中では主人公であるという意味を込めてスピンオフを使用する。砂《さ》糖黍《とうきび》やパイナップルのプランテーションは人種別に居住空間が用意されていた。

バーバラは服飾史という研究目的上、インタビューにおいて必ず「どのようなKimonoをハワイに持って来たのか」を聞き取っている。「サンマイガサネ」という花嫁衣裳をハワイの砂糖黍プランテーションで着つけて貰った山口出身の女性がいる。一八九六（明治二九）年生まれのシズ[5]は、花嫁衣裳の下着として着る比翼《ひよく》を自ら縫うことのできる腕前であった。裕福な家庭出身だったのであろうか？　シズは四人の兄弟がいて、男の兄弟は父親が田んぼを増やせるように手伝い、みな働きものの農家の出である。シズが三歳半のときに母親が死去し、翌年父は再婚する。継母はとても「ヤサシイ」人で、誰も彼女の蔭口をいう人はいなかった。継母のおかげでシズは畑で大変な仕事をすることなく、小学校を卒業している。同時に村で有名な裁縫学校に九つから十四歳になるまで通う。裁縫学校の島田先生には十人ばかりの生徒がいて、だいたい裕福な家の娘たちであったという。農家のなかでも裕福だったのであろうシズに、島田先生は、ハワイにいる甥っ子を紹介した。

一九一六（大正五）年一二月ハワイの移民局で、シズは一〇組のカップルとともにリバーストリートの日本人牧師によってキリスト教式の結婚式をした。その後夫の働くハワイのカウアイ島の砂糖黍プランテーションでは誰もみたことがない「a sanmai gasane」を身に着けた。花嫁衣裳は「三組の紋付」で、白（梅の花）、赤（竹）、黒（松）の順で「三重ねの着物という形ですべてを着た」[6]という。「手描きで」とあるので、友禅染であったかもしれない。残念なことにその当時だれもカメラを所有していなかったためプランテーションでのシズのサンマイガサネの写真は残されていない。

婚礼衣装として正式には三襲と書いて「みつがさね」がある[7]。写真花嫁と同時代を生きた、シズより一回り年長の小説家、田村俊子（一八八四年生）は、「三枚襲」と俊子が表現している着方について時代の変遷を随筆に書き記している[8]。俊子は東京の旧中産階級（米穀商）出身で、後に「新しい女」になる。二〇世紀を迎えるころ、一五、六歳であった娘時代の元日の年始着は必ず「三枚襲」と決まっており、下着は比翼ではなく無双の二枚、上着の紋付には綿は入っていなかったという。三枚の褄を揃えて、そのおはしょりをして貰うときの「窮屈さ」をいっている。「着物の着せて貰い方が下手だ」と母から言われたとある。よって、下女または女中に着せてもらっていたのであろう。

シズがハワイに到着した二年後、米騒動のあった一九一八（大正七）年に俊子は朝日新聞記者の鈴木悦を追ってバンクーバーに移住した。「そんな時代（嘉本注：娘時代）が過ぎて十四五年の後、私が日本を去る頃には、いつとなく三枚着というような野暮な服装は見られなくなった。それでも二枚は必ず襲ねた」という。一九三六年に俊子が外国生活から日本へ戻ると、二枚襲さえ見られなくなったと回想している(9)。

シズが海を渡る頃には、東京の俊子の階級では野暮な三枚襲は見られなくなった。しかし、山口の玖珂郡伊陸村（現在の柳井市）のシズには、野暮ではなく、結婚衣装としてサンマイガサネを着ることは「伝統的」であり、ひと時代前には分不相応であったであろう。その意味では「革命的」であり、当時流行の「近代的」な衣装でもあった。しかも、山口ではなく、ハワイという舞台だからこそ着ることができたのではないか。比翼は自分で縫ったとシズが証言している時期と、俊子がカナダへ行くころには無双の二枚は廃れ、比翼が主流になっていたという時期も一致している。

三枚を順に重ねて着ると、最初に着る白の梅や赤の竹の裾模様は客からは見えない。当然外側は、黒の松だけである。なぜサンマイガサネるのであろうか？　国立歴史民俗博物館の澤田和人によると、江戸時代の三襲は、三枚同時に着用していたとは思えないとそれぞれの寸法から推測している。江戸時代の武家では、打掛のように赤と黒をお色直し替わりに着たのだと思われる。一方、重ねて着たと考えられるものは、近代に入ってからの作例により多く散見される傾向にある(10)と検証結果を述べている。

図1のa～cは、国立歴史民俗博物館所蔵の明治から大正時代に作られた婚礼衣装で、シズが着たよう

図1-a　白縮緬南蛮寺竹模様友禅染縫振袖　国立歴史民俗博物館所蔵

図1-b　紅縮緬地南蛮寺竹模様友禅染縫振袖　国立歴史民俗博物館所蔵

図1-c　黒縮緬地南蛮寺松模様友禅染縫振袖　国立歴史民俗博物館所蔵

に、白は梅で紋はなく、赤は竹、黒には松が描かれている。南蛮寺という異国情緒あふれる図案は三枚とも共通している。

江戸時代、武家よりも豪商のほうが華美に誂えようと思えばできたはずである。だが、身分相応の装飾しか許されない時代にどうしたか。重ねて着つけたのではないだろうか。最も派手ではない黒が外側になるように。

明治に近代国家となり、男性の正装がフロックコートもしくは紋付袴で黒が、身分に関係なくフォーマルとなった時代、女性の正装は男性より遅れて、白襟に黒紋付となった[11]。婚礼衣装が黒紋付裾模様になる過渡期に農村の富裕層にもサンマイガサネが「憧れの伝統」として伝播したのではないだろうか。だが、それは身分がリセットされるハワイだからこそ身につけられたのではないか。江戸から続く伝統の上に、三枚重ねの一番上の黒だけが「近代」と接合し、やがて二〇世紀に流行する婚礼衣装としての黒の紋付裾模様になったのではないか。シズはまさに元々武家の女性の儀礼服だった「伝統」の発明品を、商家や豪農が三枚重ねて着用するようになり、大正時代には山口の農村まで届いた。農民が着るその「近代的」でかつ「伝統的」な花嫁衣裳、サンマイガサネを、伝統とは切り離された空間、スピンオフ先のハワイだからこそ着用できたのではないだろうか。

神前結婚という「伝統」の発明

神前結婚もこの二〇世紀の「伝統の発明」である。一九〇〇（明治三三）年の大正天皇の皇太子時代の婚姻が「神前結婚式」の濫觴であり、上流、中流階級に広まり、戦後、庶民にも大衆化したという説、また出雲大社が先だという説もある。[12]井上忠司は「『神前結婚』は大正時代に普及した。社会階層の面でも、中層以上にかぎられていたようである[13]」、と述べている。例えば、『読売新聞』紙上で一九一五（大正四）年九月から「新郎新婦」シリーズが始まる。先行して一九〇四年から同紙上で「花婿花嫁」シリーズがあったが、写真はほとんどなく、わずかに手書きの絵が挿入されているものもある。それから約十年後の新シリーズは当初、証明写真のような新郎と花嫁の写真が一枚ずつ掲載された。だが翌年には新郎新婦が並んで全身が写る結婚写真が主流となる。「新郎新婦」シリーズはパターンがある。仲人の紹介、「華燭の典」として日比谷大神宮が多いが出雲大社（東京分社）などで挙式した後、築地の精養軒など料理屋で披露宴を催したことが、二人の立派な家柄とともに紹介される。白黒写真ゆえ色はわからないが、ほぼ黒の紋付裾模様と思われる。これらが「三襲」なのかどうか服飾史を専門としない筆者が見分けることは困難である。

一方、写真花嫁たちは、ハワイ到着後、ハワイの神社にお参りをしている。一九一三（大正二）年タツノは広島から到着すると絣の着物のままホノルルの「大神宮」でハワイ領の法律に従って結婚したという。おなじく広島から着いたフユノは、一九一五（大正四）年、ハワイのコトヒラ・シントー（琴平・金比羅）神社に行って結婚式を挙げた。翌年、山口出身のキクヨは、ハワイへ到着後夫が借りたハッキュウ（馬車）にのせられ出雲大社へ行ったので紋付に着替える暇もなく、小紋縮緬で盃を交わしたという[14]。

ハワイの大神宮や出雲大社で挙式している行動パターンは、広島や熊本の農家といえども中層以上の階層からの花嫁であると解釈もできるが、日本での流行とは別経路での風俗だったのではないか。なぜなら一九一二年までは移民局で牧師によるキリスト教式の集団結婚式がなされていた。これは花嫁たちが売春婦ではなく花嫁であることを確かなものとする儀式でもあった。しかし、キリスト教式に日本人が挙式させられることへの反発が在布邦人からあり、とりやめとなる[15]。

写真花嫁たちは、地方の農村から生まれて初めて十日近く旅をして船酔いに苦しみながらハワイへ到着する。写真だけを頼りに移民局で夫が迎えに来ているかどうか探す。初対面の若い二人は、旅の無事をどの神社であれ、ハワイに祀られた日本の神様に感謝し、お礼参りに行ったのではないか。無事、夫婦となったことを郷里に知らせるために、日本人の経営するハワイの写真館で二人並んで撮影してもらった。後にそれがウェディング・フォトとして位置づけられた。日本内地の都会で流行った上流階級の神前結婚とは別ルートで、ハワイで神社へ行き、結婚式を挙げ写真館で撮影した写真は、手紙とともに郷里に届けられる。それはモダニティそのものであった。「伝統」と「近代」が動力となり回転《スピニング》しながらハワイで磁場を形成している、内地とは分離した、つまりスピンオフしたモダニティなのである。その写真は郷里に送られ、さらに新しい花嫁が地方から海を越えていくというダイナミズムを生み出す。こうしてハワイと写真や手紙をやりとりするうちに日本の地方の庶民にも広がった。それは戦後を待たずとも、神前結婚が地方からハワイ経由で普及した可能性を示している。後述する沖縄出身の花嫁の行動からも、ハワイで内地の風俗と出会ったインパクトがいかに大きいかがわかる。

黒でもなく白でもなく

三枚襲を持参しなかった大半の写真花嫁は初めて会った夫と何を身に纏って写真を撮ったのであろうか。「クニヨシとソト・キムラの結婚写真、1911」には黒のスーツにネクタイをしめた夫クニヨシが立ち、ソトは当時流行った髪型の二百三高地に着物は銘仙で白っぽく映る羽織に手を入れて写っている。彼女の羽織は膝丈まであると思われるほど長い。明治も終わる頃、移民輩出県の山口では「親類がハワイにいい着物をもって行くなと私に言いました。〈ドレッシーな絣の着物とカジュアルな浴衣だけ持っていきなさい。それで十分よ！　すぐに黍畑で仕事をするのだから！〉ですから、紋付は（山口に）置いてきました。いくつかの銘仙とお召しにドレッシーな絹の着物と金襴の帯とアクセサリーだけ持ってきました[16]」と紋付は持ってこなかったと証言している。シズのようにサンマイガサネを持参した例外を除いて、豪華な花嫁衣裳を持って来た花嫁はほぼいなかったと思われる。ソトが紋付を置いてきたといっているが、バーバラによれば、写真花嫁としてハワイに来た一世に黒紋付裾模様の衣装を着て到着を知らせた結婚写真が一つの例外を除いてない。

テイは福島県立高等女学校で学び、医学の道を志していたにもかかわらず、母親がハワイ帰りの洋装の花婿を見込んで、娘を嫁がせた[17]。一九一三（大正二）年、夫とともに一等船室でハワイへ渡航した数少ない花嫁である。「サイトウ・テイがハワイに到着したとき着ていた紋付」は、現在スミソニアン博物館のアメリカ歴史館のコレクションのサイトからkimonoで検索するとテイの衣装（ID:2005.0132.20a）をカラーでみることができる。*Picture Bride Stories*には「正式な五つ紋のグレイの色留袖紋付」とあるのだが、ネット上のカラー写真でみると確かに灰色ではあるのだが、青みがかった青鼠色にみえる。写真花嫁には珍しく夫とともに盛大に結婚式を福島で祝ったとあるが、黒ではない。

同コレクションのサイトには、そのテイの婚姻衣装の外にも二点、写真花嫁時代の着物が収められている[18]。タナカ・マサコが一九一〇～一九二〇年ごろに着用した紫の絹の着物には紋はなく、裾模様は桜と柳に燕が飛んでいる（ID：2005.0249.01）。もう一つは黒紋付留袖で、裾模様に松と梅が描かれている（ID：2006.0043.001）。三襲の人気の松竹梅のうち、松と梅が描かれていることになる[19]。この黒紋付裾模様を身に纏ったのは初期移民の娘であり、ハワイ生まれの二世スギモト・ノブで、一世の男性と一九一八年に結婚した。つまり、二世のウェディングは、日本内地の流行を反映しているのである。それは、一世の写真花嫁たちが着たくても、憧れても、晴れ姿に着ることが叶わなかった黒紋付裾模様を「最新流行の伝統」として、娘達に調達したのではないかと考えられる。

図2　友人の娘トキとともに写したタガ・亀蔵の結婚写真（Kawakami, 2016:212）

熊本県八代郡で一九〇一年に生まれたタガは、学校では抜群の成績だったにもかかわらず、長兄が女に教育があると誰も嫁に取らないといって六年間しか学校へ行けなかった。卒業後、花嫁修業にあけくれ、フォーマルな着物を縫う技術は習得したという。タガの夫亀蔵の交換写真は珍しくダーク・スーツではなく、カーディガンにハンチング帽を被っている。一九一八（大正七）年に到着後、ハワイで没した亀蔵の母親の墓参りに行くと言われたので、タガは、ハワイに先に移住していた姉が縫ってくれたドレッシーな白のレースの飾りがあるムウムウを着て行った（図2）。亀蔵は写真館によって写真を撮ることを新妻タガに知らせていなかった。郷里の村で新郎不在の仮祝言で着た「紫の伝統的な紋付[20]」の婚礼衣装を、ハワイの写真館において亀蔵の前で着ることができずタガは残念に思った。村の仮祝言で着た着物を孫娘が身に着けている写真があるが、残念ながら白黒でわからない。着物の色は紫と記されている。

京都にある風俗博物館を立ち上げた初代館長・井筒雅風の母親が婚礼のお色直しで着用した衣装が、カラーで『日本服飾史　女性編』には掲載されている。その解説によると、大正時代の京都の町家《ちょうか》の若嫁姿で、井筒の母親が大正二年二月一一日満十五歳六ヶ月で結婚した時のお色直しのものであるという。「縮緬地鴛鴦の裾模様の薄色五つ紋で、帯は金通しの竹文様の丸帯紺地刺繍の半襟をつけ、ここでは色直しの姿ではなく若嫁丸髷の姿とした」とある。花嫁衣裳としてではなく、若妻の「晴れ着」として紹介されている。実際、大正二年から大正一〇年位まで使用した[21]。

縮緬地の薄色とは、灰がかった紫であるが、写真の色は藤鼠から鳩羽色の間のように見える。一九一三（大正二）年は福島からテイが十六歳で青鼠ではないかと推測した着物でハワイに到着した年である。その年の二月二三日付『読売新聞』春の和装の流行には「依然紫の全盛」とある[22]。この写真の「薄色」も英語で表現するならばグレイかもしれない。一五、六で着るには地味である。井筒が述べるように若嫁にふさわしく「晴れ着」として、つまり「訪問着」として結婚後着用したのかもしれない。写真花嫁たちが、持参した着物の中に必ず「銘仙」や「お召し」が入っている。婚礼衣装としてではなく、婚姻後「若妻」の心得として持参した最上級の着物だったのであろう。

図3-a　アヤコのウェディング・フォト（Kawakami, 2016:226）

図3-b　西洋の衣装を身に着けたアヤコ（Kawakami, 2016:227）

　前述の澤田和人によると明治時代末期から大正時代には、「紫地の婚礼衣装はごく当たり前のように見られる」とし、三襲のうち黒を紫にかえて作られたものもあるという。「その背景には、紫が着物の流行色になったことがあろう。近代に大きな力をもった流行の創出は、婚礼衣装の慣例も変容させたのである[23]」としている。三襲までは仕立てられなくとも、流行の紫の衣装を誂えた熊本のタガの花嫁の衣装やスミソニアン博物館に残されている紫の着物は、その時代の内地の風俗を敏感に反映している。

同じく熊本県鹿本郡（現・熊本県山鹿市）出身のアヤコはハワイで日本着と西洋のドレスを着た写真が残っている貴重な花嫁である。キャプションをそれぞれ引用すると、到着時に着ていた縞の銘仙から紋付に着替えた図3-aは、「シトクとキクガワ・アヤコの結婚写真。アヤコは紋付、金糸の紋織の帯。いずれも彼女の父親から送られたもの[24]」とある。何色かは書いてないが、黒ではないようだ。夫のフロックコートのほうが黒い。結婚式にしては、控えめな印象で、タガの婚礼衣装と同じように、派手さはない。さらに、夫を雇っていた吉田夫人が借りてきた西洋のドレスを着てアヤコは写真に納まっている（図3-b）。「借り着の服を着ているキクガワ・アヤコ。ブラウス、スカート、カマーバンド、帽子、靴の一揃いがそれになる。彼女は花婿から結婚指輪を贈られた数少ない一世の花嫁のひとりである。写真屋はその指輪に気づいて、指輪がみえるようにと、彼女の手を出させた。１９１８年　キクガワ・アヤコ所蔵[25]」とある。しかし、ウェディング・ドレスには見えない。どちらかというと北米に嫁いだ花嫁たちが、新郎が持参してきた「洋服」を着て結婚写真として撮影されたものに近い[26]。

一方、一九一〇年に併合された朝鮮半島からもハワイへ花嫁たちが海を渡った。上流階級が多く、その多くがクリスチャンであったため、その当時流行した西洋のウェディング・ドレスを身に着けている[27]。コリアン・ピクチャーブライドのほうが、一世から「西洋化」しているのであった。

沖縄からの写真花嫁

図4　カマ16歳
(Kawakami, 2016:242)

Picture Bride Stories には、沖縄からの写真花嫁四人の聞き取りもある。内地との比較ができる貴重な写真とインタビューをともに読むことができる稀有な作品である。

カマは宜野湾市字普天間に一九〇四（明治三七）年に生まれた。小学校は八年まで通った。両親がハワイの砂糖プランテーションで働く安里カメイに嫁がせるため娘の写真を撮った（図4）。単独で撮影されたカマは床に敷かれた座布団の上に正座し綺麗に琉球独特の髪型カンプーを結っている。「アサト・カマの交換用写真。これを写した時、カマは十六歳だった。白い襦袢の上に手の込んだ織りの絣の着物を着ている。1920年。アサト・カマ所蔵[28]」とある。帯をしているのかどうか、わからない。正座は琉球独特の着付けで足が見えることを避けたのかもしれない。

内地の花嫁の何人かは、自ら反物を織り、裁縫をして着物を作っていた。バナナの葉の繊維で編んだ芭蕉布という幅の狭い帯を織ることを十歳までに学んだ[29]と証言しているのはカマ一人だけである。彼女は畑仕事など沖縄ではしなかった。カマの祖母は織物の名手であったが、難解な芭蕉布の織り方を祖母からマスターするよりも、麦わら帽子を作って稼いだお金で着物を買うようになった。麦わら帽子は換金性が高く、そのお金で沖縄の男性を雇い、カマのかわりに黍畑で仕事をさせた。カマ自身はめったに畑仕事をしなかった。ハワイに嫁ぐと、カマの実家の黍畑とは比較にならないほど資本主義体制の大規模農場の労働者として働くこととなる。

この麦わら帽子は、内地でもハワイでも男性たちが被った「模造パナマ帽」のことだと思われる。カマだけでなく、ウシも「アレネバ」で麦わら帽子を作ったという。おそらく阿旦（檀）というタコノキ科の亜熱帯常緑灌木でパイナップルのような実がなる木の葉っぱ、阿旦葉《あだんぱ》であろう。阿旦葉帽は内地人が取引していた「模造パナマ帽」であり、換金性が高い[30]。

図5　タマシロウシ
(Kawakami, 2016:272)

沖縄の女性の写真で最も違和感があったのはこのウシの写真（図5）である。カンプーではなく、庇髪であり、一見、内地の女性の写真と変わらない。キャプションには「ウシ・カカズの交換写真、一九二三年に玉城ジンタロウとお見合いがきまったときに撮ったもの。縦縞の絹の着物に、絣の羽織は沖縄の写真家の方に借りたもの[31]」とあり、貧しかったので写真館で内地の着物を借りた。内地風にくるぶしを隠して着つけてある。

一九二〇（大正九）年ハワイ航路において内地人は普天間のカマに話しかけてこなかった。沖縄からの花嫁たちは、ハワイへ行く船のなかで内地からの写真花嫁と自分たちが「異なる」ことを自覚する。

> 横浜まで行きましたが、思ったほど寂しくはなかったです。他にも私のような親に結婚を決められた写真花嫁が大勢いたからです。横浜で多くの内地の女性が乗船してきました。すぐに違いに気づきました。着物と髪型です。内地の花嫁は、沖縄の花嫁には話しかけませんでした。ただ見ているだけです。内地の花嫁のなかには、私達の赤や黄色の（紅型）の絣の織物の着物を羨ましいといっている人

もいました。彼女たちのことを変だと思ったでしょう。沖縄の女性たちは、くるぶしよりも高く着物をたくしあげ、帯は内地の娼婦のように前で結んでいたのですから。内地の花嫁は着物からくるぶしをださないように長い丈で着付けていましたし、太鼓帯は後ろで結んでいました。

もっとも大きな違いは手の入れ墨だと思います。それは既婚者の印でした。内地の花嫁の大半は田舎の農村からきていますので、沖縄の写真花嫁をみるのは新しい経験だったのです。彼女たちは、文化的違いの育ちを理解することはできませんでした。[32]

図6　シズに着つけられたハワイでの婚礼を迎える二世の新婦
(Kawakami, 2016:190)

　針突《ハジチ》という既婚女性に入れる手の入れ墨をしていた沖縄からの写真花嫁がいたこともわかる。内地人の出会いは、沖縄の文化を相対化し、内地人の文化を内面化していくプロセスでもあった。沖縄からの花嫁は自分たちの着物文化がどのように内地の人に見られるかを敏感に感じ取っている。

　ハワイでサンマイガサネを着たシズは一九三〇年代にブライダル・コーディネーターとして活躍する。自ら車を運転し、花嫁のみならず両家の親族に礼服を着つけるために飛びまわる。シズが写真花嫁の娘である二世に着つけているのは「伝統的な花嫁衣裳」(図6)として紹介されている。沖縄の人が紋を作ってほしいとシズに依頼したように、紋付に憧れを抱いたようだ。
ハワイで撮影した結婚写真のなかに、唯一、黒の紋付裾模様を着て写っている一世は、沖縄からの花嫁なのである。「マスは紋付を着て結婚写真をとった数少ない沖縄人花嫁のひとりになる。彼女はホノルルに着いたのちに紋付を買った。１９２１年８月、アラカキ・マス所蔵[33]」とある。黒留かどうか、色については書かれていない。一九二〇年代には黒の紋付裾模様がハワイの呉服屋で購入できたのだ。一九一五年から『読売新聞』のシリーズ「新郎新婦」で、見事な黒の紋付裾模様の衣装を着た階層が古着屋に放出したのではないか。何かとこの階層は流行に敏感であり、新しいものに新調できる余裕もあったであろう。一度着ただけの裾模様が古着屋や貸衣装に出回る頃、ハワイへも「伝統の発明」が海を渡っていたことになる。

ハワイのプランテーションにおいて内地の日本人が結婚式をする時は黒の紋付を着て参加したが、沖縄にはその習慣がなく「ハワイに来てはじめて紋付の着物を見た。とはいえ、ハワイに来てからは、彼等は熱心に紋付を着用した。この地に定住したのち、沖縄人の多くは暮らしにゆとりができるとすぐに紋付を買った[34]」という。

一八九七年生まれの仲宗根ウシイは沖縄の花嫁のなかでも一九一四年にハワイに着いた古参である。子ども五人と写る家族写真のウシイは、縞の着物に足袋と草履姿で、帯は後ろでお太鼓を結んでいるのであろう。すっかり内地風の婦人である。さらに、ウシイの長女マツエの結婚写真（一九三五年）は、内地からの二世の花嫁と区別がつかないほど、黒紋付大振袖裾模様である。沖縄の伝統的な婚礼衣装ではない。このように、写真花嫁の二世の花嫁衣装は内地と同じ流行の黒の紋付裾模様であり、一九一五年から読売新聞の人気シリーズ「花婿花嫁」のポーズと衣装にそっくりである。アメリカ本土の二世たちは、ウェディングドレス姿であったが、ハワイでは沖縄からの二世も内地の流行でもあった紋付を着た。

沖縄を含め内地の地方の写真花嫁のモダニティは、メトロポリタン東京や大阪ではなく、ハワイからやってきた。スピンオフしたモダニティは、郷里に送られてきた「写真」の中にこそ存在したのではないだろうか。

忌避される白と「新しい女」

昭和に入って結成された国防婦人会と言えば、白い割烹着にタスキをイメージされる方も多いだろう。一九〇一（明治三十四）年に上流階級を中心に設立された愛国婦人会では、黒の「紋付に白襟[35]」が正装になっていった。写真花嫁たちが海を渡りにくくなった一九二〇（大正九）年の総会の記事がある。

> 愛国婦人会総会開催――二二日、例年の通り愛国婦人会総会が、皇后陛下の行啓を仰ぎ日比谷公園で催され、全国から約二十三万人の会員が集まった。集まった会員席をずらりと見渡すと一番目に立つのは黒の洋傘。……日露戦争当時の愛国婦人会風俗とも云われた黒瓦斯紡の紋付に白襟という特殊な服装は今も尚この会員の半数を占めているが、気を揃えて帯は金通しの素晴らしい丸帯か絽の新柄の丸帯を締めている。薄い夏コートもちらちら見える。色合いは薄青磁か、薄紫か…。［一九二〇（大正九）年五月二十三日『都新聞』］

設立間もない日露戦争（一九〇四〜〇五年）当時の愛国婦人会風俗と言えば、「黒瓦斯紡の紋付に白襟という特殊な服装」といっている。黒瓦斯紡とは、瓦斯糸で機械紡織で作られた黒の着物ということであろう。瓦斯糸というのは、ガスの炎のなかを通過させて毛羽立ちを焼きとり、絹糸のような光沢を生じさせた木綿糸である[36]。機械紡織で製造される大量の黒瓦斯紡の紋付こそ、ハワイの日系二世の花嫁たちがこぞって黒紋付裾模様を着ることのできた技術革新なのではないか。国防婦人会の前の愛国婦人会では、「白い割烹着」の前は特殊な「黒」だったのである。

割烹着は仕事着とも呼ばれ、このころの「発明」品である。白地のキャラコで作られた割烹着も当初は敬遠されていた。大正二（一九一三）年九月『婦人之友』に掲載された笹木幸子「気のきいた家庭用仕事着[37]」に興味深い理由が書かれている。西洋のエプロンが浸透しない理由は、「西洋の前掛から形を取つたものは、あまり飾りが多過ぎるので、洗濯が面倒だつたり、又作り方が複雑なので、自分で縫ふことが出来なかつたりいたしますから、一般の家庭でといふわけに参りません」という。そこで笹木氏考案の「仕事着」をキャラコの白で作り、彼女の学校では着るようになったという。

> 夏休みなどに郷里に帰つて、例の通り洗濯やお掃除のとき着けますと、近所隣がいかにもおどろいた様に、そして所謂新しい女視されるので、若い娘達には何やら恥かしく、折角の便利なものも広めるどころか、押し入れの隅に入れてしまふ様な始末で御座います。之は白いから余り目に立つのと、看護婦の服装などを連想させる嫌ひがあるのだと気がつきまして、今度はずっと家庭の人らしい感じのするやうにと、写真に出しておきましたようにな、縞木綿でいたしました所、皆さんからこれはよい

よいと仰有つて頂きます。これを二つも作りまして、一週間に一度づつ洗濯をいたしましても、三年は充分もちます。其の間に着物を汚さない働きは大したもので御座いませう。之から世の中はだんだん忙しくなつて来ますから、いくら婦人でも一日がかりのお勝手やお洗濯は出来なくなります。もつと働いてもつと勉強しなければなりません。

図7　笹木幸子「気のきいた家庭用仕事着」『婦人之友』七(九)の扉写真

国立民族学博物館のデータベース「近代日本の身装電子年表」はこの笹木の記事に「たくさんの提案の中で、このスタイルが割烹着の名称で、一般に普及する」としているが、笹木は「仕事着」と言っている。縞木綿の「仕事着」は、今ならギンガムチェックと表現されるだろう（図7）。当時の新聞広告では「弁慶」と書かれている。これは歌舞伎の弁慶の衣装がチェック柄であることからそう呼ばれる。丸襟で、肘が丸見えになる三分袖ぐらいの袖の短いものである。「一反の中で大人前掛一つと六七歳までの子供のが一つとれます。」と、「子供用遊び着」として同じチェック柄で、こちらは肘が隠れる程度で大人用ほど短くない。これは、大人用が洗濯のしやすさを考えてのことだ。

キャラコの白地が敬遠された理由は「新しい女」のようにみえるからであった。カフェーの女給が身に着けた白の西洋型エプロン、看護婦など新しい職業としての制服の白衣は市井の女性たちには忌避されるべき色だったのだ。

おわりに

写真花嫁が持参した嫁入り道具に「割烹着」と答えた人は一人もいなかった。キャラコの白は瞬く間にハワイの土色に染まってしまったか、砂糖黍のシャープな葉っぱに切り裂かれたであろう。

洋行帰りの婦人の目には、子どもにしても、婦人にしても白い前掛、エプロン、割烹着で外出するのは「みっともない」とうつった。『読売新聞』の一九二五（大正十四）年十月二日の記事に東京の少年少女が必ず前だれを掛けて外出しているが「高い高いレースなどをつけてお客にでも学校にでもズンズン出してやるお母さんの気が知れません。特に純白のエプロンは給仕女とチャンと相場が決まっていて、前掛のまま外に出るのは此の給仕女なのです」とある。カフェーの女給はまさに「新しい女」である。忌避された白が、お国のためのシンボルマーク、「威厳を持つ制服」になるには日中戦争を待たなければならなかった。日中戦争開戦当時はまだ白の割烹着を着て町をあるく女性たちを「流行の非常時色[38]」と非難する余裕があった。戦時色が濃くなればなるほど、白は忌避されなくなっていった。

写真花嫁の時代、庶民にとって「白」も「黒」も小っ恥しい「近代」だったのではないだろうか。

謝辞

*Picture Bride Stories*の編集を担当したキャロル・アベ氏には写真の掲載許可をめぐって大変お世話になりました。素晴らしい本を編集され、ハワイ大学出版会から掲載許可を得られたことに感謝申し上げます。

〈註〉

（1）湯沢雍彦『大正期の家庭生活』クレス出版　一九一ページ　二〇〇八年。

（2）山田史郎『アメリカ史のなかの人種（世界史リブレット）』山川出版社　二〇〇六年。

（3）Kawakami, F Barbara, (2016) *Picture Bride Stories*, University of Hawai'i Press　なお、この貴重なライフ・ヒストリー研究のうち、花嫁たちの定位家族に着眼した研究ノートを執筆した。嘉本伊都子「海を渡る花嫁への一考察（1）――バーバラ・川上によるピクチャー・ブライド・ストリーズを通して――」という同名のタイトルで、掲載雑誌は京都女子大学現代社会学部紀要『現代社会研究』の二一巻、六七―八三ページ、二〇一九年。（2）は二二巻、六九―八七ページ、二〇二〇年。（3）は二三巻、八五―一〇七ページ、二〇二一年。

（4）Kawakami, op.cit... pp.141-159.　広島県安佐郡の約一〇〇〇戸の比較的大きな村の出身である。

（5）Kawakami, op.cit... pp.176-193.

（6）バーバラ・F・川上（香月洋一郎訳）『ハワイ日系移民の服飾史 絣からパラカへ』（神奈川大学常民文化叢書5）、平凡社　五五ページ　一九九八年。＝Kawakami, Barbara F., (1993) *Japanese Immigrant Clothing in Hawaii*, 1885-1941, University of Hawai'i Press. 同書同頁には、同時流行していた黒紋付裾模様が写真花嫁によって持ちこまれたとしても自然なことであるとあるが、なぜバーバラは断言しなかったのか疑問が残る。いずれにせよ服飾史としては邦訳された書籍のほうが詳しいので、日本語で参考文献を記し、邦訳のページを示すこととする。同書、四二―四四ページに、一九二二年に黒紋付裾模様を着てさらに打掛まで身に着けて結婚式をしたサイトウ・タケの例があるが、福島で新郎新婦ともに式をあげている。なお、横浜の海外移住資料館で二〇〇九年「海を渡った花嫁物語」という企画展でシズの婚礼衣装が展示されていた。海外移住資料館のサイトでシズのサンマイガサネのうち二枚を閲覧できたのであるが、国会図書館に移された後、閲覧できなくなっている。

(7) 井筒雅風『原色日本服飾史　増補改訂版』(光琳社出版　一九八九年)や女性の服飾をまとめた井筒雅風『日本服飾史　女性編』(光村推古書院　二〇一五年)には「三枚重(襲)」は掲載されていない。道前美佐緒著「婚礼衣装『三襲』について」(『名古屋文化短期大学研究紀要』第四〇集　二〇一五年　四一―五〇ページ)では、明治期と大正期の「三襲」が研究の対象になっている。どちらも白は梅、緋色は竹、茶黒または黒が松の模様で、袘《ふき》と呼ばれる裾に綿を入れて分厚くなっている「松坂屋コレクション」には紋がないが、東近江市五個荘の近江商人の家が所蔵する友禅染には紋が入っている。京都の呉服屋商「外市」で重役をしていた人が娘に「当時最高級の婚礼衣装」を誂えたのだろうと道前は述べる。大正期とのみある。検証の結果、白、紅、黒の順番に重ねて着装したと論じている。

(8) 国立民族学博物館　近代日本身装電子年表。https://htq.minpaku.ac.jp/databases/mcd/chronology.html (二〇二一年二月二一日アクセス) 田村俊子著、双雅房編『新装　きもの随筆：三枚襲ね』一九三八年。同年表の検索機能をつかって「三襲」では検索してもヒットしなかった。「三枚襲」で二つ、「三枚重ね」で三つの記事が該当した。「三枚襲」のいまひとつは、一九三六年に岡本綺堂が東京の風俗を描写したもので「近来は男女ともに大めかしで芝居見物に出かけることが流行で、殊に婦人などは一世一度の晴の場所と心得ているらしく、さながら婚礼の見合いにでも行くように、紋付の三枚襲ねなどの素晴らしい扮装(イデタチ)で押出すのが往々ある。」という。正月の晴れ着、芝居見物や見合いの席の晴れ着であったことがわかる。俊子のような「新しい女」もしくは旧中産階級では廃れた風俗でも別の階級では「流行」していたのかもしれない。

(9) 田村俊子前(8)に同じ。

(10) 歴史系総合誌「歴博」第一八三号――バックナンバー――歴史系総合誌「歴博」――刊行物――歴博とは――国立歴史民俗博物館ホームページ(二〇二一年四月二三日アクセス)。澤田和人は「歴史の証人――写真による収蔵品紹介――」

のなかで国立歴史民俗博物館所蔵の白の「御殿梅模様振袖」には紋がなく、赤の竹、黒の松には紋があるとしている。同館から画像資料使用許可を得たときの資料名、例えば「白縮緬地南蛮寺梅模様友禅染縫振袖」を本稿では採用しているが、「御殿梅模様振袖」と同じで、明治から大正期の作である。白には紋はついていない。一方、シズはすべてに紋があったと述べている。

(11) 小山直子『フロックコートと羽織袴――礼装規範の形成と近代日本』勁草書房　二〇一六年。

(12) 志田基与師『平成（いまどき）結婚式（ウェディング）縁起（じじょう）』日本経済新聞社　一九九一年、井上忠司『風俗の文化心理』世界思想社、一九九五年参照。梅棹忠夫が一九六一年に執筆した「出雲大社」について、『梅棹忠夫著作集』7巻（中央公論　一九九〇年）の解説のなかで井上忠司は「梅棹日本学の先見性」について、「神前結婚という新しい習俗（つまり風俗）を庶民のあいだにひろめたのは、まぎれもなく、（嘉本注＊出雲大社の）千家尊福そのひとであった。キリスト教の結婚式をヒントにとりいれた、尊福の創意工夫によるものである。ここでも、私は梅棹の先見性の確かさに、脱帽のほかはない」（六六二ページ）としている。本稿では、出雲大社千家説よりも、写真花嫁ハワイ経路説を唱えるものである。

(13) 井上忠司『「家庭」という風景　社会心理史ノート』ＮＨＫブックス　一九八八年　二二ページ。

(14) タツノの事例、Kawakami, op.cit., p.77.　フユノの事例、Kawakami, op.cit., p125. キクヨの事例、Kawakami, op.cit., p163.

(15) 柳澤幾美によれば、港での集団結婚式は一九一二年まで行われた。現地の日本語新聞ではこれについて批判が相次いだ。『ハワイ報知』の創始者、牧野金三郎は、創刊号（一九一二年十二月）の社説において、キリスト教を押し付ける強制的なものであり、集団結婚式は人道に反すると主張した。一九一三年一月二十五日に外務省通商局長坂田重次郎の名前の通達により、ハワイでは到着港移民局での結婚式は取りやめることとなった。柳澤幾美「ハワイに渡った日本人『写真花嫁』たち：最初の『写真花嫁』から最後の『写真花嫁』まで」『金城学院大学論集社会科学編』三（二）、一二九―一四一ページ　二〇〇六年。

(16) Kawakami, op.cit., p.58.

(17) Kawakami, op.cit., pp.86-103.

（18）アメリカ歴史館のサイトより検索。kimono —National Museum of American History (si.edu)　二〇二〇年八月一日アクセス。

（19）バーバラ・川上前掲書、七八ページにはノブコの結婚写真29があり、キャプションには「彼女はこれに二重の襦袢を着ていたが、一枚目は白、二枚目は薄青色で三色の効果を生み出していた」とある。

（20）「タガは着物の前裾にすばらしい手描きの絵のついた紫色の絹の紋付を着た。絵は灰色の色調のなかにおぼろに山野の風景が描かれていた。紋付の下にタガは二重の着物のような効果を出すため、表側の衣装と一緒に折り重ねて、褐色の絹の縮みの長襦袢を着た。その下にもう一枚、白い絹の縮みの襦袢を着た。褐色の襦袢と袖の絵の灰色の色調は彼女が日本を発つ時の季節である十月をあらわしていた。彼女のおびはアツイタと呼ばれる固くて重い紋織りでできていた」（バーバラ・川上前掲書、七三―七四ページ）とあるが、同書にその衣装の写真は掲載されていない。

（21）井筒雅風『日本服飾史　女性編』光村推古書院　二八四―二八五ページ　二〇一五年。

（22）この紫の流行は大正年間繰り返されたようで、一九二三（大正一二）年（『都新聞』三月三日付）に、八年ぶりにパリから帰った川島理一郎画伯が、日本では婦人の服装が紫になっていることに驚いている。

（23）註10に同じ。

（24）バーバラ・川上前掲書、五九、六〇ページに掲載された写真のキャプション。

（25）同書、五九ページ、六〇ページに掲載された写真のキャプション、一九九八年。

（26）工藤美代子『幻の町幻の女：カンバーランド』朝日新聞社　一九八六年参照。

（27）Sonia Shin. Sunoo, 2002, Korean Picture Brides: A Collection of Oral Histories, Xlibris Corporation

（28）バーバラ・川上、一九九八年、六四ページ写真23のキャプション。六五頁の写真24は、カマと祖母と出発直前に撮影された送別写真がある。カマの普段通りなのか、カンプーではなく髪はほつれている。一緒に写る祖母は白髪で、帯はしていない。祖母は裸足で椅子に腰かけ、太腿の上におかれた両手の手のひらは上向きで甲の針突は確認できない。

（29）Kawakami, op.cit... p240.

（30）四方田雅史「模造パナマ帽をめぐる産地間競争：戦前期台湾・沖縄の産地形態の比較を通じて」『社会経済史学』六九

（二）、一六九―一八八ページ、二〇〇三年。

(31) Kawakami, op.cit., p272.

(32) Kawakami, op.cit., p.243.

(33) バーバラ・川上、前掲書、三九ページ。［写真11］のキャプション。

(34) 同書、三八ページ。

(35) 正装「白襟紋付」が普及していくプロセスは、前掲（小山、二〇一六年）に詳しい。

(36) 大丸弘・高橋晴子『日本人のすがたと暮らし　明治・大正・昭和前期の身装』三元社　二〇一六年　二一七ページ。

(37) 笹木幸子「気のきいた家庭用仕事着」『婦人之友』七（九）一九一三年　一一三―一一五ページ。岩崎雅美「明治後期割烹着風前掛の表現」『家政学研究』四六（二）　二〇〇〇年　二六―三五ページ。工藤美代子『工藤写真館の昭和』朝日新聞社、一九九〇年の扉写真には、「大正七年十二月、祖母・トミに裁縫を習っている、工藤哲朗の妻・やす」というキャプションがあり、工藤美代子の母親が実家で、日本髪を結い、縞木綿の割烹着を着ている様子を写真家だった哲朗が、新妻を写している。浅草で下駄を売っていた店である。大正二年の気のきいた家庭用仕事着が、庶民に普及した一例といえよう。

(38) 森田たま「流行の非常時色」『婦人画報』十一月号　一九三七年。

絵はがきにみる「風俗」としての洗濯

安井 眞奈美

（やすい　まなみ）

一九六七年、京都府生まれ。国際日本文化研究センター教授、総合研究大学院大学教授。博士（文学）。専門は文化人類学・日本民俗学。著書に『狙われた身体——病いと妖怪とジェンダー』、『怪異と身体の民俗学——異界から出産と子育てを問い直す』、共編著（ローレンス・マルソーと）に『想像する身体（上）身体イメージの変容』『想像する身体（下）身体の未来へ』など。

「日本らしさ」を演出する洗濯

これまで私は、洗濯という家事労働の変容を明らかにするため、戦後の生活改善運動を調べたり、洗濯の写真や洗濯機の広告などを集めたりしてきた。そのなかには、一九一〇年八月の日韓併合以降の朝鮮半島において、日本人向けに作られた日本のメーカーによる絵はがきも数多く含まれている。絵はがきそのものは、一九〇〇（明治三三）年に私製はがきの発行が許可されて以来、大量に作られ、人気を博してきた。絵はがきの研究はすでに数多くなされており、「風俗」を示す貴重な資料として読み解かれたり、絵はがきの流行が、日本が外地への進出をはかる時期と符合し、国民国家をかたちづくる過程と重なり合ってゆくとの指摘がなされたりしている（橋爪、一一頁）。このエッセイでは、近代の絵はがきを手がかりに、「風俗」としての洗濯を読み解いてみたい。

図1　日本の絵はがき　井戸端で洗濯

　まず、日本の洗濯を描いた絵はがきを見てみよう。図1は、着物姿の一人の女性が、井戸端で盥《たらい》を使って洗濯をしている写真絵はがきである。「Washing of Country Family」というタイトルで、絵葉書の表には

図2　日本の絵はがき　京都・淀川で洗濯

「Made in Japan」と記されている。未使用であり、残念ながら印刷された時期などはわからない。図2の絵はがきには、「YODOGAWA Kioto」（淀川　京都）というキャプションがつき、洗濯する着物姿の女性が、桜の名所に彩りを添えるように右端に描かれている。この絵はがきは、Union Postale Universelle（萬國郵便聯合）が公認するCarte Postale（端書）で、消印からすると、一九〇六年三月二九日一四時にフランス・パリ市のPlace Chopin郵便局から出され、翌三〇日一一時にスイスのテリテ（Territet）という町に届いたことがわかる。宛先のヴァルモン（Valmont）は、テリテの少し東の高台に立つ、一九〇五年設立のValmont病院ではないかと考えられる。アルプスとレマン湖との間に建てられ、美しい景色を一望できる場所にある。絵はがきにはフランス語の直筆で、「Carte Choisie par Ludo pour L'envoyer à sa maman chérie（ルドーが愛する母親に送るために選んだカード）」というメッセージに署名が添えられている。想像を逞しくすれば、おそらく結核か何かで、レマン湖のほとりで療養している妻に宛てて、息子が選んだ京都の桜の絵はがきを夫が送ったものと推測される。これら二枚は、海外とくに欧米にて喜ばれるような、日本の着物姿の女性や桜の景色を用いた絵はがきである。

朝鮮の女性たちの洗濯

次に、一九一〇年の日韓併合以降の朝鮮半島の絵はがきを見てみよう（図3・4・5）。それぞれセピア色、白黒、カラー写真の絵はがきで、いずれも多くの女性たちが水辺に集まって、並んで洗濯をしている。図3は、朝鮮王朝時代の建造物である平壌の大同江の練光亭を背景に、洗濯する女性たちである。この絵はがきの特徴は、図2の桜の美しい京都の川辺と同じく、観光地の水辺と女性たちの洗濯という組み合わせにある。図4では、洗濯は「朝鮮風俗」として、「洗濯（パルシー）

　朝鮮の女は洗濯に（ママ）生まれて来たとまで言われる程洗濯に熱心だ」と解説されている。「洗濯するために生まれて来た」とは、まさかそんなはずないと

図3　朝鮮半島の写真絵はがき「平壌名勝」

図4　朝鮮半島の写真絵はがき「朝鮮風俗：洗濯（パルシー）」

図5　朝鮮半島の写真絵はがき「朝鮮の風俗：川邉で洗濯」

図6　朝鮮半島の写真絵はがき「朝鮮風俗：洗濯　WASHING」

図7　「朝鮮風俗絵葉書No.2」（36-63）日文研「朝鮮写真絵はがきデータベース」
https://kutsukake.nichibun.ac.jp/CHO/detail.html?id=360064

言いたいが、あちこちで洗濯する女性がよほど印象深く映ったのだろう。なお洗濯の方法は、カラーの写真絵はがきを見るとよくわかる（図5）。女性は手に洗濯棒を持ち、そばに白い衣類をまとめて置き、一枚ずつ岩場で叩いている。図6は「（朝鮮風俗）洗濯　WASHING」とキャプションが付けられた写真絵はがきである。一九一四（大正三）年一一月四日の消印が、朝鮮総督府の置かれた「京城」の地名とともに刻まれている。カメラ目線の女性と、下を向いた女性も、洗濯棒を振り上げている。

　これらは日本人向けの写真絵はがきであり、一九〇〇年代早期に開業した京城の「日之出商行」など、日本人が経営していたメーカーが発行したものである。日之出商行は、「白衣の人々」「市場」「洗濯」「砧打ち」「物を売る人」「物を運ぶ荷負人（チゲクン）」「妓生（キーセン）」などを「代表的風俗」とする「朝鮮風俗」をテーマにした写真絵はがきを、セットで売り出していた（高麗美術館編、一九頁）。そしてその封筒表紙絵には、洗濯棒を持った二人の女性や（図7）、洗濯ものを頭上に載せて運ぼうとする女性がイラストで描かれている（図8）。朝鮮半島の写真絵はがきは、とくに目を惹く対象を切り取って、植民地朝鮮の様子を日本人に伝える役割を果たしてきたが、そのなかで洗濯は、代表的な「朝鮮風俗」として位置付けられていたことがわかる。

限られた資料ではあるが、日本と朝鮮半島の洗濯の絵はがきを見てみると、洗濯の場所は特定できないものも多いが、両者とも観光地の紹介を兼ねている場合が含まれる。また両者の違いに注目すれば、日本の場合は着物姿の女性が一人で、朝鮮半島の場合は白衣を着た女性たちが複数で洗濯をしている。もちろん日本でも、女性たちが集まって洗濯することもあったが、それは絵はがきの構図には取り上げられていない。

図8 「伝統古き半島の風習 朝鮮の生活」（36-56）日文研「朝鮮写真絵はがきデータベース」 https://kutsukake.nichibun.ac.jp/CHO/detail.html?id=360057

ヨーロッパの洗濯

洗濯の絵はがきは、東アジアに限ったものではない。スイスとイタリアの国境沿いの避寒地であるルガーノ湖のほとりで洗濯する三人の女性たちや（図9）、イタリア・ナポリにて、建物の窓から洗濯物を干した町の様子を写した写真絵はがきもある（図10）。さらにスペイン語で「Lavandera（洗濯）」と書かれた写真絵はがきには（図11）、木製の台の上に細長い盥を置いて、立ったまま洗濯をする白いワンピースの若い女性が笑顔で写っている。その恰好で洗濯するのはさぞかしつらいことだろう。

洗濯をテーマにした近代の絵はがきは、洗う、衣類を叩く、絞る、干す、といった洗濯の過程でもっと

図9　スイス・ルガーノ湖での洗濯

も印象深いシーンを選び、ときに観光地の水辺の風景を入れ、ステレオタイプ化された装いで洗濯する女性を写し、その地域の特徴を表現したものと言える。絵はがきに収められた洗濯の一シーンは、その地域の代表的な「風俗」の一つとして紹介され、各地に広まっていった。近代、「主婦」が担った家事には料理や掃除もあったが、絵はがきの素材に選ばれたのは主に洗濯であった。洗濯は家の外での作業を含むため目につきやすく、風景も含めて地域の「風俗」を示す格好の素材とみなされたからであろう。世界の絵はがきに描かれ、また映し出された洗濯する女性たちの背景を調べていけば、公衆衛生と洗濯、洗濯機の登場などに続き、洗濯の風俗史、洗濯の人類学につながっていくのだろうが、それはまた機会を改めて考えてみたい。

図10　イタリア・ナポリの洗濯物

図11　台に盥を置いて洗濯する女性の写真絵はがき　スペイン語で「洗濯」と記されている。

〈引用文献〉

高麗美術館編『「写真絵はがき」の中の朝鮮民俗――一〇〇年前への時空の旅「一九〇〇―一九四五年」』二〇一〇年　高麗美術館。

橋爪紳也『絵はがき一〇〇年――近代日本のビジュアル・メディア』二〇〇六年　朝日新聞社。

〈参照文献〉

有松しづよ「植民地朝鮮における朝鮮人女子の啓蒙――一九三〇年代前半期における婦人会組織を中心に」『教育基礎学研究』三　二〇〇六年　九州大学大学院人間環境学府教育哲学・教育社会史研究室。

落合茂『洗う風俗史』一九八四年　未来社。

砂本文彦「植民地期朝鮮半島における公設洗濯場に関する研究――社会事業施設としての公設洗濯場の施設計画について」『日本建築学会計画系論文集』八〇巻七一〇号　二〇一五年。

第八師団軍医部（武内三千春）編「朝鮮人の衣食住及其ノ他ノ衛生」『韓国併合史研究資料』五三　二〇〇五年　龍溪書舎。

朴美貞『帝国支配と朝鮮表象――朝鮮写真絵葉書と帝展入選作にみる植民地イメージの伝播』二〇一四年　人間文化研究機構国際日本文化研究センター。

安井眞奈美「生活改善と村の暮らし」『山口県史　民俗編』二〇一〇年　山口県編集発行。

安井眞奈美「村の暮らしを改善する――ある生活改善専門技術員の聞き書きより」『山口県史研究』一四　二〇〇六年。

日本映画の海外進出と挫折
——『羅生門』の成功の陰で

北浦 寛之

（きたうら　ひろゆき）

一九八〇年、奈良県生まれ。開智国際大学国際教養学部准教授。京都大学大学院人間・環境学研究科博士後期課程修了。博士（人間・環境学）。専門は映画学、メディア学。著書『テレビ成長期の日本映画——メディア間交渉のなかのドラマ』、『〈ポスト3・11〉メディア言説再考』（共著）、『日本大衆文化史』（共著）など。

日本映画が国際的に評価を集め、広く知られるようになったのは、一九五〇年代のことである。すでに一九三八年にヴェネチア国際映画祭で『五人の斥候兵』が民衆文化大臣賞を受賞していたが、そのインパクトをはるかに超えるニュースとなったのが、一九五一年のヴェネチアでの大映映画『羅生門』（黒澤明監督）のグランプリ金獅子賞受賞であった。さらに『羅生門』に触発されて作られた同様の時代劇映画が、翌年からもヴェネチアやカンヌといった国際映画祭で連続受賞を果たし、また、一九五六年には東宝の怪獣映画『ゴジラ』（本多猪四郎監督）がアメリカで上映されヒットしたことも、これまで盛んに取り上げられてきた。以後の海外輸出については、『ゴジラ』の系譜を継ぐ怪獣・特撮映画のことが目立って語られてきたが、やはり、こうして話題に上るのは、海外で一定の成果を上げた日本映画に限ってのことである。日本映画の海外進出には多くの障壁があったことは、ほとんど振り返られることがなくなっている。

一九五六年三月、ローマで日本映画の特集上映が一週間開催された。その数年前から大手映画会社の間で熱望され、実現したものであり、各社から『幻の馬』『蛍の光』（以上大映）、『この広い空のどこかで』（松竹）、『くちづけ』（東宝）、『飛龍無双』（東映）、『しいのみ学園』（新東宝）、『警察日記』（日活）が出展された。だが、現地での評判は散々なもので、「『羅生門』や『七人の侍』とは全く、あるいはほとんど比較にならぬほどつまらぬもの」、「テンポが遅すぎる」といった意見が飛び交った。[1] ヴェネチア映画祭で熱狂を集めた時代劇が一本しかないことへの不満など作品選定への疑問も呈され、日本映画に対する以前の熱が一気に冷めてしまった印象である。

さらに、一九五七年の一月にニューヨークで開催された日本映画の見本市でも、追い討ちをかけるような辛辣な評価を日本の映画関係者たちは耳にする。[2] 新東宝の『怨霊佐倉大騒動』は、お化け物で子どもを殺すことが論外とされ、東映『旗本退屈男 謎の幽霊船』はお家騒動が理解できないと切り捨てられる。東宝の『女囚と共に』は、刑務所内にキャメラを持ち込んで本格的に撮影した最初の作品と説明しても、アメリカでは珍しくなく、また女囚のつかみ合いに品がないという評判だった。これらに加えて、字幕処理や吹き替えで生じる違和感など、映画の内容以外にも検討しなければならない課題がいくつも存在した。

翌年二月にも同じ催しがニューヨークでおこなわれたが、そちらも不評に終わった。現地での配給契約の成立を期待しての二回のニューヨーク開催だったが、それで売れた作品は一本もなく、結局第三回以降のニューヨーク開催は、諦めることとなった。[3] この一連の日本映画の特集上映の結果を踏まえ、松竹の城戸四郎社長は、『羅生門』をはじめとするかつての日本映画の国際映画祭受賞の名声がまだ国際市場で健在なのか否かを見極める必要があると述べたが、[4] やはり、どこかに海外進出に対しての驕りが、あったことを思わせる。『羅生門』があったからこそ、海外への視界が開けたかもしれないが、『羅生門』があったがゆえに、その名声にしがみついて海外市場との交渉がなされていたことを印象付けている。

海外市場への進出を真剣に検討するならば、市場調査や現地での宣伝、そもそもの輸出体制を見直す必要があった。いくつかの大手映画会社は反省し、海外への出先機関を設立していったが、そのなかで、もっとも積極的に動いたのが『ゴジラ』を生み出した東宝であった。東宝が特に重点を置いたのはアメリカ

図1 東宝ラブレア劇場（ロサンゼルス）　出典：『キネマ旬報』1962年6月下旬号

市場であり、ロサンゼルスに現地法人「国際東宝」を設け、一九六〇年には苦杯をなめたニューヨークに国際東宝の出張所を開設し、アメリカの市場開拓の拠点とした。さらに、その年には初の海外での直営館「東宝ラブレア劇場」をオープンさせ、日本食のレストランも併設して盛り立てた（図1）。この直営館では、東宝作品の日常的な上映はもちろん、毎年「東宝映画祭」が開催されて話題を呼び、三船敏郎をはじめ東宝スターも駆けつけては、積極的に宣伝を展開していった。そこで公開されて人気を博した『椿三十郎』や、まだ完成していない製作途中の『キングコング対ゴジラ』にすら買い付けがあり、こうしたイベントは東宝関係者と現地の映画関係者との交流を促し、商談の場としても機能したのである。[5] 他にも、一連の東宝のアメリカでの活動強化と並行して、『宇宙大戦争』や『モスラ』など、もっぱら怪獣・特撮映画がアメリカの配給会社より配給され、ヒットを飛ばしていった。

この後は、主に怪獣・特撮分野で、東宝に限らず、他社作品についても注目され輸出されていったが、そのことは日本映画に対する商品価値がある程度定まったからだと言える。だが、そこに至るまでには、以上のように海外への日本映画のＰＲは失敗を重ねてきたのであり、その反省のなかから、東宝に代表される海外志向の映画会社は対策を講じていった。決して『羅生門』や『ゴジラ』の成功の勢いそのままに、後に続く日本映画が世界に飛び出していったわけではなく、映画会社が失敗を経験し、海外市場での地道な活動を経て到達した成果であったとみるべきだろう。

〈註〉

（1）「ローマ日本映画週間の評判」『合同通信映画特信版』一九五六年六月一七日　四ページ。

（2）「アメリカ業界の近況」『合同通信映画特信版』一九五七年四月一四日　三ページ。

（3）『映画年鑑　一九五九年版』時事通信社　一二三ページ。

（4）城戸四郎「製作者の注意すべき諸点」『キネマ旬報』一九五八年九月下旬号　六一ページ。

（5）「ロスアンゼルスの第3回東宝映画祭」『キネマ旬報』一九六二年七月下旬号　五八ページ。

映画とカフェー

木村 立哉

（きむら　たつや）

一九六四年、京都市生まれ。映画プロデューサー、エッセイスト。早稲田大学第一文学部人文専修卒業。東映太秦映画村映画資料館担当、国際日本文化研究センター共同研究員を歴任。プロデュース作に『死に花』『大帝の剣』『The Harimaya Bridge はりまや橋』ほか、共著に『月はどっちに出ている 崔洋一の世界』『失われゆく仕事の図鑑』ほか。

日本に映画が上陸したのも、映画が撮影され始めたのも、それがフランスやアメリカで発明されたのと同じ一九世紀末である。

なかでもフランス、オーギュスト（一八六二―一九五四）とルイ（一八六四―一九四八）のリュミエール兄弟が発明した「シネマトグラフ」が、一八九五年（明治二八年）十二月二十八日、最初に商業公開の場所に選んだのは、首都パリのオペラ座に近いキャピュシーヌ大通り十四番地、グラン・カフェ地下「インドの間」であった。フランスでの映画の誕生は、一九世紀末のフランスでのカフェ文化の場所にあったが、日本に映画が上陸したころ、カフェーはまだ登場していなかった。

新発明の紹介としての上映活動や、現実を単純に反映するものと素朴に信じられて記録として撮影されていた時代を経て、日本で劇映画が最初に撮られたのは一九〇八年（明治四一年）である。

劇映画のはじまり

この年、一般には「日本映画の父」と呼ばれる牧野省三（一八七八―一九二九）が最初の劇映画を京都で撮って、日本映画の始まり、ということになっている。これは同年九月十七日公開の『本能寺合戦』のことであるが、これに先立つこと三ヶ月、同年六月二十三日公開の『いもりの黒焼』という劇映画がつくられている。[1] いずれも京都の横田商会の製作によるものだが、『いもりの黒焼』は福井繁一という技術者が、初代鶴屋団十郎（一八四六―一九〇九）一座に仁輪加芝居を大阪の住吉大社の境内で行わせたのを半日で撮影したものであり、『本能寺合戦』はすでに退社した福井の後任である小川眞喜多《まきた》が撮影し、京都西陣の千本座の「狂言方」であった牧野が、浄土寺の真如堂でのロケーション撮影の現場担当を任されたものである。

違いがどこにあるのかといえば、『本能寺合戦』を牧野が「演出した」のかどうかは断定できないが、技術一辺倒ではない段取りをした、とは言えそうである。[1] 出演したのは、当時の千本座の俳優陣であり、中村福之助の信長、嵐璃徳《あらしりとく》（一八七五―一九四四）の森蘭丸、女優はもちろんおらず、阿能の局（濃姫）は女形の俳優、片岡秀郎（一八八八―一九五八）が演じた。当然サイレント映画であり、白黒フィルムであるが、劇映画のテイをなした最初と言えるだろう。

いっぽう東京では、同年一月二十日、吉澤商店が目黒駅の西側にグラスステージというガラス張りのステージを持つ撮影所を竣工していた。ただし実際に稼動できたのは四月になってからであり、劇映画を実際に製作し始めたのは同年十月のことである。川上音二郎（一八六四―一九一一）一座の『和洋折衷結婚式』が同ステージでの最初の劇映画、中野信近（一八六六―一九三二）一座の『己が罪』（原作菊池幽芳）が同社の初ロケーション撮影、ロケ地は、中野の別荘があった神奈川県の片瀬海岸である。いずれも同社の技術者である千葉吉蔵が撮影したが、監督に当たる演出者はいなかった。[2]

いずれにしてもこの時期、舞台で歌舞伎やら新派劇やらの芝居を打っていた一座をロケーション撮影に引っ張り出して、それをフィルム撮影することで「劇映画」が開発されていった。最初に技術者や役者はいたが、監督や脚本家などは存在しなかった、その後の過程のなかでただ必要に応じて生じていったのだ。社会学者であり映画作家でもあるエドガール・モラン（一九二一—）が指摘しているように、シネマトグラフの使い方を編み出したのはフランスやイタリアやアメリカやデンマーク、ロシアなどの「何でも屋や独習者や落伍した芸術家やふざけ好きや大道芸人たち」であり、牧野はその一人であった。[3] ほかにも例えば、映画監督を経てのちに松竹蒲田の撮影所長に就任する野村芳亭（一八八〇—一九三四）などはこのころ、牧野の経営した劇場の看板描きにすぎなかった。

モランは、どこの国や地域でも、原初的な機材とその撮影と上映を指すシネマトグラフから、われわれのよく知るシネマへの変身が、ある時期に自然に行われていることを指摘する。[3] これが日本で言えば、活動写真から映画への進化、変貌である。

一九〇八年、まだそのとば口に立ったばかりである。

カフェーの登場と『ジゴマ』

明治維新から四十年が経過してはいたものの、活動写真がその画面に捉えてきたものは、江戸時代から地続きで存在してきた芝居であった。シネマトグラフという技術革新こそ最新のものではあったが、表現されていたものは、近代的なものであったかどうか。

　また、フィルム表現だけではなく、実際に観客が映画を観る環境は、近代的と言えるものだったのか。初期の映画会社のひとつ、吉澤商店の経営者、河浦謙一（一八六八―一九五七）が後年に映画史家の田中純一郎にしたためた書簡によれば、当時の東京の興行の中心であった浅草公園六区では「入口に入墨をした遊び人風の大きな男があぐらをかいて、入場券代わりの木の札を受取ることになって居り」、つまりはこういう状況に慣れた客しか寄り付かなかった。こういった人材は新門辰《しんもんたつ》五郎《ごろう》が手配していたので彼と交渉したとあるが、江戸時代末期の有名な侠客は一八七五年（明治八年）にすでに亡くなっているので、その二代目か何かだったのであろうか、交渉の結果、「接客関係はすべて女子に代り、それより気風が一変して人出も多くなりました[4]」。

　いわゆるテケツ（券売）、モギリ（改札）の係員を「女子」に切り替えることで、興行場の近代化が一歩進んだと言えるだろう。

　カフェーなるものが登場するのは、浅草での興行にも変化が生まれた、そんな時期である。一九一一年（明治四四年）、銀座に「カフェープランタン」（同年三月あるいは四月）、「カフェーライオン」（同年八月十日）、「カフェーパウリスタ」（同年十二月）が開店したのである[5]。

　日本初のカフェーである「カフェープランタン」は二人の洋画家、松山省三（一八八四―一九七〇）と平岡権八郎（一八八三―一九四三）が創業したものであり、顧問として新劇の自由劇場主宰者、小山内《おさない》　薫《かおる》（一八八一―一九二八）が関わった[5]。松山は、のちに俳優になり前進座を結成する俳優の五代目河原崎国太郎（一九〇九―一九九〇）の実父であり、同じく俳優でテレビ時代劇等でおなじみの松山英太郎（一九四二―一九九二）、松山政路（一九四七―　）兄弟の祖父である。小山内は後述するが、まもなく映画の近代化に深く関わる人物となるだろう。

小山内だけではない。同店は当初から文化サロン的に機能しようとしたため、洋画家のほか、小説家や俳優が会員として名を連ねたが、谷崎潤一郎（一八八六―一九六五）、島村抱月（一八七一―一九一八）、二代目市川左團次（一八八〇―一九四〇）らは、シネマトグラフがシネマに、活動写真が映画に変貌する時代に関与していく固有名詞である。しかし、この時点ではだれひとりとして、活動写真に関わってはいないことにも気がつかせられる。

そのまったく同じ年、映画界には、異常な熱狂をもって迎えられたコンテンツが登場した。フランスの犯罪映画『ジゴマ』である。福宝堂が買い付け、同年十一月十一日、浅草公園六区の金龍館で公開したところ、当時は週替わり番組であったものの続映、続映で一ヶ月続き、八千円を売り上げたという[6]。福宝堂は後発の映画会社であったが、東京市内の要所にいくつか映画館を建てており、同社の直営館「第一福宝館」跡地には、現在、国立映画アーカイブ（かつての国立近代美術館フィルムセンター）が建っている。多くの映画館が生まれては更地になったが、京橋区具足町五丁目ではかれこれ百十年にわたって、映画が上映されつづけているのだ。

本家『ジゴマ』を買付・配給した福宝堂も、京都と東京で競って映画を製作配給していた横田商会と吉澤商店も、孫文に資金援助していたことでも知られる梅屋庄吉のＭ・パテー商会も、各社が二番煎じの和製ジゴマ映画をつくっては興行し、翌年の秋に興行禁止命令が出るまで、興行の勢いは止まらなかったという。[6] 翌年の秋といえば、一九一二年（大正元年）九月十日、これら四社が合併、日本活動写真株式会社、略称日活、つまり現在の日活株式会社の源流となるものが設立された。合併後しばらくは内紛等はあったが、東京の撮影所は新しく隅田川沿いに建てられた向島撮影所に一本化される。ここにも目黒同様にグラスステージが建てられた。

輸入映画と新劇と「女優」

小学生のころから父親に連れられて「ロンドンやパリの生きた姿が見られて教育上大いに参考になる」と輸入物の映画を見ていたある少年は、「活動なんて軽蔑して」「尾上松之助の忍術物だとか、高田実や川上貞奴やらの新派大悲劇なぞやつていて、子供たちはワアワアいつていたが、ボクはついぞ見なかつた」と述懐する。[7] 『アントニイとクレオパトラ』『ポンペイ最後の日』『サラムボオ』『大尉の娘』『クオバジス』のような輸入物の「いわゆる文藝大作品」は見たという。[7] それぞれの日本公開日を調べると、一九一四年（大正三年）初頭から翌一九一五年（大正四年）にかけての時期だ。この少年の名は山本嘉次郎（一九〇二―一九七四）、のちに映画監督になり、『馬』などの傑作を残し、黒澤明の師匠として知られるわけだが、このころはまだ慶應義塾普通部（旧制中学校）に入るか入らないかという時期である。

一九一四年初頭といえば、カフェープランタンに集った先進的文化人であった島村抱月がレフ・トルストイの『復活』のアンリ・バタイユ脚色を翻訳、彼らの芸術座がその第三回公演として帝国劇場で上演を開始したのが同年三月である。主演女優の松井須磨子（一八八六—一九一九）の歌う『カチューシャの唄』が評判になり、大阪、京都ほか各地を巡演、好評を博した。『復活』の松井須磨子を、少女時代の浦辺粂子（一九〇二—一九八九）が、母親と明治座で見ているというのだが、[8]これは一九一六年（大正五年）四月の特別公演のことだろう。浦辺が沼津高等女学校に進学するのが一九一七年（大正六年）四月なので、彼女はまだ高等小学校の高等科に在籍していたころであり、それでも静岡県沼津の家から通いに通い、このころにはすでに二代目市川左團次の明治座を中心に「本郷座で新派大合同を見たり、新富座で、大阪の中村鴈次郎を見たり、歌舞伎座で中村歌右衛門を見たり」と芝居漬けであったという。[8]

松井須磨子の人気にあやかるべく、島村抱月の『復活』を参考に、日活向島撮影所が映画版『カチューシャ』を製作、公開したのは芸術座の帝劇初演の約半年後、一九一四年十月三十一日であった。立花貞二郎（一八九三—一九一八）のカチューシャ、関根達発《たっぱつ》（一八八三—一九二八）のネフリュードフ。女優ではなくて女形だったが、こちらはこちらで「向島映画はじまって以来の興行成績」を記録し、続篇、続々篇がリリース、三部作で日活は「十六万余円の利益」を計上した。[9]

立花がカチューシャを演じる『復活』を長野の映画館で観たという島村抱月は、「女の役は女優が演らなければ駄目である。女形では誤魔化しが利かぬ」と雑誌『活動之世界』大正六年八月号で述べている。[9]全国の芝居小屋が次々に映画館に切り替えられる現状を目の当たりにして、映画の発展の現実を認め「活動写真はどこまで発展するか分からない」としながらも、旧態依然とした「旧劇」のままでいる現状に対して、「それでも活動写真が知識階級の人々にも持てはやされて、真に盛大になる時代は、まだまだ先きであると思はなければならぬ」と憂う[9]。
確かに島村の人生は短く、その変革を見届けることはできなかった。

ブルーバード映画、金春館、カフェーパウリスタ

山本嘉次郎少年は、三田の山の上にある慶應義塾普通部から、虎ノ門にあった時代の東京女学館の前を通過して、毎日のように銀座に歩いて来た。もともと歌舞伎座の正面の采女町の家で生まれたが、このころには芝区高輪の実家に住んでいたのにも関わらず、三田から逆方向に向かった理由は、金春館でブルーバード映画を観て、カフェーパウリスタでコーヒーとドーナツを食するためであった[10]。

のちに東宝の副社長になった森岩雄（一八九九―一九七九）も「それまで浅草にばかり通っていた私も、ときどきは銀座にも行き、金春館の近くに出来たカフェー・パウリスタでライスカレイをたべ、コーヒーを飲み、そして「青鳥映画」を見ると、ひとかどの文化生活を味わったような満足感を持ったものである」と当時を回想する[11]。

「青鳥映画」とはブルーバード映画のことである。ブルーバード映画とは、一九〇〇年前後生まれ世代の日本の映画人や映画ファンが青春の思い出としてだれしもかならず挙げる、しかし日本以外ではアメリカ本国ですら忘れ去られた、ユニヴァーサル・フィルム・マニュファクチュアリング・カンパニー社製の作品群である。一九一六年七月一日、播磨ユニヴァーサル商会が同社の作品を日本で独占的に配給する契約

が発効し、タイミングよくブルーバード映画の新作が続々日本で公開されるようになったのである。[12] 代表的な作品は、初期の女性監督のひとりであるロイス・ウェバーの『毒流』（一九一六）、あるいはリン・F・レイノルズ監督の『南方の判事』（一九一七）ほか。

金春館は、加賀町一七番地にあった。一九一三年（大正二年）の暮れに開館したが、わずか十年後の関東大震災で消失し、復活しなかった。跡地には一九三三年（昭和八年）に地上八階、地下二階建のビルが建った。現在の電通銀座ビルである。山本嘉次郎によれば「並木通にあつた小さな、あまりキレイでない木造の映画館だつた[10]」。「二階の特等席へ上ると、暗闇の中に、香水とビンツケの匂いがした。香水は虎ノ門の女学生で、ビンツケは新橋の藝者衆であつた[10]」。そこに慶應義塾普通部のマセガキがいるという客層である。「オーケストラの伴奏も小じんまりとしていたが、こゝのが市内で一番上手で、曲目のえらび方も映画の内容をシッカリとつかんで、ブルーバード映画らしい情緒をよく現していた[10]」。これが波多野福太郎（一八九〇—一九七四）率いるハタノ・オーケストラであり、座付楽団となったのも、ブルーバード映画が始まった一九一六年であった。特筆すべきは開幕に演奏される『金春マーチ』というオリジナル曲である。山本曰く「アメリカ風な軽快な歯切れのよい行進曲」「それを聞くなり、もうワクワクして、すつかり映画の雰囲気の中に溶け込んでしまう[10]」。

映画がはねると次はカフェーである。「金春館を出ると、八官町の通りには、ボッと青白く瓦斯燈がともつていた。滝山町の角を曲がれば、カフェー・パウリスタである」。山本の案内にしたがえば「パウリスタの客席は二階にある」「大きなカップのコーヒーが五銭で、卓上の砂糖壺から幾匙でも好きなだけ砂糖を入れられる。また五銭で、大きなドウナッツが二つ来た」。店員は「白服のボーイ」。パウリスタでは、女給ではなくギャルソンが給仕したようである。「こゝにも虎ノ門の女学生や、新橋の藝者衆が大ぜい来ていた[10]」。

「パウリスタの美しさは、初夏にあつた。窓下の柳の緑が濃くなると、ホットコーヒーからアイスコーヒーに移り、アップルパイがいつの間にか姿をひそめて、見る目も涼しい青緑色のペパアミントのゼリーが銀皿にのせられる」「銀座の初夏そのものの味であつた[10]」。

一九一八年（大正七年）にはスペイン風邪が世界的に流行し、同年十一月五日には島村抱月が感染の末亡くなり、また、『南方の判事』等で主演した、ブルーバード映画のスター女優だったマートル・ゴンザレスもまた感染し、同年十二月二十二日に満二十七歳の若さで亡くなっている。同年十二月に創刊された『活動評論』創刊号には、彼女への追悼文『汝悲しいマートルよ』が掲載された[13]。

活動写真から映画へ

一九一九年（大正八年）四月、山本嘉次郎は慶應義塾の大学予科へ進学するのだが、この年のある日、学校の帰りにチラシを手渡される。「本邦に、はじめて映画が完成された」との見出し。「映画藝術協会第一回作品の『生の輝き』の封切広告であつた」。「旧体依然たる舞台のまゝの新派悲劇や忍術物なぞの活動写真はあつても、映画はまだなかつた。長い間待望していた、アメリカと同じような映画が、日本ではじめて作られたのだ。おもわずジーンと鼻柱が熱くなつた[14]」。

山本はそのまままた銀座方面に向かった。「京橋の三十間堀にあつた豊玉館へ行つた。日本ではじめて出来た映画は、興行的には虐待されて、ボロボロの三流館で封切されたのだつた。客もバラバラで淋しい入りであつた」。山本はすっかり大人になった時点でも興奮醒めやらぬ様子で語る。「美しく図案化された日本文学の会話字幕、大写（クローズアップ）そして移動撮影、そして知性のある俳優の容貌、そしてリアルな演技…ことごとく感激するばかりだつた[14]」。

この日、豊玉館で山本が観たのであるならば、それは映画藝術協会第二回作品の『深山の乙女』だったのではないか、と岸松雄（一九〇六―一九八五）は指摘している。それは、『生の輝き』が公開されたのは、同じく天活の二番館である麻布館であって豊玉館ではないからだ。この二本の映画は、同年九月十三日に同日公開されたが、一週間で交替し、同月二十日からは『生の輝き』が豊玉館、『深山の乙女』が麻布館に変更して上映されており、この第二週に山本が豊玉館に行った可能性はあるのだ。いずれにせよ、同一スタッフ、同一キャストが連続的に製作したものであり[15]、今となっては、そのどちらかを観たというだけで貴重である。

つねに淡々と記述している『日本映画発達史』の田中純一郎（一九〇二―一九八九）も、『生の輝き』『深山の乙女』の登場についての書きぶりはちょっと目を惹く[15]。

段落の最初からこうだ。「突如としてもたらされたこの快報、これこそは暗澹たる映画界の前途に燦として輝き出た一筋の白光のようなものであった。踏路社とは何か、帰山教正とは何者か、そして『生の輝き』とはいかなる映画か。これこそは、われわれの映画史に永遠に記録さるべき金字塔であり、映画劇運動の最初の烽火となったものである。まことに『生の輝き』の出現の意義は大きい[15]」。

踏路社とは、新劇の劇団名であり、同作に出演した村田實（一八九四―一九三七）、青山杉作《すぎさく》（一八八九―一九五六）、近藤伊与吉《いよきち》（一八九四―一九四四）らを指す。帰山教正《かえりやまのりまさ》（一八九三―一九六四）とは、天活輸入係の青年の名であり、『生の輝き』『深山の乙女』の企画を成立させ、脚本を書き、監督した、映画史上の重要人物である。さらに映画史上もっとも重要なのは、島村抱月の芸術座出身の新劇女優、花柳はるみ（一八九六―一九六二）が出演していることである。[15] 日本映画史上初、新派や歌舞伎の女形を排除した、新劇的映画の登場なのである。

女性の出演、ということでは従来もなかったわけではない。例えば関西歌舞伎には女役者などというものがあって、牧野省三の最初の数本でも、尾上梅暁という名でのちの老女優、別所ます江が出演している。[1] こういう例外はいくらでもあって、しばしば口にされるが、しかし歴史自体を大きく揺るがせたりはしない。

『生の輝き』『深山の乙女』は、いずれもその前年、一九一八年の夏に連続的に撮影が行われた。公開まで一年もの時間がかかったのは、第二作の撮影途中で帰山の兵役が三ヶ月入ったことのほか、輸入映画専門館で上映したかった帰山が粘り強く交渉し続けたことによる。問題点は、セリフがすべて字幕に書かれている「スポークン・タイトル」であることに、劇場の弁士たちが総反発したことであった。[15][16] 結果的には、『生の輝き』が麻布館、『深山の乙女』が豊玉館で同日封切となった。[15] 興行結果については、山本は「淋しい入り」と言ったが、帰山自身は「思ったよりは好成績」だったとのちに語っている。[15]『映画五十年史』の筈見恒夫は「興行的不振」とバッサリ。[16]

カフェーでのロケはあったのか？

内容的には『生の輝き』も『深山の乙女』も、都会というよりも箱根や上高地を舞台にロケーション撮影を行っており、セット撮影は行わなかった。[15] これは自然美を盛り込んだブルーバード映画を模範としたようである。いずれもネガ原版や上映用プリントが現存していないので見ることができず、詳細は不明だが、シナリオによれば、『生の輝き』では、主人公の女性のいる箱根と、彼女を苦しめる子爵の子息がいる「都会」を対比させるために、帝劇から三越へ自動車で向かうシーン（シーン39東京の町）が描かれている。[17]

セット撮影は行わなかった、ということ、『生の輝き』については、実は結果論である。天活の撮影所でセットを建てる予定だったが、撮影所に拒否されたのである。[18] 主要キャストである近藤伊与吉の回想によれば、五杯のセット撮影を予定していたといい、五つ目に挙げているのが「カフェー」とあるのだ。[18] ロケーション撮影に切り替えた先は「ミツワ石鹸の試験室」「賀田重役邸の日本間」「神田のＹＭＣＡの少年図書室」、そしてカフェーは「新橋の東洋軒」と「交渉して承諾された」とのこと。[18]

一方、監督かつプロデューサーの帰山の回想には、「錦輝館の休憩室」「ミツワ石鹸工場の実験室」「神田青年会館の一室」「賀田金三郎邸（天活重役）の西洋室」とあり、カフェー以外は近藤の回想と一致しているが、カフェーのシーンについては言及していない。[19]

「大正七年七月七日」から「廿六日」までの撮影記録を残している、同作の撮影技師、柴田勝（撮影当時は大森勝、一八九七―一九九二）は、「十九日」として「有楽座となりの東洋軒、銀座通りの移動撮影と赤坂葵橋付近」とロケーション場所を記している。[20] ほかには「神田の青年会館楼上」「賀田金三郎邸の庭」「再び賀田邸」「本所丸見屋研究室」「神田の錦輝館休憩室」とある。[20]「丸見屋」とは、一九六四年（昭和三十九年）に社名変更する以前のミツワ石鹸の社名および屋号である。

カフェーの設定でセットを建てる必要のあるほどの芝居があったのなら、東洋軒内部での撮影もあったのかもしれない。現存するシナリオの通りならば、「帝劇から三越へ自動車で向かうシーン」のつもりで、帝劇の代わりに映画館の葵館、三越の代わりに東洋軒の外観を撮影した程度なのかもしれない。

自由劇場の公演等で知られる有楽座は、有楽町二丁目三番地にあり、東洋軒はその隣にあった。関東大震災で被災し、同地には一九二七年（昭和二年）に朝日新聞東京本社が建った。近藤の回想にある「新橋の東洋軒」は、新橋停車場の二階にあった支店だろう。南伝馬町三丁目に震災の二年前に竣工、倒壊を免れた第一相互館七階にも支店はあった。震災後の一九二九年（昭和四年）に竣工した有楽町一丁目の三信ビル、この七階にも支店を出した。東洋軒はカフェーというより、洋食のレストランであった。

カフェー知識人とモダンガール、映画に進出

帰山の「映画」を観るや、自分もつくりたいと仲間と走り出した山本嘉次郎と同じく、というわけではないが、谷崎潤一郎はかねてから親交のあった俳優、上山草人《かみやまそうじん》（一八八四―一九五四）を通じて、新しい映

画会社に関わることになった。[21] 谷崎は当時、神奈川県小田原町に住んでいたため、東京滞在時は、新橋駅近くの上山宅に入り浸っていたが、ある日、そこに、トーマス栗原（一八八五―一九二六）とともに東洋汽船の重役が現れ、新会社の文芸顧問を依頼された。会社の名は大正活動写真株式会社（すぐに大正活映と改称）。東洋汽船創始者、浅野総一郎の次男である良三（一八八九―一九六五）が一九二〇年（大正九年）四月二十日、横浜市山下町に設立した。

谷崎が顧問に就任したのは五月。附属俳優養成所第一期生募集の広告を映画雑誌『活動倶楽部』に掲載したのは、八月号誌上であった。[22] 同誌を発行する活動倶楽部社に籍を置いていた紅澤葉子（一九〇一―一九八五）は、同誌編集部にいた、のちに脚本家となる野田高梧《こうご》（一八九三―一九六八）らの勧めで応募、採用されている。同期で採用された者に高橋英一（のちの岡田時彦、一九〇三―一九三四）、竹村信夫（一九〇〇―一九八二）ら。高橋は同年七月、逗子開成中学校の生徒であったが応募、採用されたという。[23] 俳優養成所の養成期間は「三ヶ月」とのことだが、[21][23] 八月十四日には映画『アマチユア倶楽部』は、彼らをキャストに撮影を開始している。[24] 主演は、谷崎の当時の夫人の実妹、葉山三千子（一九〇二―一九九六）であった。

夏前に執筆したという谷崎の原作を、栗原が、二六五の場面と六七のタイトルに分解し、詳細なカメラアングルを指定したという。いわゆるコンテ割り、コンティニュイティの作成である。これに谷崎は感銘を受けた。[25] これが、栗原がハリウッドで師事したトーマス・H・インス（一八八二―一九二四）のやり方である。谷崎は、自分も書けるようになりたいと思い練習を始めている。[25]

『アマチユア倶楽部』は、ネガ原版や上映用プリントが現存していないので見ることができず、詳細は不明だが、シナリオによれば、由比ヶ浜海水浴場や鎌倉駅前等でロケーション撮影されたほか、屋外の撮影が多かったが、室内のシーンもあり、[26] 自前のスタジオにセットを建てたようである。設計としてクレジットされた尾崎庄太郎は、詳細のわからない人物であるが、紅澤の回想によれば「アメリカで舞台装置の勉強をしていらっしゃった方で、大へんりっぱなセットをお作りになりました。これもペラペラの書き割りのセットの時代でしたから、大したものです」とあり、紅澤が大活（大正活映）のあとに移籍したマキノプロダクションでのセットのありようとの比較であろう。[27]

第一作は同年十一月十九日、このころ帝国劇場の直営であった有楽座で公開された。同月十四日付の読売新聞に打たれた広告によれば、アメリカ映画『其夜の懺悔』（*Should a Woman Tell?* 監督ジョン・E・インス、一九一九年）、同じく『審きの日』（*The Confession* 監督バートラム・ブラッケン、一九二〇年）との三本立て興行であった。[21]

これを初日に同劇場で観たという筈見恒夫は「最初の字幕が映ると同時に、度膽を抜かれた」という。「題名の次に、スクリーン一ぱいに原作者谷崎潤一郎の顔が映る。彼は煙草を吸ひ、鼻から煙を出す。人は餘りの大膽な撮し方に驚くのである」[28]。筈見によれば同作は「アメリカ風喜劇」であり、内容はこうだ。「鎌倉の海、青年たちの合宿を中心に、一人のモダンガールを中心にする他愛もない戀の駈引や滑稽ごとの繰返しであるが、そこには従来の日本映画に見られなかつた青春の樂しさが匂つてゐる。従来の日本映画では、海水着一枚でとび廻るやうな女性は決して出現しなかつた。『アマチユア倶楽部』は、それをやり通してゐるのである」[28]。

ついに日本映画にモダンガール登場である。しかも『痴人の愛』のモデルとなった、葉山三千子、満一八歳、ひと夏の実物がそのスクリーンには横溢していたのである。

それにしても、いわゆる耽美派のイメージの濃厚な谷崎が、マック・セネット式ベイジング・ビューティー的な、アメリカ西海岸流のカリフォルニアの青い空的な、スラップスティックコメディを手がけたのは意外であったが、栗原がアメリカ映画のことしか知らない、つまりヨーロッパ映画のことをわからなかったからだと谷崎はのちに弁明している。(21)

カフェー出身の女優

大正活映からは、竹村や紅澤、早世したがやがて女優岡田茉莉子の父となる岡田のほかにも、内田吐夢《とむ》(一八九八—一九七〇)、二川《ふたがわ》文太郎(一八九九—一九六六)、井上金太郎(一九〇一—一九五四)、江川宇礼雄《うれお》(一九〇二—一九七〇)、渡辺篤(一八九八—一九七七)、宇留木《うるき》浩(一九〇三—一九三六)、鈴木澄子(一九〇四—一九八五)といった、その後の大監督、ヴェテラン俳優を輩出した。また谷崎が世話になっていた上山草人、その妻の上山浦路《うらじ》(一八八五—一九四七)の実妹、上山珊瑚(一九〇〇—一九二七)も当初から入社、義兄や姉とともに新劇畑を歩んできた彼女も同作に出演している。(29)

内田は、本人の回想によれば、『アマチユア倶楽部』のセット撮影の最中に連日もぐりこんで勝手に手伝っているうちに谷崎に認められたといい、(30)江川は九月に入社している。(31)井上は創立後すぐに入社したというが、初出演は翌年である。(32)二川は翌一九二一年(大正一〇年)四月の入社、(33)宇留木は同じ四月に日活向島に撮影助手として入社したが、江川の友人だったので誘われて大活に移籍した。(31)(34)

鈴木も翌年入社だが、新派の劇団を辞めて、浅草東仲町に開店したばかりの「カフェー・アメリカ」の女給をやっていたところ、トーマス栗原監督にスカウトされたという[35]、つまりは日本最初の映画女優のひとりである鈴木澄子は、「カフェー出身の女優」なのだということは特筆しておく。ただしこの「カフェー・アメリカ」、のちに「カフェー・オリエント」と改称するが、そもそも、大正活映の経営者である浅野良三、その父親である浅野総一郎が経営するカフェーなのである。「カフェー出身の女優」の登場、ということも、実は広告宣伝的な意味での仕込みだったのだろうか。とはいえ『蛇性の婬』（一九二一年）等に端役で出演するのみに終わり、鈴木が本格的にデビューするのは、京都のマキノプロダクションに移籍してからのことである。

大正活映は『蛇性の婬』を最後に製作業務を終了する。「どういうわけで解散になるのか、私たち研究生には皆目見当もつかなかった」と内田[36]。同年六月に日活から独立、尾上松之助と決別した牧野省三の等持院撮影所に井上とともに合流、エキストラ俳優からスタートした。「あまりゼイタクをしましたので、会社としては長つづきしませんでした」とのちに回想した紅澤も、鈴木らとともにマキノへと流れていった[27]。

松竹キネマ設立と小山内薫の学校

松竹が活動写真に進出するという噂はあったが、道頓堀の朝日座を日活に貸し出す程度で、製作にも興行にも踏み出さないでいた。ところがついに一九二〇年（大正九年）二月二十六日付の東京日日新聞に広告が出た。松竹キネマを築地三丁目に設立した、撮影所用地を買いたいので募集、男女俳優と技術者が必要なので募集、という内容であった。[37] 横浜に大正活映が設立されるよりも二ヶ月前のことである。

松竹の経営者大谷竹次郎（一八七七―一九六九）は、すでに末弟の白井信太郎（一八九七―一九六九）を米国視察に送っており、信太郎の胸には、すでに目撃してきた、広大なユニヴァーサルスタジオを中心とした映画都市ユニヴァーサル・シティ計画が手本としてあった。同年三月二十二日、撮影所長となるべき田口桜村（一八八九―一九六五）を技術者確保のためハリウッドに送り出し、同年四月一日、新劇人である小山内薫を同社の理事かつ校長に、男子三〇人、女子六人を生徒に、松竹キネマ俳優学校を木挽町の歌舞伎座裏に開校した。撮影技師のヘンリー小谷（一八八七―一九七二）、輸出業務の田中欽之（生年不詳―一九三七）、装置家のジョージ・チャップマン（生没年不詳）と契約、ベルハウエルの映画撮影機等の機材を購入して、田口がアメリカから帰ってきたのは同年六月初旬であった。[37]

小山内の俳優学校には、岡田宗太郎（一八九九―没年不詳）、奈良眞養《しんよう》（一八九六―一九七七）、鈴木傳明《でんめい》（一九〇〇―一九八五）、南光明（一八九五―一九六〇）[38]、伊藤大輔（一八九八―一九八一）、楠山律（一九〇〇―没年不詳）、澤村春子（一九〇一―一九八九）、東栄子（一九〇三―没年不詳）ら、のちに歴史に名を残す俳優、監督になるとは知らぬ若者たちがいた。[37] 島津保次郎（一八九七―一九四五）は小山内に師事して松竹キネマに入り、俳優学校の生徒ではなかったが、社内の下働きをしながら習作脚本を書いていた。[37][39] 島津の脚本が採用され、田口を監督に、新規購入の機材でさっそく撮影を開始したが、新撮影所への引っ越しが始まり、それは中断したまま終わった。[37][39] このときは、日活向島から移籍した技術者である水谷文次郎（一八九六―没年不詳）が撮影機を扱い、采女町の精養軒前の河岸でロケーション撮影をしたという。

新撮影所用地は荏原郡蒲田村の中村化学研究所跡地に確定、六月二十五日には開所した。小山内の学校も、撮影所に移転した。牛原虚彦《きよひこ》（一八九七―一九八五）はその年の七月に東京帝国大学卒業の予定であったが、同年六月にはすでに正式入社、新派系の賀古残夢《かこざんむ》（一八六九―一九三八）の助手として働きながらも、俳優学校の授業にもぐりこんでいたようで[40]、久米正雄（一八九一―一九五二）の演技指導の授業で伊藤大輔の芝居が褒められ「幾度も幾度も模範演技を求められていた長髪痩躯の姿」をいまでも思い起こすと老齢ののちに回想している[41]。ところで牛原は自伝で俳優学校のメンバーを一九名挙げるのだが、そのうち一〇名が男子で、女子が九名もいるのだ[41]。女子六名という定説を覆すばかりか、男子が足りなすぎる。

松竹キネマも大正活映も、いずれも最初に俳優学校をつくったが、松竹キネマが違っていたのは、純粋映画で新世界を切り開くヴェンチャー集団のほかに、既存の舞台役者、活動役者、狂言方を引き抜いてきていたことである。経営者は、彼らに実製作を進めさせたが、当初は試行錯誤が続き、ずいぶん苦心していた。

ヘンリー小谷から、ハリウッドからの技術者が来日したのは同一九二〇年七月一九日であった[42]。当日幹部たちは横浜港に出迎えたが、牛原らは賀古組のセット撮影があり、所内に残っていた[43]。自動車を連ねて小谷らが派手に登場した瞬間を目撃した、牛原の証言。

「私たちが撮影しているとパレイドの自動車の一台から見るからにスマートな小柄の青年が、ひらりと飛びおりてセットの方へ小走りにやって来た」「反射板（リフレクター）を手にとると敏捷にステイジ脇の板塀にのぼり、その反射板を両手で高くかざした」「高い所からの反射光線は斜にセットに流れて主要人物の輪郭をクッキリと浮かび上がらせて見せた。いまのいままで反射板は地上か、床上に据えた位置で太陽光線を照り返すものだとばかり思い込んでいた私たちは、アッと驚いた[43]」。

反射板とは、現在ではレフとかレフ板《ばん》と呼ばれ発泡スチロールでつくられた軽量な板であるが、当時はブリキ製で、眩しいし重かったという。レフの効果的な使用法を知らなかった極東の後輩たちに、鮮やかに示してみせた小谷は、その日を境に、文句なく、松竹キネマの技術部門を指導、牽引していくことになる。

小山内薫、カフェーのボーイを演じる

松竹キネマが設立第一回作品『島の女』を公開したのは、結局のところ同一九二〇年十一月一日だった[42]。大正活映の第一作『アマチユア倶楽部』公開のわずか一八日前でしかない。しかも牛原が初めて撮影所に来たときにはすでに撮影が進んでいたという、小山内チーム第一作『奉仕の薔薇』（脚本・監督村田實[44]）ではなかった。賀古組でもない。同年八月に同社総務の松居松葉《しょうよう》（一八七〇―一九三三）を監督に江ノ島ロケを繰り返した映画が天候の都合でうまくいかず、大谷社長が同社理事の木村錦花《きんか》（一八七七―一九六〇）に命じて撮らせたのが『島の女』であった[42]。撮影技師はヘンリー小谷、千葉県安房郡富浦でロケーション撮影を敢行、たった二日間で撮影は終わらせたという。『島の女』はそもそも一九一二年に有楽座第一回女優劇として初演された山崎紫紅（一八七五―一九三九）の戯曲であり、なるほど、女優を当然のように押し出すつもりの松竹キネマの第一作としては、妥当なチョイスだったのかもしれない。撮影現場には、大谷

社長も、原作者の山崎も立ち会ったという。[42]

記念すべき第一回興行は、歌舞伎座で行われ、小山内薫のスピーチ、山田耕筰（一八八六―一九六五）率いる四〇人のオーケストラ生演奏と『島の女』の上映、そしてイタリア映画『呪のオシリス』（*Il mistero di Osiris*　監督アルド・モリナリ、一九一九年）が併映された。[42]ネガ原版や上映用プリントが現存していないので見ることができず、詳細は不明だが、漁村を舞台にした話である。そんなわけで、松竹キネマの第一号女優は、同作の主演、川田芳子（一八九五―一九七〇）ということになった。

第二回作品として公開されたのが『新生』、そして第三回作品が『光に立つ女』、ともに同年同月二十四日、明治座で上映された。『新生』は、のちに監督になり、時代劇映画の大家となる伊藤大輔、満二十二歳のオリジナルシナリオ、監督は田中欽之《かねゆき》、撮影はヘンリー小谷。伊藤は旧制・松山中学校で伊丹万作（一九〇〇―一九四六）と同窓であり、卒業後は呉海軍工廠に働きながら、東京の小山内と文通を重ねていたが、一幕物の戯曲を送りつけるうちに、松竹キネマ俳優学校に籍を置くこととなったのだ。伊藤本人によれば『新生』は、かつて送りつけた一幕物を下敷きにして書き直したものだという。[46]本作は伊藤の脚本家デビュー作であり、以降、学校から離れ、同撮影所のあらゆる作品のために脚本を書くようになる。

問題は『光に立つ女』である。脚本・監督はこの時点でお蔵入りのままである『奉仕の薔薇』の村田實、撮影は水谷文次郎。村田は、前年に公開された『生の輝き』『深山の乙女』の両方に重要な役を演じた俳優である。主演はキティー・スラーヴィナ（一九〇〇―一九四九）、松竹キネマ俳優学校で舞踏の講師を務める母アンナと妹たちとともに、東京に当時滞在していた亡命ロシア人のダンサーである。

描かれた内容はキティー本人の身の上に似せた物語であるが、小山内薫がカフェーのボーイの役で出演したというのである。[47] ネガ原版や上映用プリントが現存していないので見ることができず、詳細は不明だが、小山内は、のちにアルフレッド・ヒチコックがやったようなお遊び出演ではなく、映画のあるべき演技を研究し、本気で芝居に取り組んでおり、翌年公開の松竹キネマ研究所第一回作品『路上の霊魂』でも、重要な役を演じている。したがって、『光に立つ女』においては、カフェーのシーンがセット撮影かなにかでそれなりの重さで描かれた、と推測できそうである。

小山内の俳優学校の最初の成果である『光に立つ女』が公開されるころには、俳優学校は発展的に解散し、松竹キネマ研究所となって、蒲田を離れ、本郷区春木町の本郷座に移転した。[47] 研究所第一回作品『路上の霊魂』が公開されたのは、一九二一年（大正一〇年）四月八日であった。同作はプリントが現存しており、現在も観ることが可能な作品である。

日活向島の革新と「カフェーのマダム」

いわゆる日活向島の革新映画といって、桝本清（一八八三―一九三二）や田中栄三（一八八六―一九六八）ら新劇出身の人材がその改新に取り組んできた。天活の映画藝術協会、大正活映、そして松竹キネマ、と次々に「女優の映画」に踏み込まれるなか、一九二〇年の暮れ、ついに日活向島は森英治郎（一八八七―一九四五）、中山歌子（一八九三―一九二八）、酒井米子（一八九八―一九五八）といった新劇系の俳優を招き入れ、新派女形のいる第二部をそのままにしたまま、新たに「第三部」の映画製作を開始した。その第一

回作品が『朝日さす前』（監督田中栄三）、同年一二月三一日公開、翌一九二一年の正月興行作品である。(48)

『朝日さす前』のネガ原版や上映用プリントが現存していないので見ることができず、詳細は不明だが、田中純一郎による概略によればこうである。

「株式仲買店の息子春樹（森英治郎）は、ある投資家から寄託された二〇万円を使いこみ煩悶の結果、馴染みの芸者政弥（中山歌子）と箱根温泉に逃避するが、そこへ追いかけて来た投資家のために連れもどされる。残された政弥は、男の跡を慕うが、今は行方も知れなくなった春樹をあきらめ、銀座にカフェー・ミドリを開業する。一方、春樹は貞淑な妻（酒井米子）に顔を合わせるのが心苦しく家出をしたのであるが、ミドリに政弥がいると聞き、そこを訪ねる。ハイカラな政弥はマンドリンを弾きながら、北原白秋の作った『別れの唄』を歌う。春樹は、思わず政弥の膝に身を投げかけて泣いた。その時、春樹の妻から政弥へ電話が掛かった。政弥は恋と義理の板挟みに悩むが、やがて春樹をその妻のもとへ帰す。春樹は肺を病んでいた。彼はもはや前途に希望を失い、ピストル片手に暗い夜の道をさまよい、政弥の家の近くで自殺して果てる」(48)。

　ストーリーはこのようなものであるが、何と言っても、日活向島が女優を使って最初に描いた人物は、「芸者から転向したカフェーのマダム」と「貞淑な妻」であることは間違いない。カフェーのマダムを演じる中山歌子が、劇中でマンドリンを片手に歌う『別れの唄』は、二年前の正月にあたる一九一九年一月一日に有楽座で公演された、芸術座の『カルメン』（脚色川村花菱）の挿入歌として発表されたものであった。つまり松井須磨子が歌い、四日後の同月五日には須磨子は自殺したのである。『朝日さす前』では、自殺するのは春樹ただ一人であるが。

　日活は、この『朝日さす前』を赤坂区溜池にあった高級外国映画専門館の葵館で「特作」扱いで公開した。当時の同館の弁士は、徳川夢声（一八九四—一九七一）であった。徳川は第三部作品をどう見たか。「その大晦日の晝間、試寫を見た。見て落膽した。撮影だけは相當であつたが、ストーリーは何か西洋物の燒直しみたいで、俳優の演技——殊に中山歌子孃と來ては、とてもやり切れたものでない」「この映畫に唄が這入ると聞いて、更に戰慄した[49]」。唄が入る場面では、徳川の背後から中山歌子の姪が現れて、ピアノ演奏をバックに歌いだすのだそうだ。

そのような調子で向島第三部は、葵館で連続して公開されるのだが、興行的にもさっぱりであり、人気弁士であった徳川は、松竹キネマが新しく直営館として組み入れた金春館への引き抜きをありがたく受け、年明けて三月いっぱいで日活を退社するのであった[49]。

浦辺粂子とカフェー

前述の通り、松竹キネマ研究所第一回作品『路上の霊魂』（脚本牛原虚彦、監督村田實）が公開されたのは、一九二一年四月八日であった。公開のフラッグシップ館は第一松竹館、つまり赤坂帝国館であり、そこでの弁士に指名されたのが、金春館に移籍したばかりの徳川夢声であった。この興行は成功し、大阪の角座、名古屋の千歳劇場でも、徳川が映画説明を行なったという[50]。

この時代の葵館や金春館といった「洋物専門館の特別席」に来る観客としての赤坂芸者、新橋芸者がいかに一流かという話で、徳川夢声は、女優と女給に言及している。

「映畫女優と云つても、栗島すみ子孃が蒲田入りのホヤホヤ時代だし、世の中では未だ其存在を認めてゐない。女給なんてものは、活動常設館案内係を意味してゐたんで、カフェの女給なぞは問題ではない。第一、カフェなるものが、カフェ・ライオン、カフェ・シンバシ、プランタン、それからメエゾン・コーノスぐらゐの數軒で、カフェ・パウリスタは男ボーイだし、女ボーイのゐる店も幾らもなかつた時代だ。ダンサーなんてものは藥にしたくも無い時代、レビユウガールもまた然りである」(50)。

徳川がいう「女給なんてものは、活動常設館案内係を意味してゐた」というのは、まさに、本論の最初に、映画の興行が始まったころ、吉澤商店の河浦謙一が映画館での接客を女子に切り替えたことに端を発したことだ。徳川のいう「女ボーイ」という言い方がどの程度言われていたのかは不明であるが、ギャルソンに対するギャルソンヌと考えるとあながち滑稽な表現ではないと思われる。

ところで『日本映画俳優全集 女優編』（一九八〇年）の記述によれば、浦辺粂子が日活向島撮影所を訪ねたところ守衛に門前払いをされ、その日のうちに浅草の金龍館の根岸歌劇団に入団した、それが、この一九二一年春だというのだが(51)、『現代俳優名鑑』（一九二三年）には、小松商会在籍時の「靜浦千鳥」、つまり浦辺粂子の項目があり、「初舞台は、金龍館にて、クリスマスの夜の羽《は》子《ね》子《こ》です。大正八年、金龍館のオペラに、女優として加入、大正十一年、小松商會に入社、映畫界の人となる」(52)とあるのだ。自著『映画わずらい』（一九六六年）でも、女学校を中退して、真っ先に向島に突撃したように読める(53)。初舞台の作品として浦辺が挙げる『クリスマスの夜』とは、小針侑起の指摘によれば、佐《さっ》々《さ》紅《こう》華《か》（一八八六―一九六一）作の『クリスマス』であり、大正九年には上演記録がなくそれ以降では辻褄が合わないため、浦辺が金龍館で入団試験を受けたのは「大正八年の秋」と断定していいだろうという(54)。

つまり一九一九年（大正八年）の秋、まさに帰山教正の『生の輝き』が公開されたころに、日活向島の門を叩いたことになる。この女形の時代になら、女優志願者が門前払いされるのは当然だ。「一九二一年春」なら、松竹蒲田を選択肢に入れていないのはおかしい。「一九一九年の秋」なら、松竹蒲田はまだ存在しないから選択肢に入れようがない。それよりも手本は松井須磨子だった。家を出るにあたって浦辺の母は、いつか明治座で見た松井須磨子くらいの女優になれる自信と覚悟はありますか、と浦辺に問うたのである。「きっと、やり遂げます」と言って浦辺は母の胸で泣いた。[53]

一九二三年（大正一二年）八月、浦辺は日活大将軍撮影所に入社する。入って「すぐ」のころに、撮影所長の池永浩久（一八七七—一九五四）に「会社に食堂があるけれども、お客さんが来たとき困る」「お前は喫茶店の経験があるから、会社が出すからやってくれ」と頼まれ、撮影所の横に「喫茶サロンウラベ」という店をつくって、浦辺が任された。「コーヒー、紅茶、カレーライス、ハヤシライス」などを出した、岡田嘉子（一九〇二—一九九二）、梅村蓉子（一九〇三—一九四四）ら華やかな同世代の女優が来てくれたという。[55] 金龍館のあと、浪華少女歌劇に行くまでの間、浦辺は「カフェー勤めの傍ら、牛込の映画館のアトラクションに出演」していたという。これが「喫茶店の経験」ということなのだろう。浦辺粂子が日活大将軍に移籍したのは、その年の春に小松商会が撮影所を閉鎖、解散となり、その折に占い師に「いますぐ関西へ行け」と言われ、素直に従ったからである。

同年九月一日、関東大震災。日活向島撮影所は相当の損害を受け、それまでのフィルム作品はすべて焼失、撮影所は京都大将軍に移転、合流した。松竹蒲田撮影所も相当の被害があり、京都の下加茂撮影所に数ヶ月移転した。本郷座も焼失したがバラックで復活。明治座も焼失、昭和に入って再建。葵館も焼失、翌年再建。銀座では、金春館とカフェー・パウリスタが焼失。有楽座も焼失。これらは帰ってこなかった。浅草の興行街が壊滅、映画館は復興していったが、浅草オペラの時代は終わった。

日活大将軍、松竹下加茂に加えて、天活が姿を変えて大阪府中河内郡小阪村に撮影所をもつ帝国キネマ（一九二〇年）、兵庫県武庫郡甲陽園の東亜キネマ（一九二三年）、京都府葛野郡衣笠村に牧野省三のマキノプロダクション（一九二五年）、同じく太秦村に阪東妻三郎プロダクション（一九二六年）が勃興し、関西地区に映画文化の生産拠点の重心が移るのがこの時期である。甲陽園にはカフェーパウリスタの支店があった。東京から来た映画人演劇人が親しんだという。震災後の時期、日活大将軍撮影所が浦辺にカフェーをやらせたのは、その影響があったのかもしれない。

〈註〉

（1）田中純一郎『日本映画発達史Ⅰ活動写真時代』中公文庫　一九七五年　一四三―一四七ページ。

（2）田中　一九七五年　一三〇―一三九ページ。

（3）エドガール・モラン『映画 あるいは想像上の人間』法政大学出版局　一九八三年　六六ページ。

（4）佐藤忠男「日本映画の成立した土台」『講座日本映画　1　日本映画の誕生』岩波書店　一九八五年　八ページ。

（5）斎藤光『幻の「カフェー」時代』淡交社　二〇二〇年　二三―三〇ページ。

（6）田中　一九七五年　一八四―一八五ページ。

（7）山本嘉次郎『カツドウヤ紳士録』大日本雄弁会講談社　一九五一年　二六―二七ページ。

（8）浦辺粂子「映画こそ我がいのち」『映画わずらい』六芸書房　一九六六年　一四―二〇ページ。引用部分の表記はママ。

(9) 田中　一九七五年　二一八―二二三ページ。
(10) 山本　一九五一年　二九―三八ページ。
(11) 森岩雄『私の藝界遍歴』青蛙房　一九七五年　六三ページ。
(12) 田中　一九七五年、二五七―二六一ページ。
(13) 『活動評論』大正七年一二月創刊号　活動評論社　一九一八年　一〇―一一ページ。
(14) 山本　一九五一年　三八―四〇ページ。
(15) 田中　一九七五年　二八一―二九〇ページ。
(16) 筈見恒夫『映画五十年史』鱒書房　一九四七年　六三―六八ページ。
(17) 水沢武彦「生の輝き」『日本映画シナリオ古典全集』第一巻　キネマ旬報社　一九六五年 一四―二一ページ。
(18) 近藤伊与吉「逝ける映画芸術協会」『資料 帰山教正とトーマス栗原の業跡』フィルムライブラリー協議会　一九七三年
三六―四二ページ。
(19) 帰山教正「映画劇制作の思い出」『資料 帰山教正とトーマス栗原の業跡』フィルムライブラリー協議会　一九七三年
三一―三五ページ。
(20) 柴田勝「「生の輝き」と「白菊物語」の撮影」『資料 帰山教正とトーマス栗原の業跡』フィルムライブラリー協議会
一九七三年　四八―四九ページ。
(21) 松浦章・笹川慶子『東洋汽船と映画』関西大学出版部　二〇一六年　一六五―一七二、一七八ページ。
(22) 吉田智恵男・奥田久司「紅澤葉子」『日本映画俳優全集 女優編』キネマ旬報社　一九八〇年　五八七―五八八ページ。
(23) 磯田啓二・司馬叡三「岡田時彦」『日本映画俳優全集 男優編』キネマ旬報社　一九七九年　一一七―一二〇ページ。
(24) 千葉伸夫『映画と谷崎』青蛙房　一九八九年　六一―六三ページ。
(25) 田中　一九七五年　二九六―三〇六ページ。
(26) 谷崎潤一郎「アマチュア倶楽部」『日本映画シナリオ古典全集』別巻　キネマ旬報社　一九六六年　三二―四五ページ。
(27) 紅沢葉子「「アマチュア倶楽部」の思い出」『資料 帰山教正とトーマス栗原の業跡』フィルムライブラリー協議会

一九七三年　九七ページ。
(28) 筈見　一九四七年　七一―七四ページ。
(29) 市橋才次郎・岡部龍「上山珊瑚」『日本映画俳優全集 女優編』キネマ旬報社　一九八〇年　二〇〇―二〇一ページ。
(30) 内田吐夢『映画監督五十年』三一書房　一九六八年　三八―四四ページ。
(31) 吉田智恵男「江川宇礼雄」『日本映画俳優全集 男優編』キネマ旬報社　一九七九年　八六―八七ページ。
(32) 木村威夫「井上金太郎」『日本映画監督全集 改訂版』キネマ旬報社　一九八〇年　五一―五二ページ。
(33) 岸松雄「二川文太郎」『日本映画監督全集 改訂版』キネマ旬報社　一九八〇年　三四五ページ。
(34) 吉田智恵男「宇留木浩」『日本映画俳優全集 男優編』キネマ旬報社　一九七九年　八五―八六ページ。
(35) 磯田啓二・奥田久司「鈴木澄子」『日本映画俳優全集 女優編』キネマ旬報社　一九八〇年　三七五―三七七ページ。
(36) 内田　一九六八年　六〇―六六ページ。
(37) 田中　一九七五年　三〇六―三一三ページ。
(38) 揚幕社編『現代俳優名鑑』八宏社　一九二三年　『東京 映畫俳優篇』三八ページ。
(39) 田中純一郎「島津保次郎」『日本映画監督全集 改訂版』キネマ旬報社　一九八〇年　二〇四―三〇六ページ。
(40) 飯田心美「牛原虚彦」『日本映画監督全集 改訂版』キネマ旬報社　一九八〇年　六三―六四ページ。
(41) 牛原虚彦『虚彦映画譜50年』鏡浦書房　一九六八年　七九―八一ページ。
(42) 田中　一九七五年　三一三―三一九ページ。
(43) 牛原　一九六八年　九二―九三ページ。
(44) 牛原　一九六八年　八四―八五ページ。
(45) 田中純一郎「島の女」『日本映画作品全集』キネマ旬報社　一九七三年　一二四ページ。
(46) 伊藤大輔『時代劇映画の詩と真実』キネマ旬報社　一九七六年　五八ページ。
(47) 田中　一九七五年　三三五―三三六ページ。
(48) 田中　一九七五年　三五九―三六二ページ。

(49) 徳川夢声『夢聲身上ばなし 大正の巻』早川書房　一九五二年　一六〇―一六三ページ。

(50) 徳川　一九五二年　一六六―一六九ページ。

(51) 千葉伸夫・司馬叡三「浦辺粂子」『日本映画俳優全集 女優編』キネマ旬報社　一九八〇年　一一六―一二〇ページ。

(52) 揚幕社編『現代俳優名鑑』（八宏社　一九二三年）『東西 各派女優劇篇』五二ページ。

(53) 浦辺　一九六六年　二一―三六ページ。

(54) 小針侑起『あゝ浅草オペラ　写真でたどる魅惑の「インチキ」歌劇』えにし書房　二〇一六年　一六三―一七二ページ。

(55) 浦辺粂子・新藤兼人「女優の誕生」『講座日本映画 1 日本映画の誕生』岩波書店　一九八五年　二八五ページ。

5部

ミセラネア

長田俊樹氏は、井上章一の「風俗史」を相対化しようとしている。茶化しているともみなせよう。共同研究の趣旨には、そぐわない。受理は、ことわるべきだったろうか。これの収録にふみきったのは、主催者のひとりである私の甘えである。これまでの個人的な交誼を考え、斎藤光氏や書肆にはうけいれてもらった。

井上なりの縄紋論を書けと、長田氏は言う。とりあえずの応答を、こころみたい。日本の建築界は、たとえば丹下健三の倉敷市庁舎を「縄紋」的とよんできた。同じ丹下の広島平和記念資料館は、「弥生」的だとされている。現代建築に興味のないむきは、その理由がわかるまい。しかし、戦後の建築界は、とにかくそういう用語をもてあそんできた。以前は、その解析をめざし、縄紋論への意欲を語ったこともある。

じっさい、用語としての当否はともかく、現代建築に原始時代のレッテルをはってことほぐ現象は奇異である。世界のなかでも日本だけだろう。そのことへ、私は建築史的な興味をよせていた。ざんねんながら、今は建築論への情熱はわかない。お蔵入りのテーマになっている。

［井上章一］

井上章一的風俗史――風俗・民俗・土俗

長田俊樹（おさだ　としき）

一九五四年、兵庫県生まれ。総合地球環境学研究所名誉教授、神戸市外国語大学客員教授。インド・ラーンチー大学Ph.D.国際日本文化研究センター助手を経て、総合地球環境学研究所でインダス文明に関するプロジェクトをおこなう。現在、石濱純太郎を中心とした石濱シューレの研究をおこなっている。

1. はじめに

井上章一は現在、日文研（国際日本文化研究センター）の所長である。

将来の日文研の所長は井上章一にちがいない。一九九〇年代、日文研の助手時代からそう確信していた私には、ご同慶の至りとしかいいようがない。『京都ぎらい』のヒット以来、『京都ぎらい官能編』『京都まみれ』と京都シリーズを書いたかと思うと、『大阪的「おもろいおばはん」は、こうしてつくられた』と大阪にまで手を出し、歴史物や果てはミッションスクールまで、その守備範囲の広さは学問が細分化されていった今日の常識では考えられない。

　こうした八面六臂の活躍をしている、井上章一の専門とは何なのか。ご存じであろうか。皆さん、日文研のホームページを開いてみてほしい。所長井上章一の下に専門とある。そこにかかれているのが風俗史である。

　ところで、日本風俗史学会というのがあるのをご存じであろうか。風俗史学会のホームページには以下のように記されている[1]。

図1　国際日本文化研究センターHPでの井上章一先生の紹介ページ

日本風俗史学会は、風俗史を総合的に研究する日本唯一の学会として昭和35年（1960）11月に設立しました。日本は、古代から近代までの資料が豊富なこと、またその内容が多様でしかも比較的純粋な姿で保たれてきたことから、「風俗」を研究する上でたいへん恵まれていると言うことができます。

…（中略）…

このような趣旨のもと日本風俗史学会は風俗史研究者のための全国的な組織として結成され、研究者相互の連絡を取りつつ、広い視野から生活文化の歴史を研究し、その水準を高めて行こうとする学会です。

じつは、この日本風俗史学会に、風俗史を専門とすると公言してはばからない井上章一は、現在会員でもなければ、過去に入会すらしていない。この事実はご本人にも確認している。日本広しといえども、研究所の所長を務めた（あるいは務める）人が専門として公言している学会に入っていないのは、過去にも現在にも、井上章一が唯一ではなかろうか。

小論では風俗、そしてその類似的な民俗や土俗といった学問分野がどのように成立していったかを振り返ってみたい。とくに、日本民俗学といえば柳田國男と考えられがちだが、それ以前にすでに一九一二年に日本民俗学会が成立していたことにふれる。新しい学会を打ち立てたがる先人がどれほど多かったのか。こうした学会を志向する研究者の中にあって、井上章一はけっして学会設立や学会会長を目指そうとはしない。小論では、学会を志向しない井上章一の特異な存在を浮き彫りにしたいと考えている。

2. 風俗史とは

明治以降、帝国大学が設立され、西洋の学問が導入され、学問分野が体系化されていく。そのころ、風俗史という学問があったのか。あったとしたら、どのような学問を指したのか。

明治時代の二つの歴史教科書をみてみよう。

まず、井上政治郎『帝国史』（一八八八年）をみると、古い時代から日本の歴史が綴られている。そのなかに、細分化された歴史として、現象史、政治史に続いて風俗史がある。さらに、宗教史、生業史、法律史、外交史、兵事史、文学史と十の歴史に分けられている。現在でいうところの文化史、社会史が風俗史と呼ばれていたことになる。

つぎに、黒川真頼《まより》・濱田健次郎『中等教育・日本通史』（一八九二年）には「第八章風俗史」として、以下が述べられている。

第一節　神祇及ヒ人ニ対スル風俗
第二節　飲食
第三節　住居
第四節　衣服
第五節　装飾

第六節　言語詩歌及ヒ交際
第七節　遊宴
第八節　流行
第九節　男女ノ関係及ヒ結婚
第十節　生誕及ヒ喪葬
第十一節　衛生医治
第十二節　昼夜暦時

ここにあげられている信仰、衣食住、祭り、生誕・結婚などの人生儀礼、昼夜暦時の年中儀礼などは、現在でいえば、民俗学の研究対象である。

この歴史教科書が書かれた時期に、藤岡作太郎・平出鏗二郎『日本風俗史』（一八九五年）が出版されている。その冒頭では、この風俗史と銘打った本が未だに出版されていないことをこう指摘する。

> 風俗史は一般の歴史と相表裏す。その必要なること豈多弁を要せんや。若し夫れ史学を攻むるもの、古来風俗の変遷を知りて後、これを大勢の進化と併せ考へなば、当時の社会躍りて眼前に現出せん。憾むらくは未だ我国に風俗史と称すべきものなし。これ著者が不肖を顧みずして先づ道を開きたる所以なり。（藤岡・平出　一ページ）

そして、「宗教思想、人情道徳、衣食住、冠婚葬祭、年中行事、及び歌舞遊戯にあるを以てこれを風俗史と名づけたるなり」（同書二ページ）と風俗史を規定している。

先に「日本風俗史学会」に触れたが、この学会の設立にかかわった学者がいる。江《え》馬《ま》務《つとむ》である。江馬は京大史学科の第一回卒業生で、風俗史といえば江馬と言われるほど、風俗史研究に一生をささげた人である。その江馬がそのものずばり『日本風俗史』を一九三〇年に上梓している。その本に、次のような風俗の定義がなされている。

抑風俗といふ語は如何なることを意味するのや、これが意味を確定することが本編の先述問題である。我が国では古からこの風俗といふ語を「てぶり」「ならはし」といふ二語で以ていひあらはしてゐる。が支那では古く漢時代から風俗の二字を先哲が道破してゐる。…（中略）… 風俗の風は、大自然の生みし人の性能をいひ、俗は人類が有意的に自然動物界を見倣ひ、或は他人に感化されし行為をいふと解釈し得るやうである。（同書一ページ）

このように「風俗」の日本における意味と中国における意味を述べた後、江馬自身の立場をこう指摘している。

さて私は風俗の意義を考へる時、支那流の例の曖昧な意味よりも、我が国の解釈の割合に的確なのに準拠したいと思ふものである。かくの如くんば、風俗は即ち人の行動の習慣となれるものであるといふことになる。（同書二ページ）

そして、具体的には「人情、教育、道徳、宗教、迷信、結髪、髪飾、化粧、冠帽、衣服、履物、甲冑、武器、住居、調度、飲食、冠婚葬祭、典礼作法、年中行事、歌舞音楽、娯楽技芸、交通といふやうに極めて広範囲に亘つて来る」（同書三ページ）と述べている。基本的には先にみた藤岡・平出の『日本風俗史』の定義と変わらない。しかし、江馬はこれらは広義の意味であって、「狭義即ち容儀服飾を指していつてゐる傾向がある」（同書三ページ）という。じじつ、江馬の出版した書名をみるとこの狭義の「風俗」を指しているように思われる。つまり、「結髪化粧史」（一九二一年）、「日本服飾文様乃変遷」（一九二八年）など、昔の結髪や服飾など衣食住の中でも衣に特化している。また、江馬は「有職故実」（一九二二年）、「新修有職故実」（一九三〇年）など、朝廷の儀式典礼に通じた有職故実研究者としての名も高い。

風俗史がどんな学問か。

その変遷をみてきたが、かなり広い社会史、文化史を含むものだった。しかし、江馬にいたって、「容儀服飾」という非常に狭義な意味に限定されてきたことがわかる。井上章一的風俗史がこの江馬風俗史とはまったくことなる。井上章一の著作を並べてみればそれはあきらかだ。

井上章一的風俗史については後述するとして、風俗と似た意味を持つ「土俗（学）」と「民俗（学）」についてみておこう。

3. 土俗学とは

「土俗」は今ではほとんど使われない。

まず、『日本国語大辞典』で意味をみると、「その土地の民。土着の住民。土民。また、その土地の風俗・習慣。土地のならわし。民俗」とある。「民俗」と「土俗」がほぼ同意語だとわかる。初出は古く『紀家集』〔八九一～九一一年頃〕とある。一方、「土俗学」は「明治から大正にかけて、民族学もしくは民俗学を呼ぶのに用いられた呼称」とあり、例として『英和和英地学字彙』〔一九一四年〕「Dozokugaku.

Ethnography 土俗学」があげられている。

この『日本国語大辞典』の記載は正しくない。その例としてあげられている『英和和英地学字彙』を見ればわかるように、土俗学とはEthnography（現在では「民族誌学」と訳されている）の訳語である。民俗学は独語Volkskundeの訳語であるし、民族学は独語VölkerkundeまたはEthnologieの訳語である。英語のEthnographyが土俗学と訳されていたが、同時期、英語Ethnologyは「人種学」と訳されていた。このことは次のような坪井正五郎による一八九三年の論文からあきらかである。

先ず、（第一）に人種学と土俗学のことを述べませう。人種学（Ethnology）は諸人種其者の調べ土俗学（Ethnography）は諸人種の風俗習慣の調べでございます。（三一六～三一七ページ）

訳語として生まれた「土俗学」であるが、一八九三年には坪井を中心として土俗懇話会が催され、鳥居龍蔵などが参加した。しかし、この土俗懇話会自体、一八九九年の第六回を最後に開催されていない。[2] 土俗学は用語として、また学問領域としてなかなか定着しなかった。たとえば「土俗学」使用例として、大野雲外「土俗学上より見たる古代の日本民族」（一九一五年）を読むと、題名以外に、「土俗」がみいだせない。本文では「上代に於ける日本の風俗を観察するに、種々の風俗がある」（七七頁）と「風俗」しか出てこない。無理やりタイトルに「土俗学」を入れた印象で、これでは土俗学は定着しない。一九二〇年代には、土俗懇話会に参加していた鳥居龍蔵や西村眞次が「土俗学」を使っているが、この用語はほとんど広がらなかった。

その理由として、三つあげられる。同意語としての「民俗」や「民俗学」の用語との競合に敗れ去ってしまったこと、つまり、あとでみるように、二度にわたる民俗学会の設立（一九一二年と一九二九年）や雑誌『民俗学』の創刊（一九二九年から一九三三年）がある。二つ目として、民俗学との競合と関連するが、柳田國男が土俗学という名称を「此語を用ゐる人々の心持には、卑しく鄙びた又奇怪なる所作、自分たちならさうはせぬものといふ意味[3]」を持つとして、嫌っていたこと、さらにもう一つは一九二八年に設立された台北帝国大学に文政学部土俗学・人種学講座が誕生し、海外の少数民族の風俗を調べる研究というイメージが生まれてしまったこと、の三つである。じじつ、土俗学から民俗学への移行について、以下のような久野俊彦の指摘がある。

> 明治時代には今日の文化人類学（民族学）や日本民俗学は「土俗学」と称された。「土俗」とは、各地の風俗・言い伝え・伝説・方言などをさしたが、一九〇〇年代に入ると、「土俗」は台湾・朝鮮などの植民地の風俗をさし、日本の風俗・習慣を研究することは「民俗学」と呼ばれるようになった。中央学界の雑誌名を見ると、一九一八年に『土俗と伝説』が発刊され、やがて一九二九年に『民俗学』が発刊されたことに、学問名称の移行があらわれている。（二二一ページ）

久野の「明治時代には今日の文化人類学（民族学）や日本民俗学は「土俗学」と称された」という指摘は正確さを欠く。上で引用した坪井正五郎の言葉をみればあきらかである。しかし、久野がいう「土俗学」が「民俗学」に移行していったことはまちがいない。

4. 民俗学とは――石橋臥波と日本民俗学会

民俗学といえば、柳田國男が創設したにちがいない。

民俗学や学会の歴史に関心がない人は、みんなそう思っているのではなかろうか。

日本民俗学会のホームページをみると、以下のように述べられている。[4]

> 日本民俗学会は、民俗学の研究と普及および会員相互の連絡を図ることを目的として、1949年（昭和24年）に発足した、民俗学研究者の全国的な学会です。（中略）
>
> その前身は、1935年（昭和10年）に柳田國男の還暦を機に開催された民俗学講習会に参集した、全国の研究者の要望によって結成された「民間伝承の会」です。第二次世界大戦後の新しい社会的な動向に対処するために、学会の名称を改めました。

ここには、柳田國男が前面に押し出された学会としか紹介されていない。

じつは、日本民俗学会という名称の学会は一九一二年に設立されている。現在の日本民俗学会とは直接関係がない。また、柳田國男もこの日本民俗学会に参加していない。それをここでは取り上げたい。

最初の民俗学会創設に奔走したのは石橋臥波《がは》である。[5] 石橋は広島高等師範学校出身で、日本民俗学会設立以前には、同郷の先輩富士川游《ふじかわゆう》に師事し、富士川が一九〇五年に雑誌『人性』を立ち上げた時に、実質的な編集を担当し、一九〇七年から一九一二年までは編集長であった。また、富士川は雑誌『人性』を基盤として、一九〇九年には人性学会を立ち上げたが、石橋が果たした役割は大きかった。

石橋の著作をみてみると、石橋の『宝船と七福神』（一九〇一年）の序文にあるように、関心の対象は「国民の心理を研究する」ところにあり、民俗学を打ち立てるという気があるようにはみえない。石橋の『夢』（一九〇七年）は夢の話であり、副題には「歴史、文学、芸術及び習俗の上に現はれたる夢の学術的研究」とあり、民俗学は一切登場しない。日本民俗学会が設立された後、「民俗叢書」として、石橋は『個人社会厄年の話』、『二十世紀大雑書 第一巻（縁起弁・運勢弁・夢の弁）』、『国民性の上より観たる鏡の話：附・御即位大典と鏡』の三冊を刊行している。しかし民俗学はこれら書籍の題名にすら出てこない[6]。唯一、論文「民俗学方面より観たる鏡」を『人類学雑誌』に掲載しているが、「鏡の民俗学的研究は、これまで未だ企てた人が無いので、その材料の纏まったものがない」（二二七ページ）と述べるにとどまり、むしろ宗教的方面からの記述のほうがはるかに多い。

では、なぜ石橋が民俗学会を創設できたのか。それを見る前に、「日本民俗学会設立趣旨」をみておこう。少し長くなるが、次に引用する。

> 我が日本民族に関する各種方面の研究は近時漸くその歩を進めつつあるも、その精神的生活および物質的生活の全方面に亘りて、之を民族学的及び人文史的に研究する、即ち所謂最広義に於ける民俗学的研究に至りては、尚未だその緒に就かず、我が学界のために一台恨事とする所なり、惟ふに我が民族は単一なるものに非ざるが如く、従つて民族文化の基く所甚だ複雑なるものあり、加之、古来の習俗、伝承等年に湮滅し月に変化しつゝあり、今の時に於て之を蒐集し攻究せずんば、将にその旧態を止めざるに至らんとす。此に於て同志相謀り、『日本民俗学会』を設立し、以て我が民族の由つて来る

所、文化の基く所を究め、国民の性情を明かにし，聊か日本民俗の研究に貢献する所あらんことを期す。（『人類学雑誌』一九一二年掲載）

この設立趣旨からは日本民族の起源を探求することが主たる目的だと理解できる。この設立趣旨を読むと、「日本民俗学」なのか、「日本民族学」なのか、わからないほどである。「国民の性情を明かにし」とは、石橋が関わった雑誌『人性』に近い立場だ。今の日本民俗学会とはかなり趣旨が違うことは明白である。

この設立趣旨は日本民俗学会が設立された後、その学会誌『民俗』の第一号にも再掲されている。ところが、そこでは最初の設立趣旨と若干異なっている。「民族学的及び人文史的」が「民俗学的及び人文史的」に、「従つて民族文化」が「従つて民俗文化」にと、「民族」が「民俗」に置き換わっている。本来設立趣旨というものはコロコロと変えるべきものではないが、もう少し民俗学を前面に出したほうがよかろうという判断だったのであろう。

石橋には民俗学を打ち立てようという意志も意欲も感じられない。つまり、彼がやりたかったからではなく、民俗学会を設立するようにそそのかした（というと聞こえが悪ければ、鼓舞した）人間がいたのではないか。

その人は誰か。筆者は坪井正五郎とみている。

石橋は雑誌『人性』を足掛かりに、人脈を広げていった。石橋の著作の序文を見ただけでそれがよくわかる。『宝船と七福神』（一九〇一年）ではだれも序文を執筆していないが、石橋『夢』（一九〇七年）では、自身が師事する富士川に加えて、東大の大物学者、井上哲次郎と高楠順次郎が石橋の求めに応じて序文を書いている。そして、『鬼』（一九〇九年）に序文を執筆しているのが坪井正五郎である。坪井の序文には、

「著者が多くの資料を手にされたるに付いては誰しも鬼に鉄棒の感を起さす事と信ぜられる」と、ダジャレを述べ、「需めに応じて思ひ述べて序とする」と結んでいる。

石橋と坪井の関係について、石橋による坪井の追悼文「坪井博士を憶ふ」（『人類学雑誌』一九一三年掲載）に詳しい。それによると、知り合ったのはこの『夢』（一九〇七年）を上梓したさいに、著書を坪井に送ったときに御礼のハガキをもらったのが始まりだという。その後、一九一一年七月から翌年三月まで、坪井はエジプトやインド旅行に出かけて日本にはいなかった。そして、日本民俗学会の発会式は坪井が帰国後、一九一二年五月におこなわれている。坪井の全面的バックアップによる日本民俗学会の設立とみるゆえんである。また、学会誌『民俗』に掲げられた評議員のメンバーを見ても、坪井以外、民俗学に関連するのは高木敏雄ぐらいである。

一方、柳田は坪井のことをこんな風に批評している。

> 日本の考古学は其歴史に於て骨董道楽から進化して来たからでもあらうが、骨董道楽から大なる利益を得たと同時に、梢もすれば骨董式の弊害に陥り易い。人類学ですら、故坪井博士の性格を受けて、貴族的骨董道楽に成つて了つて、殆ど滅亡しかゝらうとしてゐる世の中だから、考古学が多少骨董臭いと云ったところで、強ち咎める訳にも行かぬけれども、此点は是非改良して貰はねばならぬ。（『柳田國男全集』二四巻　三〇二ページ）[7]

これが書かれたのは、坪井がロシアで客死した直後である。つまり、いわば追悼の意味を込めた文章であるが、まるで死者に鞭打つような言葉だ。このことから坪井と柳田の関係がよかったとはとうてい思えない。[8] 石橋の後ろ盾である坪井への評価をみると、それが日本民俗学会設立に柳田が参加しなかった理由の一つのようにもみえるが、いかがだろうか。

この民俗学会が設立されたころ、柳田は『郷土研究』という雑誌を出版していた。民俗学会の学会誌ともいうべき『民俗』は学会設立の一九一二年五月から遅れること一二か月、一九一三年五月にようやく刊行される。どうやら石橋臥波が病気で倒れていたようである。その間、南方熊楠は自分の書いたものがなかなか出版されないことにいら立って、柳田に手紙を書いている。それに対し、柳田は仁義にもとることを南方熊楠に書いている。それは『民俗』に投稿した南方の論文がなかなか刊行されないので、『郷土研究』から出すように勧めるものである。

> 石橋君の雑誌へ御送りなされ候随筆ぜひ頂戴したきものなれど、石橋も小生等が計画をきき奮激し、三月に一度ぐらいの報告を出すなど力味おり候折柄なり。小生等は到底できぬことと見込みおり候も、これを知りつつ原稿の横取りにも参られず、高木君はことに彼の失意を憫れみ、これをなすの勇なしと申され候。できるならば貴下より、いよいよの場合には別に何か書いてやるからこの分は柳田の方へやれとか、または戻せとか御話下されたく候。（『柳田国男伝』四四七ページ）[9]

この柳田の手紙にあるように、本当ならば、雑誌『民俗』は三か月に一度出版される予定であった。しかし、実際には一九一三年に二冊、一九一四年に二冊、そして一九一五年に一冊を出したきり出版されなくなり、日本民俗学会も瓦解する。担ぎ出されて民俗学を設立したまではよかったが、最大の後ろ盾であった坪井正五郎が亡くなってしまった。一番の大きな原因は石橋臥波に民俗学を設立させるという強い意欲と硬い意志がなかったことではなかろうか。現に、学会誌『民俗』に掲載された石橋臥波の「民間療法」はコマ切れに掲載された代物で、最終巻（一九一五年）では、半頁ほどでお茶を濁している。これではだれも『民俗』に寄稿しようとは思わない。

5．柳田國男と日本民俗学会

一九一二年に設立された日本民俗学会は第一回の設立総会と五冊の学会誌を発行して消滅してしまった。学会を樹立すること、そして何よりもそれを継続させることの難しさがよくわかる。この日本民俗学会の瓦解によって、すぐに柳田國男の日本民俗学会が設立されるわけではない。その辺のいきさつについては『柳田国男伝』が詳しい。それに基づいて、少しみておこう。

日本民俗学会が設立された一九一二年前後の柳田の動きからみていこう。

一九一〇年一二月、新渡戸稲造によって郷土会が設立され、その活動に参加していた柳田は、その年『遠野物語』を刊行し、民俗学研究への途に就いたばかりであった。一九一一年に出会った高木敏雄とともに、一九一三年三月から、雑誌『郷土研究』を発刊する。先に述べた『民俗』の第一年第一報が出たのが一九一三年五月なので、日本民俗学会設立は先を越されたが、雑誌の発刊では柳田のほうが早かったのである。一九一四年に高木が『郷土研究』編集から手を引いた後は柳田一人で『郷土研究』の論文執筆と編集に没頭する。しかし、一九一七年三月には『郷土研究』は四巻十二号で休刊することになる。

一九二一年と翌年には二度にわたる半年間の外遊を経て、一九二三年一二月に「自宅で民俗学に関する第一回談話会」を開く。そこに参加したのが早川孝太郎、金田一京助、中山太郎、西村眞次、岡正雄たちである。それが柳田を中心とした『民族』の出版へと発展していく。『民族』の同人は柳田はじめ、石田幹之助、田辺寿利、奥平武彦、有賀喜左衛門、岡正雄ら六人で、一九一二年の日本民俗学会の評議員は寄せ集めの感が強かったが、こちらの同人は岡正雄が友人や先輩に声をかけ、社会学、民族学関連研究者を集めている。

その『民族』の創刊第一号に、柳田は「編輯者の一人より」として、発刊の目的をこう述べている。

たゞ一点の合致は日本民族の過去生活の真相が、最も雄大なる単一題目であつて、之を二十日鼠が鏡餅に対するやうに、方々からかぢるべきものでは無いと云ふ見解で、若し強ひて学風の共同を指摘すれば、比較研究法である。事実の忠実なる採録と考察である。関係諸学に対する十二分なる尊敬である。(『柳田国男伝』七三九ページ)

ここでもう一度、日本民俗学会の設立趣旨を思い出してほしい。そこには、「此に於て同志相謀り、『日本民俗学会』を設立し、以て我が民族の由つて来る所、文化の基く所を究め」とあり、『民族』の発刊趣旨である「たゞ一点の合致は日本民族の過去生活の真相が、最も雄大なる単一題目」と同じである。しかも、日本民族の過去生活を知るためには、「関係諸学に対する十二分なる尊敬」つまり「小異を捨てて大同につく」ことをうたっている。しかし、小異はついに大異となり、この『民族』も一九二九年には休刊となる。同人の一人である岡が回顧するように、「同人の偕調がこわれたこと」で、休刊へと追い込まれたのである。

その後、一九二九年、雑誌『民族』を引き継ぐ形で、雑誌『民俗学』が刊行され、民俗学会が設立される。ここにおいて、一九一二年の日本民俗学会設立後に、再び民俗学会が設立されることになる。この『民俗学』の創刊号の民俗学会設立趣旨に名前を連ねたのは以下の人々である。有賀喜左衛門、石田幹之助、伊波普猷、岡正雄、折口信夫、金田一京助、早川孝太郎らで、柳田國男の名前はない。つまり、一九一二年の日本民俗学会にも参加しなかった柳田は一九二九年の民俗学会設立にも参加していないのである。

この柳田と民俗学会の対立について、『柳田国男伝』にはこう記されている。

> 柳田と民俗学会の対立は、旧『民族』誌の編集経営をめぐる私的な感情のもつれに端を発してはいたが、その底には、民衆の自省の学の確立を目指す柳田と他の人びととの間の、学問上、研究方法上の大きな齟齬があった。彼らにとって、新学会結成は、柳田の学問との決別でもあったのである。（『柳田国男伝』七六九ページ）

今では民俗学といえば柳田國男の代名詞とまで考えられているが、学会と柳田をめぐってはなかなか一筋縄ではいかない。それほど学会設立は大きな問題だということがわかる。結局、紆余曲折を経て、一九三二年の民俗学会公開講演大会に柳田が呼ばれ講演をおこない、民俗学会と柳田の対立は終止符を打ち、上でみた日本民俗学会ホームページに掲げられた「一九三五年（昭和一〇年）に柳田國男の還暦を機に開催された民俗学講習会」へと続いていくことになる。

ここまで長々とみてきたのは、柳田を中心に、民俗学という学会をめぐる覇権争いのすさまじさである。井上章一はこうした学会をめぐる権力闘争を嫌ったために、学会に参加しないのかもしれない。その辺はぜひ直接うかがってみたい。

6．現代風俗研究会と井上章一的風俗史

井上章一が積極的に参加した研究会がある。

それが現代風俗研究会である。ホームページに掲載されている『大衆文化事典』にはこう紹介されている[10]。

> 略称現風研。民間に広く開かれた研究会として、1976年9月、京都・法然院にて創立。桑原武夫（初代会長）、鶴見俊輔、多田道太郎（第二代会長）、橋本峰雄、井上俊、井上忠司、山本明らを中心に「ひろく現代（明治以降）風俗に関する理論的、歴史的研究」を目的に、日常生活の視点から現代風俗を観察・記録する市民研究団体として発足した。年間テーマを決め、年4、5回の研究例会及び数回の分科会を持ち、その成果は、年報『現代風俗』として毎年刊行されている。

井上章一は『現代風俗'78』（第2号）に「青年文化の老衰と昇天」を寄稿している。つまり、この現風研に積極的に参加していたことはまちがいない。ただし、この現風研は「民間に広く開かれた研究会」であって学会ではない。

しかし、この現風研の初代会長だった桑原武夫や二代目会長多田道太郎には「風俗学」を設立する意欲があったことがうかがえる[11]。じじつ、主要メンバーであった井上忠司は「風俗学ことはじめ」と題する文章を社会学雑誌『ソシオロジ』（一九七七年掲載）で披露している。

わが国の学問研究の世界では、このような日常的かつ具象的な現象をあつかうと、きまって非学問的と目され、ディレタントの趣味的研究の域をこえぬ仕事とみなされてきた。そんな風潮のなかにあって、幾多の蔑視と偏見をはねかえし、立派な学会をもつまでに発展した柳田民俗学と江馬風俗史は、まさに例外中の例外であろう。（中略）

わが国における風俗は、一言にしていえば、変わりつつある習俗である。民俗学が変わりにくい習俗を追究する学問だとすれば、変わりやすい習俗をとらえる学問として、「風俗学」の存在が許されてもよいのではあるまいか。（中略）社会学の一分科としての風俗学という立場から、現代風俗の本格的な研究が試みられることを、私は心から期待してやまない。（一三三ページ）

ここで井上忠司は、先にみてきたような柳田の民俗学や江馬の風俗史とはことなる、「変わりやすい習俗をとらえる学問」として「風俗学」を提唱している。これはまさしく井上章一が目指すものではなかろうか。しかし、井上忠司の意図した風俗学会は残念ながら設立されなかった。また、井上章一が専門を風俗学と名乗った形跡もない。あくまでも風俗「史」である。万が一、風俗学会ができていたとしても、風俗学会に入っていなかった可能性が高い。

井上章一は工学部の建築学科出身である。かつて一緒にシンガポールに行ったとき、シンガポールの高層ビル群を眺めながら、「こう見えても、建築出身なんで、誰が設計したビルかわかる」と自慢されたことがあるが、たぶんそれが専門というものなのかもしれない。専門分野では好むと好まざるにかかわらず、義理や人情も発生しやすい。まして、新しい学問分野を立ち上げるとなると、上の柳田の例を見ればあきらかなように、すごいエネルギーが必要である。井上章一にとって、風俗学を立ち上げてバックアップする義理や人情もないし、第一、学会を立てたいという情熱もなければ、学会政治にもうんざりしていたことは想像に難くない。

では、井上章一的風俗史とは何なのか。

小論ではここまで「風俗」、あるいはその類似的概念「土俗」や「民俗」にこだわって述べてきた。その中では、現風研とのかかわりもあり、井上章一は「風俗」を選んできたのだろう。しかし、けっして「風俗学」へは向かわなかった。あくまでも「風俗史」にこだわっているふしがある。ただ、「史」だけについてみると、答えは簡単だ。井上章一は歴史が大好きなのである。この歴史好きゆえに、風俗史を専門と名乗っているに過ぎないのではないか。

その歴史好きの一面が強烈に出たのが『日本に古代があったのか』で、歴史の時代区分論に一石を投じている。最近では、歴史家である本郷和人と『日本史のミカタ』を、またテレビの歴史番組でおなじみの磯田道史と『歴史のミカタ』を出版している。かつては「学者が評論家に成り下がった」といわれることもあったが、その際、評論家と呼ばれることに抵抗を感じる学者が多かった。しかし、井上章一には評論家と呼ばれることには一切こだわりがないのだが、本当は歴史家と呼ばれたいのではないだろうか。

京大人文研助手時代、博覧強記を絵にかいたような吉田光邦に知識のなさをなじられ続けた経験がそうさせるのかもしれないが、井上章一には根本的な学問への懐疑がある。学問が扱うべき範囲が厳密にあり、「君のやっていることは学問ではない」といわれることへの反発からか、あえて学問が扱わない「霊柩車」や「美人」、そして「パンツ」まで論じている。ただし、そのためには、一流の「学者」さんと同等のあるいはそれを越えた、血のにじむような努力を惜しまない。写真雑誌の隅から隅まで、パンツが見えるかどうかを検証する姿は文献資料に挑む学者のそれである。

小論は井上章一的風俗史を批判的に検証するはずだったが、どこかで所長となった井上章一への「ヨイショ」が顔をのぞかせてしまっている。権力や権威に異議を唱えることを己の信条としてきたのにこれではマズイ。この辺でやめておこう。

7．おわりに

「井上はアカではなくてピンクでっせ。」

かつて平成の天皇が日文研を訪問されるときに、公安当局が「井上はアカではないか」と素性調査をおこなったのだが、その当時の所長であった梅原猛がそう答えたのだという。この話を自慢げに語る井上章一がいる。学者が不名誉だと感じることをあえて引き受ける。パンツを論じて何が悪いと開き直って見せる。一方で、石母田史学や網野史学といった学問体系がじつは幻想に過ぎないことをあきらかにする。

今後、井上章一全集がでるときには、「井上史学」と呼ばれるのか、「井上学」と呼ばれるのか、その全集を手掛ける出版社のさじ加減次第だが、それは決して「史学」でも「学」でもないことだけはまちがいない。

井上章一礼賛で終わっては元も子もない。最後に一つだけ苦言を呈しておく。それは縄文幻想をテーマとする本の執筆である。もともと「未開の野蛮人」が跋扈する縄文時代を「日本の原風景」として、素晴らしき縄文時代へと変換させた人々がいる。その縄文幻想を取り上げて本にする予定だったはずである。岡本太郎や梅原猛が登場するはずの縄文幻想を何とかまとめてほしい。学問を飛び越えて、「美人」に手を出そうが、「パンツ」に手を出そうが一向にかまわない。ただ書くと約束したことだけは守ってほしい。この苦言をもって、この駄文を締めくくりたい。

参考文献

（国会とは国会図書館デジタルコレクションからダウンロードできることを示す。なお、井上章一の著作については参考文献に掲載していない）


石橋臥波『宝船と七福神』一九〇一年　聚精堂（国会）。

石橋臥波『夢：歴史、文学、芸術及び習俗の上に現はれたる夢の学術的研究』一九〇七年　宝文館（国会）。

石橋臥波『鬼』一九〇九年　裳華房（国会）。

石橋臥波『個人社会厄年の話』一九一三年　人文社（国会）。

石橋臥波『二十世紀大雑書 第一巻（縁起弁・運勢弁・夢の弁）』一九一三年　人文社（国会）。

石橋臥波「坪井博士を憶ふ」『人類学雑誌』一九一三年。

石橋臥波『国民性の上より観たる鏡の話：附・御即位大典と鏡』一九一四年　人文社（国会）。

石橋臥波「民俗学方面より観たる鏡」『人類学雑誌』一九一四年。

伊藤幹治・後藤総一郎編集『柳田國男全集24』一九九九年　筑摩書房。

井上政治郎『帝国史』一八八八年　吉川半七（国会）。

井上忠司「風俗学ことはじめ」『ソシオロジ』一九七七年。

江馬務『日本風俗史』一九三〇年　受験講座刊行会。

大野雲外「土俗学上より見たる古代の日本民族」『人類学雑誌』一九一五年。

久野俊彦「1930年代の地方民俗学雑誌の実践――高橋勝利の『芳賀郡土俗研究会報』」『民博通信』138:22-23　二〇一二年。

小池淳一「雑誌と民俗学史の視角――石橋臥波『民俗』と佐々木喜善『民間伝承』」『国立歴史民俗博物館研究報告』第165集　二〇一二年。

黒川真頼・濱田健次郎『中等教育・日本通史』一八九二年　三省堂（国会）。

雑報「日本民俗学会の設立」『人類学雑誌』一九一二年。

曽我部一行・及川祥平・今野大輔「『人類学雑誌』考――民俗学の揺籃期」『成城文藝』二〇〇七年。

坪井正五郎「人類学研究の趣意」『東京人類学会雑誌』一八九三年。

藤岡作太郎・平出鏗二郎『日本風俗史』一八九五年　東陽堂。

柳田国男研究会編著『柳田国男伝』一九八八年　三一書房。


〈註〉

（1）https://fuzokushi.jp/profile.html（二〇二一年一〇月二一日閲覧）

（2）土俗懇話会については曽我部一行・及川祥平・今野大輔による二〇〇七年の論文「第三章土俗談話会について」を参照した。それによると、六回ではなく七回行われたが、『人類学雑誌』には第六回が二度出てくる。

（3）柳田国男「郷土研究の将来」『定本柳田國男集25』一九三一年　四七一ページ。

（4）https://www.fsjnet.jp/about_us/about_us.html（二〇二一年一〇月二一日閲覧）

（5）石橋臥波について、小池淳一は二〇二一年の論文でこう述べている。「日本民俗学会の幹事をつとめ、実質的に『民俗』の編集、発行に携わっていた石橋臥波の関心のありかを探っておくべきだろう。しかし石橋臥波については明らかになっていることがあまりにも少ない。『民俗』の発行所が人文社であり、住所が東京市小石川区原町二十三番地となっている。この住所が石橋自身の住所と一致していることから、日本民俗学会という組織も実態は石橋個人の活動を権威づけるもので『民俗』も石橋の個人誌としての性格が強かったのではないかという推測が可能である」（五三ページ）。石橋の著作が国会図書館デジタルコレクションで読めることを考えると、もう少し考察できたのではなかろうか。

（6）『個人社会厄年の話』が民俗叢書第一編、『二十世紀大雑書 第一巻（緑起弁・運勢弁・夢の弁）』が民俗叢書第三編、『国民性上より観たる鏡の話』が民俗叢書第四編とあるが、民俗叢書第二編があるのか、あればその本のタイトルは何か等は全く調べがつかなかった。

（7）出典は『郷土研究』第一巻第七号（一九一三年）。

（8）バランスを欠くといけないので一言述べておくが、曽我部・及川・今野の二〇〇七年の論文によると、柳田が「坪井正五郎を民俗学の先人として位置づけている」と指摘している。その根拠として、「始めて我邦へこの未完成のまゝの新學（民俗学――引用者注）を持つて來たのは、日本人類學の創立者たち、殊に故坪井先生の忘るべからざる功績であった」（『定本柳田國男25』二四三ページ）という柳田の言葉を引用している。

（9）出典は『南方・柳田往復書簡集』の柳田からの大正二年二月五日付け手紙。

（10）http://genpoo.kir.jp/about/intro.html（二〇一一年一〇月二一日閲覧）

（11）桑原武夫は『現代風俗'79』に「風俗学とその周辺」を執筆しているし、多田道太郎も『現代風俗'77』（創刊号）に「風俗学事始」を執筆している。多田には『風俗学　路上の思考』（一九七九年）、『あまのじゃくの日本風俗学』（一九八八年）と風俗学を冠した著書もある。

われわれの研究会には、崔吉城氏も参加された。朝鮮人従軍慰安婦の問題で、よく知られる研究者である。われわれの前でも、その報告をしてくれた。また、日韓における性感の比較分析も、うかがったことがある。ざんねんながら、研究会の終了後、われわれは崔氏の訃報を耳にした。慰安婦やセクシュアリティにかかわる原稿は、いただけていない。今は、ありし日のお姿をしのび、その御冥福をねがうばかりである。

［井上章一］

あとがき

井上　章一

　私どもの国際日本文化研究センターは、しばしば国際会議をひらいてきた。日本と韓国、そして中国台湾の研究者が、いちどうにあつまる。そんな東アジアにまたがる集いも、何度となくもよおしている。

　出席する男女をながめて、かみしめる。服装はあまりかわらない。どの国からきた人も、欧米での集会と同じようないでたちになっている。グローバリズムの浸透が、よくわかる。

　だが、歴史的な図像記録は、ちがう光景も見せてくれる。たとえば、一九世紀末の日清戦争である。これに、日本兵は洋服の軍装で従軍した。しかし、清国兵はみな伝統的な民族服をまとっている。

戦争は、日本の勝利で終結した。その戦後交渉をする下関の会議で、清の外交使節は民族服を着用している。日本側は、伊藤博文や陸奥宗光らをはじめとする一行が、全員洋装になっていた。

日本とくらべ、中国が西洋化におくれをとったせいではない。じじつ、アロー戦争以後、清は軍備などの近代化にのりだした。いわゆる洋務運動を、すすめている。日清戦争にも、その象徴と言うべき北洋艦隊をくりだした。東洋一と、当時は言われた海軍を。

李鴻章は、そのリーダーシップをとっていた。北洋艦隊をそだてあげたのも、彼である。そして、下関での交渉には、その李鴻章が全権となりのぞんでいた。清朝の伝統的な民族服に、身をつつんで。そう、西洋化の旗振り役だったその当人が、服装の西洋化には背をむけていたのである。

日本も、旧幕時代の外交使節には、狩衣と烏帽子を着せている。夷狄の衣服には、身をとおさせない。日本古来の風俗を、まもりきる。そんな志をいだいていた。これと似たようなこだわりを、一九世紀末の中国使節はたもっている。それも、西洋化の急先鋒が。

「中体西用」という言葉がある。物事の根本をあつかう場合は、中国のやり方をくずさない。だが、実用面の枝葉は西洋式にしてしまう。そんな含みをもつ文句である。この評語にのっとって、洋務運動はすすめられた。

どうやら、中国の政治家たちは、服装もまた物事の本質につうじると考えていたらしい。じつは、朝鮮のリーダーたちも、同じ姿勢をおそくまでたもっていた。はやくにうしなった日本とはことなる服装の近代史を、大陸側はたどったようである。

一九世紀に、アジアやアフリカの国々は、多く欧米列強の植民地支配をうけた。そこからの独立運動を初期にくりひろげた現地のエリートは、たいてい洋装になっている。自分の国を、欧米なみの独立国としてみとめさせたかったせいか。

近代日本の指導者は、同じような心情につきうごかされていたのかもしれない。そして、中国や朝鮮では、このあせりがあまりゆきわたらなかった。夷狄の装束が見下せる風俗観を、比較的おそくまでたもったゆえんである。

くりかえすが、今日の国際的な会議で、日本人の身なりに中国韓国との差は見いだせない。みな、同じグローバル・スタンダードにしたがっている。しかし、そこへたどりつくまでの筋途は、ひとしくない。ことなるコースをたどってきた。いわゆる近代化の社会科学などではひとくくりにしがたい文化の差を、私はそこに見る。

日本の洋装化は、どうくりひろげられていったのか。われわれは、日本に焦点をあてて、その読み解きをひねりだすことができる。しかし、そこで抽出された理屈は、たとえば中国にあてはまらない。両者のあいだには、溝がある。そういう違いと直面することに、私は大きな意義を見いだす。日本産の立論をきたえあげる契機が、そこにはあると考える。

話題をかえたい。こんどは、女性の服装をとりあげる。

両大戦期にとられた都市のスナップ写真を見て、気のつくことがある。洋装女性の、ちらほらあらわれだしている様子が、見てとれる。そして、その比率は、東京、上海、ソウルで、それほどちがわない。女性服の洋装化は、東アジア各地で並行的に進行していったようである。少なくとも、男性の場合ほどの時代差は見いだせない。

男ははやくから洋服を着たが、女は伝統服のままとめおかれた。ひょっとしたら、その期間は日本がいちばん長かったのかもしれない。こういう問題は、どうとらえたらいいのか。東アジアにおける風俗史の比較は、われわれにそんな課題もおしえてくれる。

このささやかな論集が、その全体像をとらえているとは言うまい。しかし、今のべた課題へのさそい水にはなったと、自負している。今後も、さまざまな比較のこころみがなされることを、期待する。

二〇二三年一月一三日

共同研究「近代東アジアの風俗史」について

グローバリズムという言葉が喧伝されてひさしい。人文学の研究にも、そのいきおいはおよんできた。私どもじしんが、国際日本研究を標榜してもいる。

衣食住のありかたにも、その感化はうかがえる。たとえば、すまいの様子が、劇的にかわってきた。今の新築家屋に、鴨居《かもい》や敷居《しきい》は見られない。畳もきえつつある。日本家屋らしさは、しだいに消滅しだしている。

にもかかわらず、大半の日本人は家のなかで靴をはかない。上下足を、はっきりわけている。フローリングでしきつめられた床を、土足では歩かない。欧米の現代思想を吹聴する学徒も、玄関の三和土《たたき》で靴をぬぐ。あるいは、下駄箱《げたばこ》へ収納する。この日本的な習慣は、そうとうねぶかく日本文化にねざしているのではないか。

これまでの人文学は、あまり靴や床などに注目してこなかった。しかし、そうしたマテリアルにこそ、文化の澱《おり》や滓《かす》はひそんでいる可能性がある。そこを見きわめよう。以上のような志のもとに、「近代東アジアの風俗史」という研究会ははじまった。二〇一七年度の試行をへて、翌年から二〇二〇年度までつづけている。

共同代表の斎藤光氏は、若いころに生物学をおさめた学徒である。人文学の因習にとらわれる度合いは、小さかろう。靴や床などを、研究課題として見下すことはあるまい。そんな期待もこめ、まとめ役をおねがいしたしだいである。

二〇一九年には、モダニズムの比較研究を上海で開催する予定となっていた。直前に私が交通事故でうごけなくなり、この企画はながれている。その後も、新型コロナと呼ばれる感染症のおかげで、海をまたいだ対面集会は断念した。まことに、ざんねんである。

［井上章一］

【日文研・共同研究報告書 169】

ヌードの東アジア　風俗の近代史

2023 年 3 月 25 日　初版発行

編　著　井上章一　斎藤光

発行者　伊住公一朗

発行所　株式会社 淡交社

〔本社〕〒603-8588 京都市北区堀川通鞍馬口上ル

営業 075-432-5156　編集 075-432-5161

〔支社〕〒162-0061 東京都新宿区市谷柳町39-1

営業 03-5269-7941　編集 03-5269-1691

www.tankosha.co.jp

印刷・製本　亜細亜印刷株式会社

ISBN978-4-473-04552-2